COLLEGE STUDENTS' LABOR EDUCATION
PRACTICE IN THE NEW ERA

# 新时代大学生劳动教育实践

李建兵　赵骥　主编

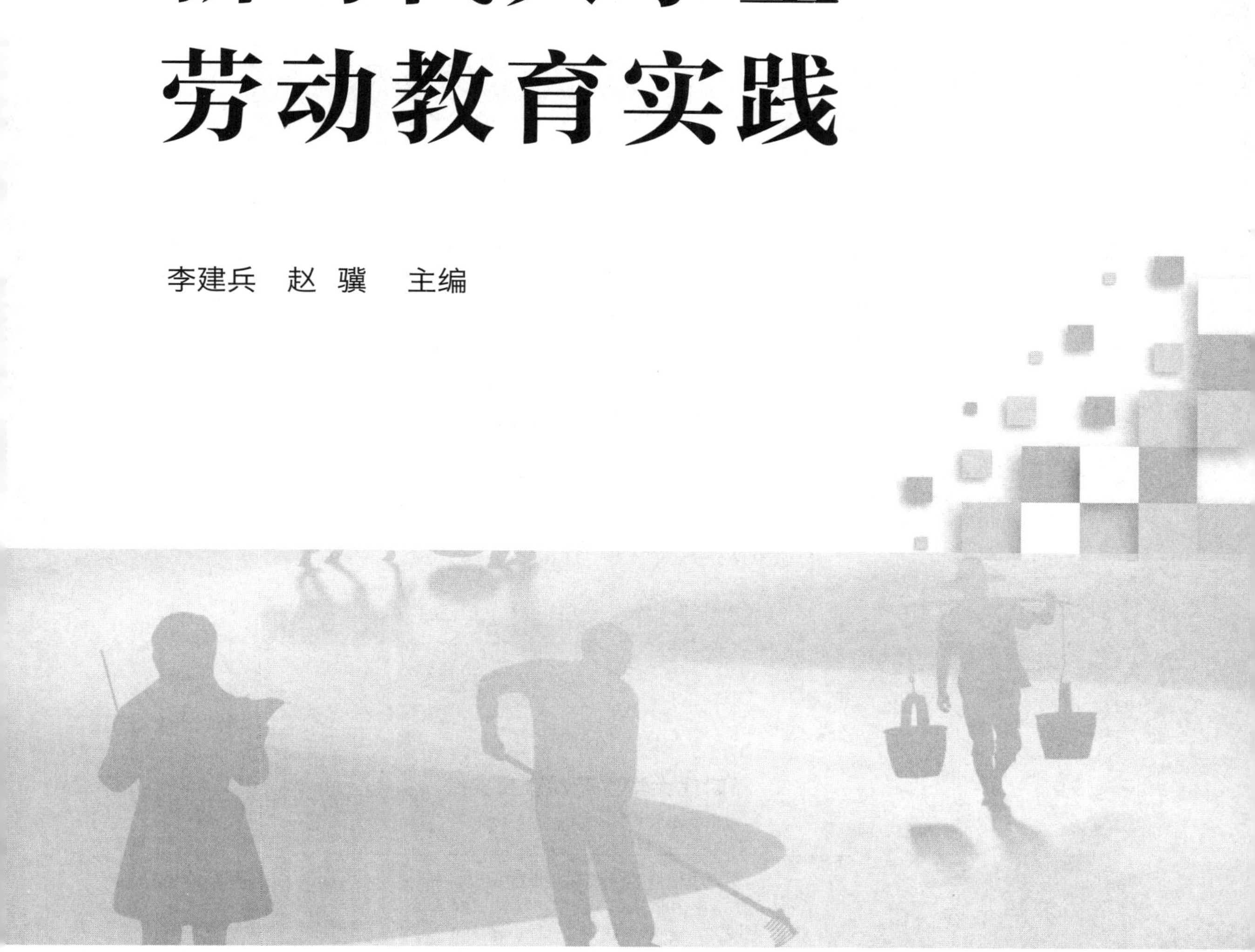

上海财经大学出版社
SHANGHAI UNIVERSITY OF FINANCE & ECONOMICS PRESS

图书在版编目(CIP)数据

新时代大学生劳动教育实践 / 李建兵, 赵骥主编.
上海：上海财经大学出版社, 2024. 9. -- ISBN 978-7
-5642-4451-4

Ⅰ. G40-015

中国国家版本馆 CIP 数据核字第 2024V68095 号

□ 策划编辑　刘冬晴
□ 责任编辑　吴晓群
□ 封面设计　贺加贝

### 新时代大学生劳动教育实践

李建兵　赵　骥　主编

上海财经大学出版社出版发行
(上海市中山北一路 369 号　邮编 200083)
网　　址:http://www.sufep.com
电子邮箱:webmaster @ sufep.com
全国新华书店经销
上海市崇明县裕安印刷厂印刷装订
2024 年 9 月第 1 版　2024 年 9 月第 1 次印刷

787mm×1092mm　1/16　12.75 印张　271 千字
印数:0 001－5 650　定价:49.00 元

# 前言

在新时代背景下,劳动教育被赋予了新的内涵和使命,成为大学生全面发展的重要组成部分。《新时代大学生劳动教育实践》一书,深入探讨了劳动教育在新时代大学生中的实践路径和教育策略,旨在引导大学生树立正确的劳动观念,提升劳动素养,培养职业精神。

本书首先对新时代劳动教育的基础理论进行了全面阐述,明确了劳动教育在新时代大学生中的重要地位和作用。书中指出,劳动教育不仅是培养学生劳动技能的过程,而且是塑造学生劳动价值观、培养劳动情怀和提升职业素养的重要途径。在探讨大学生劳动价值观时,书中强调了新时代大学生应树立的劳动观念,包括尊重劳动、崇尚劳动、热爱劳动等,这些观念对于学生形成正确的世界观、人生观和价值观具有重要意义。书中还对大学生劳动素养、劳动情怀和职业精神的培养进行了深入分析;对新时代大学生劳动教育的实施进行了全面探讨,包括从学校教育、家庭教育、社会教育等多个层面,提出了一系列切实可行的实施策略和方法。本书通过系统的理论阐述和实践策略分析,不仅为大学生劳动教育提供了理论指导和实践参考,而且为教育工作者、学校管理者和政策制定者提供了有益的启示。

随着劳动教育在新时代的不断深化和发展,本书所探讨的内容将有助于推动大学生劳动教育的创新和实践,为培养德智体美劳全面发展的社会主义建设者和接班人做出贡献。本书的写作得到了很多专家、学者的支持和帮助,在此深表谢意。由于编者能力有限、时间仓促,虽极力丰富本书内容,力求作品完美无瑕,但仍难免有不妥与遗漏之处,在此恳请专家和读者批评指正。

编　者

2024 年 8 月

# 目录

**第一章　新时代劳动教育基础** ………………………………………………… 001
　导入案例 ……………………………………………………………………… 001
　第一节　劳动教育概述 ……………………………………………………… 002
　第二节　新时代劳动教育的内涵、特征、价值及使命 …………………… 010
　第三节　新时代劳动教育的新担当、新要求、新境界 …………………… 017

**第二章　新时代大学生的劳动价值观** ………………………………………… 022
　导入案例 ……………………………………………………………………… 022
　第一节　劳动精神：弘扬优秀劳动文化 …………………………………… 023
　第二节　劳模精神：践行崇高劳模初心 …………………………………… 028
　第三节　工匠精神：致敬美丽匠人风范 …………………………………… 034

**第三章　新时代大学生劳动素养与劳动情怀** ………………………………… 039
　导入案例 ……………………………………………………………………… 039
　第一节　劳动素养 …………………………………………………………… 041
　第二节　劳动情怀 …………………………………………………………… 048

**第四章　新时代大学生职业素养与精神** ……………………………………… 055
　导入案例 ……………………………………………………………………… 055
　第一节　大学生职业素养 …………………………………………………… 056
　第二节　大学生职业意识 …………………………………………………… 064
　第三节　大学生职业精神 …………………………………………………… 071
　第四节　大学生职业责任 …………………………………………………… 078

## 第五章　新时代大学生劳动教育的实施 …………………………………… 087
  导入案例 ………………………………………………………………… 087
  第一节　新时代大学生劳动教育的实施体系 ………………………… 087
  第二节　新时代大学生劳动教育的实施路径 ………………………… 091
  第三节　新时代大学生劳动教育的实践保障 ………………………… 107

## 第六章　新时代大学生学校与家庭劳动实践 …………………………… 121
  导入案例 ………………………………………………………………… 121
  第一节　学校劳动实践 ………………………………………………… 121
  第二节　家庭劳动实践 ………………………………………………… 138

## 第七章　新时代大学生社会劳动实践 …………………………………… 150
  导入案例 ………………………………………………………………… 150
  第一节　社会实践和社会调查 ………………………………………… 152
  第二节　社区及农工商生产劳动 ……………………………………… 158
  第三节　志愿者服务 …………………………………………………… 166

## 第八章　新时代大学生劳动教育的多样性实践 ………………………… 171
  导入案例 ………………………………………………………………… 171
  第一节　大学生探索性劳动教育实践 ………………………………… 172
  第二节　大学生艺术性劳动教育实践 ………………………………… 183

**参考文献** …………………………………………………………………… 197

# 第一章 新时代劳动教育基础

> **导入案例**
>
> **彭德怀在家乡参加劳动的故事**
>
> 湖南省湘潭县乌石镇乌石村,淅淅秋雨落在一座寻常农家小院。老宅前,柑子树和柚子树硕果累累。这里是彭德怀故居,这两棵树是他1961年回乡时亲手栽种的。
>
> 1958年12月,彭德怀回到阔别32年的故乡进行农村调查。为了便于了解群众的真实情况,他没有住招待所,而是住进自己的旧居彭家围子。
>
> 当晚,公社和大队干部谈到粮食大丰收。他立即同干部们步行数里来到田边,打着手电筒,蹲下身来,拔起一兜禾茬,细数着一兜禾上有多少株稻秆,每个穗上大约有多少颗稻谷,用心计算着每亩地的产量。
>
> 1961年冬天,彭德怀第二次回乡开展农村调查,仍是住在旧居。三十多天里,他踏遍故乡的山山水水,在堂屋里接待来访干部群众两千多人。通过细致深入的调查,他拟写了5份农村调查材料,交党中央参考。他认为:"我们当干部的,办事一定要实事求是,不能搞浮夸。"
>
> 下面这个故事就发生在他回老家调查时。
>
> 彭德怀回到了故乡,他看到童年时代就十分熟悉的家乡山水,看到阔别多年的父老乡亲,感到格外亲切。回想起在战争年代,乡亲们跟着党闹革命,抛头颅、洒热血,承受了极大的牺牲,现在终于盼来了全国的解放和革命的胜利,想到这里彭德怀不由得感慨:"是呵,苦了多年的乡亲们,该过上好日子了。"彭德怀来到了响塘区南谷公社的陈蒲大队调查。午饭的时间到了,彭德怀没有到公共食堂去吃大锅饭,而是撇开随从人员,独自一人来到离食堂不远的贺老伯家里。刚跨进屋,迎面扑来阵阵烟雾,只见贺老伯正蹲在灶下烧火做饭。彭德怀关切地凑上去问:"老伯,为什么不到食堂去吃饭?"老伯没好气地说:"有什么饭吃!只因彭德怀要来调查,大队才开食堂饭的,还要工分高的人才有得吃。我不去凑这个热闹,真是打肿脸充胖子!"彭德怀一听,话出有因,顺手将锅盖揭开,只见锅里蒸的是糠粑粑。彭德怀抓起糠粑粑就吃,那粗糙、苦涩的糠直刺喉头,确实难以咽下去,他的心痛了,眼窝里充满了泪花。
>
> 回到故居,彭德怀召开了社员大会,他说:"我是讨过饭的,是饿怕了的,可那是旧

社会。现在，我们当家做了主人，我们应该抓紧时间开荒种粮，生产自救，把穷队变成富队，不应该再有人饿肚皮了。我这次回来是当社员的，队上要安排我出工，不安排的话，我就邀请婆婆姥姥上山砍柴去。"说干就干，从那以后彭德怀就与社员一起参加集体劳动。他特别提倡开田，在工余时间还动员侄儿一道去开田。侄儿望着两鬓斑白的伯伯劝道："您老人家年纪一大把了，还开什么田呢？"彭德怀风趣地回答："年老骨头枯，正好做功夫！别说我年老，做起事来，还可以跟你们小青年比一比呢！"说完就捋起衣袖，用他那曾指挥过千军万马的手，挥锄猛干起来，像个标准的老农。在彭德怀的带动下，家乡一块块新田被开发出来，种上了绿油油的庄稼。彭德怀欢欢喜喜地与乡亲们一道收棉花、种麦子，撒下了无数的汗珠。他说："从今年起，我每年回来参加劳动一个月，别的重活干不了，帮生产队看牛，看鸭。如果不能回来就交一百元到队上。"就这样，彭德怀在家乡立了个不计劳动报酬的特殊社员的"户头"。

资料来源：王云娜. 竹树青葱的乌石村(红色旅游)[EB/OL]. 人民网，http://society.people.com.cn/n1/2018/1020/c1008-30352323.html.

## 第一节　劳动教育概述

在新时代，我们必须突破传统认识，去达到教育与生产劳动相结合的新境界，即新时代新教育与新劳动、新创造的新结合。

人类的历史就是一部劳动的历史，从这个意义上说，人类的"第一个"历史活动，就是劳动。劳动创造了人类本身，也创造了光辉灿烂的人类文明。劳动是人类最基本的社会实践活动形式，是人的本质。马克思主义关于劳动的这些基本观点，正是我们在新时代进行劳动教育的思想基础。

劳动教育是新时代党对教育的新要求，是中国特色社会主义教育制度的重要内容。加强劳动教育，关系到亿万青少年的全面发展、健康成长，关系到国民综合素质的提升，关系到党和国家事业的兴旺发达，对培育和践行社会主义核心价值观、传承和弘扬中华民族优良传统、培养担当民族复兴大任的时代新人，具有重大意义。劳动教育具有鲜明的社会性，要求学生在面对真实的生活世界和职业世界时，以动手实践为主要方式，学会改造世界，并在改造世界的过程中塑造自己、提高自身素质。

### 一、劳动教育基础

（一）劳动教育的概念

"劳动教育"是当前教育领域的高频热词。最早将劳动教育列入教育内容，可追溯到蔡元培先生提出的"德、智、体、美、劳"五育并重的教育方针。然而在相当长的一个时期，劳动教育在政策中有体现，在实践中却往往被忽视，在学校中被弱化、在家庭中被软化、在社会中被淡化的现象不同程度地存在着，制约了以劳树德、以劳增智、以劳强体、以劳育美、以劳创新的育人实效的发挥。

劳动教育，顾名思义是"关于劳动的教育"，从组成要素来看，主要包括对劳动认识、劳动习惯、劳动技能、劳动情感、劳动品质培养等的教育；从内容的性质来看，可分为对生产技术劳动的教育、对社会公益劳动的教育以及对生活服务劳动的教育；从地位上看，劳动教育与德育、智育、美育、体育一样，是学生全面发展的重要组成部分。长久以来，人们对劳动教育的认识水平不高，认识层次还停留在"体力教育""劳动改造教育"等陈旧的观念上，缺乏对劳动教育的正确认识。近年来，随着社会经济的持续发展，尤其是知识经济时代的到来，自媒体被广泛运用，人们的思想观念发生了巨大变化，人们对于劳动越来越不重视，时代的进步和社会的发展在召唤劳动教育的回归。

（二）劳动教育是马克思主义劳动观的重要内容

劳动是人类最基本、最普遍的活动形态，在人类文明进步和社会发展中发挥了十分重要的作用，从某种程度上说，人类的文明史就是一部劳动发展史。马克思主义认为，生产劳动是人区别于动物的根本特征，"当人开始生产自己的生活资料，即迈出由他们的肉体组织所决定的这一步的时候，人本身就开始把自己和动物区分开来"。劳动不仅发展着世界，而且创造了人类，促进了人的自由解放和全面发展。恩格斯认为："劳动创造了人本身"，"生产劳动给每一个人提供全面发展和表现自己全部的即体力和脑力的能力的机会，这样，生产劳动就不再是奴役人的手段，而成了解放人的手段"。马克思把人的全面发展和自由个性阶段作为人类社会发展的最高阶段，指出"共产主义是以每一个个人的全面而自由的发展为基本原则的社会形式"。马克思主义认为，劳动是创造价值的唯一源泉，人民群众是物质财富和精神财富的创造者，教育要与生产劳动紧密结合。马克思指出："未来教育对所有已满一定年龄的儿童来说，就是生产劳动同智育和体育的结合，它不仅是提高社会生产的一种方法，而且是造就全面发展的人的唯一方法。"[1]由此可知，劳动教育是马克思主义劳动观和教育观的重要内容。

中国共产党作为马克思主义政党和中国工人阶级的先锋队，进一步丰富和发展了马克思主义劳动观。《中国共产党章程》是立党、治党、管党的总章程，在党的性质和宗旨、路线和纲领、指导思想和行动目标等内容中，突出了劳动的地位和作用，强调"中国共产党党员永远是劳动人民的普通一员"，"尊重劳动、尊重知识、尊重人才、尊重创造"，"依靠科技进步，提高劳动者素质"等。

## 二、劳动教育的意义

新时代大学生劳动教育肩负着重要的世界观培育功能。通过劳动教育，广大青年学

---

[1] 颜梦淇，朱丽霞.马克思人的本质观的劳动伦理意蕴及其现实启示——基于《1844年经济学哲学手稿》的探讨[J].湖北理工学院学报：人文社会科学版，2023，40(3)：81-86.

生可以更加深刻地理解劳动的本质、价值和方式,认清劳动与社会发展的关系,以科学理性的态度对待劳动、劳动者、劳动方式。通过劳动教育,可以让青年学生在了解自然、认识世界的同时,了解人民的疾苦及劳动在社会发展进程中的重大作用,加深广大青年学生对社会历史发展的理解,最终形成正确的新时代劳动价值观。

劳动观决定劳动态度,劳动态度影响劳动者的精神面貌。通过劳动教育,有助于大学生养成踏实、勤奋、严谨的劳动品质,使其在劳动实践中成长、成才。作为进入社会前的最后一站,大学的劳动教育课程可以帮助青年学生正本清源、反求诸己,思考如何才能紧跟时代、夯实基础、服务社会,真正成为社会主义事业的建设者和接班人。

(一)高校加强劳动教育,是坚持和发展马克思主义唯物史观,坚持和发展中国特色社会主义的要求

强调劳动价值和劳动教育也是马克思主义唯物史观的核心内容和本质规定。马克思认为,生产劳动同智育和体育相结合,不仅是提高社会生产的一种方法,而且是造就全面发展的人的唯一方法。列宁也曾指出,没有年轻一代的教育和生产劳动的结合,未来社会的理想是不能想象的。无论是脱离生产劳动的教学和教育,或是没有同时进行教学和教育的生产劳动,都不能达到现代技术水平和科学知识现状所要求的高度。[①] 习近平总书记在多次重要讲话中围绕劳动、劳动者、劳模精神等内容进行深刻阐述,这些论述既继承和发展了马克思主义劳动思想,又勾勒出中国特色社会主义伟大事业的实践路径,构建了包含"实干兴邦"的劳动实践观、"崇尚劳动"的劳动价值观、"热爱劳动"的劳动教育观等内容的新时代中国特色社会主义劳动思想理论体系,成为习近平新时代中国特色社会主义思想的重要组成部分。可以说,勤奋劳动、诚实劳动、创造性劳动,是社会主义国家劳动者的鲜明特征。高校加强劳动教育,是新时代旗帜鲜明地坚持和发展马克思主义唯物史观,坚持和发展中国特色社会主义的要求。

(二)劳动教育是实现中国梦的强大助推力量

劳动开创未来,奋斗实现梦想。劳动最核心的底蕴是实干与奋斗。劳动是推动人类社会进步的根本力量。我们说"空谈误国,实干兴邦",实干首先就要脚踏实地劳动。

"以劳动托起中国梦",进行伟大斗争、建设伟大工程、推进伟大事业、实现伟大梦想,全面建成小康社会,进而建成富强、民主、文明、和谐、美丽的社会主义现代化强国,根本上要靠劳动者的辛勤劳动、诚实劳动和创造性劳动。回望中华人民共和国走过的历程,从站起来、富起来到强起来,无论多么大的辉煌,背后都是普通劳动者的艰辛劳动。正是在筚路蓝缕、胼手胝足与挥汗如雨的劳作中,我们托起了一个充满活力的现代中国;而要实现复兴中国梦的宏大愿景,同样需要我们艰苦奋斗、不懈努力。大学生对劳动的认知,对待劳动的态度以及劳动习惯、劳动技能的培养,将决定着国家和民族的未来。随着物质生活条件的好转,一些大学生推崇享乐、贪图安逸、不愿意吃苦耐劳,这些涉世未深的年轻人大

---

① 陈亚娟.浅谈幼儿爱国主义教育[C]//2020 全国教育教学创新与发展高端论坛会议论文集(卷二).2020.

多喜欢把一些特殊案例看作他们的动力。然而,他们只看到了别人光鲜的一面,却没看到其背后承担的各种风险和付出的艰辛。

通过劳动教育,可以培养我们形成正确的劳动价值观和良好的劳动品质,同时体会劳动创造美好生活、劳动不分贵贱,进而热爱劳动。而这些都将有助于我们接力奋斗,实现中华民族伟大复兴的中国梦。

在我国转变经济增长方式、做强实体经济、建设知识型技能型创新型劳动者大军的今天,高度重视劳动教育,是富国强民的大事,具有更加迫切的现实意义和历史意义。高校加强劳动教育,既能引导新时代大学生努力学习科学文化知识、练就过硬本领,又能教育大学生坚定理想信念、培育劳动情怀,自觉把人生理想、家庭幸福融入国家富强、民族复兴的伟业,建构个人与集体、个人梦与中国梦融合统一的发展共同体和命运共同体,最终推动在广大青年学生的接力奋斗中实现伟大复兴中国梦。

(三)实现高校立德树人根本任务的客观需要

我国高校肩负着培养社会主义建设者和接班人的重大任务,肩负着"为人民服务、为中国共产党治国理政服务、为巩固和发展中国特色社会主义制度服务、为改革开放和社会主义现代化建设服务"的神圣使命,培养的人才必须具备正确的世界观、人生观、价值观、事业观、审美观和劳动观,德、智、体、美、劳既有密切联系又有各自不同的功能,劳动教育是构建全面教育体系不可或缺的一环。对当代大学生加强劳动教育,倡导劳动最光荣、劳动最崇高、劳动最伟大、劳动最美丽的价值观念,必将使其崇尚劳动价值、追求劳动创造、尊重劳动主体,以辛勤劳动为荣、以好逸恶劳为耻,不断成长为有理想信念、有过硬本领、有责任担当的社会主义建设者和接班人,进一步营造劳动光荣的社会风尚和精益求精的敬业风气,从而做到"以劳树德、以劳增智、以劳强体、以劳育美、以劳创新,促进学生德、智、体、美、劳全面发展"。劳动教育应作为完善人才培养目标、支持德智体美教育的重要平台。加强劳动教育是中国特色高等教育的显著特点,是扎根中国大地办大学的本质要求。

(四)引领执行适应新时代要求的教育方针

培养建设者和接班人,必须认真贯彻教育方针。教育方针包括教育工作的指导思想、教育培养目标(教育目的)和实施途径三个部分,它是随着时代的发展变化而变化的,为一定的时代发展需要服务。但是,教育与生产劳动相结合这一内容始终没有变化。我国劳动教育源远流长,有着"耕读传家"的优良传统。"耕"指从事农业劳动,"读"即读书、学习,"耕读传家"体现了我国古代教育与生产劳动的简单结合。"教育与生产劳动相结合"作为党的教育方针的重要内容,经历了一个确立、调整、完善的发展历程。1949年9月,新中国成立前夕,具有临时宪法性质的《中国人民政治协商会议共同纲领》,把"爱劳动"与"爱祖国""爱人民""爱科学""爱护公共财物",一并列为中华人民共和国全体国民的公德,但"教育与生产劳动相结合"还不是新民主主义社会时期我国教育方针的内容。随着社会主义改造的完成,我们党实现对社会主义教育的全面领导,把"教育与生产劳动相结合"作为

基本原则写入党的教育方针。党的十一届三中全会后,党和国家的工作重心转移到经济建设上来,确立以经济建设为中心的基本路线,要求教育为经济社会发展服务、为社会主义现代化建设服务,教育方针也在调整中完善。

随着中国特色社会主义进入新时代,教育服务功能也发生了新变化,教育特别是高等教育要为人民服务、为中国共产党治国理政服务、为巩固和发展中国特色社会主义制度服务、为改革开放和社会主义现代化建设服务,赋予教育新的使命和内涵。2024年1月31日,习近平总书记在主持中共中央政治局第十一次集体学习时强调了劳动教育的重要性。他指出,新时代的劳动教育应当紧跟新质生产力发展的新要求,在国家强大和民族复兴的进程中发挥应有的作用。这次讲话中特别提到,应当在学生中弘扬劳动精神,教育引导学生崇尚劳动、尊重劳动,让他们认识到劳动是最光荣、最崇高、最伟大、最美丽的事业,长大后能够辛勤劳动、诚实劳动、创造性劳动。

(五)劳动教育是人才培养之基

一代人有一代人的使命,一代人有一代人的担当。时代新人之"新",在于新时代青少年担当民族复兴大任的新使命,这对青少年素质能力提出了新的更高要求——德、智、体、美、劳全面发展。劳动教育在教育体系中具有基础性、先导性、全局性的地位。劳动教育不仅可以让学生"苦其心志,劳其筋骨",而且具有树德、增智、强体、育美的综合育人作用,贯穿于并作用于其他"四育",是学生成长成才的"必修课""基础课"。新时代是劳动者的时代、奋斗者的时代。当前我们比历史上任何时期都更接近中华民族伟大复兴的目标,同时比以往任何时候都更迫切需要提高广大劳动者素质,比以往任何时候都更迫切需要构建完善的劳动教育体系。

劳动教育是新时代中国特色社会主义教育制度的重要内容,对培养社会主义建设者和接班人具有战略意义。新时代中国特色社会主义事业需要德、智、体、美、劳全面发展的综合型人才,而劳动教育是人才培养的基础之一。劳动教育致力于对人的劳动知识、劳动技术和劳动精神的培养,有利于开发学生的劳动知识、劳动技能并引导创造性劳动,体现了德、智、体、美、劳综合素质相统一的原则。为此,我们应当积极创造条件深化产教融合,构建产学研联合培养机制,搭建多样化的劳动实践平台;鼓励青年学生深入工厂、农村等实践场所,积极参加各类社会实践活动,促进劳动教育学校阵地与社会实践基地、家庭社区阵地的衔接互动,使学生在参与科学研究与生产劳动中发挥聪明才智。

(六)劳动教育是素质教育之魂

"青年兴则国家兴,青年强则国家强。"青年学生综合素质的高低,影响习近平新时代中国特色社会主义事业的未来,因此加强青年学生素质教育是我们的必然选择。素质教育的本质是促进人的全面发展,而劳动教育可以使青年学生的综合素质得到全面提升。劳动教育能够以独特的魅力丰富素质教育的内涵,提升学生的思想道德素质,锻炼青年学生的意志,培养他们的实践能力,培养他们艰苦奋斗、持之以恒的品质。新时代中国特色社会主义建设需要一支综合素质高、劳动能力强的生力军,青年学生就是这支生力军中的主力军,因此加强青年学生劳动教育尤为重要。我们应当传承"格物致知"的中国传统教育理念,坚持"实践出真知"的原则,把劳动素养作为衡量学生全面发展的基本内容,将劳动教育融入课程体系,见诸课堂内、课堂外,激励青年学生靠双手实现梦想,树立用劳动创造人生价值的人生观和价值观。

（七）劳动教育是育人成才之根

青年学生是社会主义建设的接班人,他们的健康成长关系到党之大计、国之大计。在对青年学生的教育过程中,让青年学生亲身体验劳动过程,形成良好的劳动观念和劳动习惯,是培养青年学生独立生活能力乃至锻造人才的重要途径。当前,针对青年学生中出现的不珍惜劳动成果、不想劳动、不会劳动的现象,我们应从思想认识、情感态度、能力习惯三个方面强化劳动教育,使青年学生养成马克思主义劳动观,在劳动教育中融入和贯穿中华优秀传统文化,让"劳模精神""工匠精神"等传统文化中的劳动精神特质进校园、进课堂。通过学习在抗疫救灾等重大事件中的典型人物先进事迹,使青年学生牢固树立劳动最光荣、劳动最崇高、劳动最伟大、劳动最美丽的观念,养成勤俭、奋斗、创新、奉献的劳动精神,形成良好的劳动习惯,深化对各种劳动的认同和热爱。

1. 高校加强劳动教育,是当代青年成长为有理想、有本领、有担当的新时代大学生的客观需要

由于受我国传统文化观念中"劳心者治人,劳力者治于人""万般皆下品,唯有读书高"等观念的影响,也由于一些独生子女大学生长期处于"饭来张口、衣来伸手"的成长环境,在少数大学生中存在不珍惜劳动成果、不想劳动、不会劳动的现象。有的大学生崇尚享乐安逸、一夜成名,有的以自我为中心、不善协作,有的劳动观念淡漠、劳动能力欠缺、动手能力不足,有的消费超前、大手大脚、攀比享乐,有的逃课睡觉、应付功课、抄袭作弊,有的吃不起苦、受不起累、缺乏创业能力,有的就业后追求不切实际的薪酬待遇、频繁跳槽,有的形成了脑力劳动与体力劳动、生产劳动完全不相干甚至鄙视后者的潜意识。解决上述问题的对策,只能是加强大学生的劳动教育。高校加强劳动教育,有利于大学生通过在课堂教学、自身学习、实验实践等教育环节上付出大量劳动,将自己打造成为高等教育优质产品;有利于大学生在挥洒汗水中塑造坚强的心理素质,在顽强拼搏中磨炼自己的意志,从而获得受益终生的宝贵精神财富;有利于大学生形成自主多元积极向上的就业创业观,在国家社会需要与个人价值实现、专业学习与岗位匹配等方面找到平衡;有利于大学生不断强化新时代的劳动责任感、使命感和荣誉感,锻造辛勤劳动、诚实劳动、创造性劳动的劳动品格,感悟劳动带来的尊严感、崇高感和幸福感。

2. 高校加强劳动教育,是强国富民、建设高素质劳动者大军的重要举措

改革开放四十多年来,我国经济社会发展取得了巨大成就,这种成就是改革红利、自然资源红利、人口红利、国际贸易投资环境红利等综合贡献的结果。当前,我国同时面临"人口红利"逐渐消失、资源和环境约束不断强化、投资和出口增速放缓、传统发展动力不断减弱等发展瓶颈。转变发展方式、优化经济结构、转换增长动力、跨越"中等收入陷阱",

必须拥有一支爱劳动、能劳动、会劳动的劳动者大军。新时代加强劳动教育,有利于培育一支高素质的产业工人队伍和大量的"能工巧匠""大国工匠",为"中国速度"向"中国质量"转变、"中国制造"向"中国创造"转变、制造大国向制造强国转变提供人力支撑、智力支撑和创新支撑。

(八)劳动教育是实现创新教育的重要途径

创新,是引领发展的第一动力。古往今来,热衷于创新和发明的工匠们,一直是世界科技进步的重要推动力量。比如,汉唐以来的耕犁、龙骨水车、水磨,木工祖师鲁班在劳动中发明的锯子、曲尺、墨斗,桥梁专家李春建造的拱形赵州桥,等等。在新时代,人们应不断创新劳动教育形式,以劳树德、以劳增智、以劳健体、以劳育美、以劳创新。劳动教育,使广大青年懂得要有敢为人先的锐气,勇于解放思想、实事求是、与时俱进,树立在继承前人的基础上超越前人的雄心壮志;懂得新发明、新创造、新产品是科学家、工程技术人员独创性思维的辉煌成果,凝聚着人们集体智慧的结晶,从而开阔其知识视野,激发其创新精神,提高其实践能力。

总之,劳动教育的核心价值是以"劳"促全。培养时代新人,必须把劳动教育摆在更加突出的位置,建立完善体现时代特征的劳动教育体系,以劳促进德、智、体、美全面发展、协同育人,这既是对马克思主义教育思想的继承和发展,也是对新时代中国特色社会主义教育制度的坚持和完善。

### 三、劳动教育的目标

针对一些青少年中出现的不珍惜劳动成果、不想劳动、不会劳动的现象,中共中央、国务院印发的《关于全面加强新时代大中小学劳动教育的意见》从思想认识、情感态度、能力习惯三个方面面向全体学生提出了劳动教育目标,突出强调劳动教育的思想性;强调理解和形成马克思主义劳动观,牢固树立劳动最光荣、劳动最崇高、劳动最伟大、劳动最美丽的观念;体会劳动创造美好生活,体会劳动不分贵贱,热爱劳动,尊重普通劳动者,培养勤俭、奋斗、创新、奉献的劳动精神;具备满足生存发展需要的基本劳动能力,形成良好的劳动习惯。

### 四、新时代如何做好劳动教育

(一)新时代呼唤劳动教育,是对劳动教育本质认识的回归

它既有马克思主义"教劳结合"思想的引领,又传承了"耕读传家久"的传统,还具有鲜明的时代特征,强调教育要与科学技术为基础的劳动相结合、书本知识和实践经验的结合,培养学生的专业精神、职业精神、劳动精神。

把劳动教育纳入人才培养全过程,必须坚持以习近平新时代中国特色社会主义思想为指导,全面贯彻党的教育方针,从立德树人的高度来思考体系建构,突出传承性、制度性、操作性和时代性。

## （二）突出传承性，弘扬中华优秀传统劳动文化

中华民族始终将勤勉劳作视为社稷之基和生活之本，崇尚"天道酬勤""民生在勤，勤则不匮"等理念。加强新时代劳动教育，必须坚持在继承传统中创新发展，推动中华优秀传统文化中劳动思想的现代转化，在劳动教育中融入社会主义核心价值观，培育敬业奉献精神。

## （三）突出制度性，完善劳动教育的制度建构

"仁圣之本，在乎制度而已。"构建大中小幼相互贯通，职业教育与普通教育、校内教育与校外教育有机衔接的教育机制，突出制度的刚性，明确各主体的责任，建立评价、督导、激励机制等一系列制度建构。教育行政管理部门是劳动教育管理的主体，要依法治教，依法监督、管理、规范劳动教育实施机构的教育活动；学校是劳动教育实施主体，必须在劳动教育的课程设置、开展劳动教育评价（如表1-1所示）、建立劳动教育档案等方面起到主导作用；社会和家庭有配合实施劳动教育的责任与义务，是配合学校劳动教育实施的主体；学生直接参与劳动，是接受劳动教育的主体，在不同年龄阶段必须接受相应的劳动教育；教育管理部门要建立切实可行的评价机制，把学生的劳动素养纳入学校综合考评机制，探索建立考评结果全方位使用的激励机制。

**表1-1 大学生探索性劳动教育评价指标体系**

| 一级指标 | 二级指标 | 评价标准 | 评价等级 | 评价权重 |
| --- | --- | --- | --- | --- |
| 探索性劳动知识 | 1. 通识知识<br>2. 专业性知识<br>3. 方法论知识 | 1. 知识掌握的广度<br>2. 知识掌握的深度 | 优<br>良<br>合格 | 20% |
| 探索性劳动技能 | 1. 设计能力<br>2. 操作技能<br>3. 思维品质 | 1. 技能的专业程度<br>2. 技能的熟练程度<br>3. 技能与工作的匹配度 | 优<br>良<br>合格 | 30% |
| 探索性劳动行为 | 1. 参与率高低<br>2. 参与积极性<br>3. 参与结果 | 1. 行为动机是否正确<br>2. 行为与过程是否一致<br>3. 创新目标达成度 | 优<br>良<br>合格 | 30% |
| 探索性劳动精神 | 1. 创新意识<br>2. 科学精神 | 1. 求真的兴趣<br>2. 坚持不懈的意志 | 优<br>良<br>合格 | 20% |

## （四）突出操作性，建立系统科学的操作体系

可在国民教育体系各阶段中设置劳育科目和课程，针对大中小幼不同阶段，制定科学的劳育大纲，编写切实可行的劳育教材，对家务劳动、班务劳动、校务劳动、公益劳动、简单生产劳动、技术性劳动和工艺劳动等劳育内容进行科学的编排。探索建立专兼职结合的劳动教育教师队伍，广开渠道，开门办学，聘请能工巧匠、专业技术人员担任兼职教师。设

置劳育的专门教室或场所,配齐相关设备,并在校外设立综合实践基地。

（五）突出时代性,与时俱进推进劳动教育

积极与物联网、云计算、大数据、人工智能等新技术相衔接,不断创新劳动教育形式,运用人工智能技术搭建网络空间、虚拟环境教育情景,鼓励学生运用多元学科知识,开展创造性劳动。与新产业、新业态、新技术相呼应,挖掘劳动教育新内涵。与德智体美相结合,通过劳育,达到在劳力上劳心的效果,最终实现道德的提升、智慧的增长、体质的强健、美感的涵养,从而更加彰显劳动教育的综合育人价值。

## 第二节　新时代劳动教育的内涵、特征、价值及使命

### 一、新时代劳动教育的内涵

劳动教育是一个动态、发展的概念,其内涵随着时代的变化而不断丰富、发展和完善。

（一）新时代劳动教育体现了社会主义办学方向

马克思主义认为,劳动创造了世界,劳动创造了历史,劳动创造了人本身。新时代劳动教育是社会主义教育的重要内容,是我国教育体系不可缺少的一部分,是学校教育教学工作的重要一环。针对当前一些青少年不珍惜劳动成果、不想劳动、不会劳动,劳动教育正在被软化、弱化的现象,《关于全面加强新时代大中小学劳动教育的意见》（以下简称《意见》）明确了劳动教育的定位,指出"劳动教育是中国特色社会主义教育制度的重要内容",要"以习近平新时代中国特色社会主义思想为指导",引导学生理解和形成马克思主义劳动观。

（二）新时代劳动教育坚持综合育人理念

新时代劳动教育立足于人的整体性,融合多学科知识,对人、社会和自然进行整合,将理论知识有机融入现实社会,对学生健全人格发展起着重要作用。但是,一段时期以来,劳动的独特育人价值在一定程度上被忽视。《意见》充分肯定劳动教育"具有树德、增智、强体、育美的综合育人价值",要求全党全社会必须高度重视,"坚持立德树人""把劳动教育贯穿于人才培养的全过程"。

（三）新时代劳动教育强调教育与劳动相结合

教育与劳动相结合是马克思主义教育的基本思想,也是《中华人民共和国教育法》（以下简称《教育法》）规定的明确要求。然而,由于应试教育的惯性作用,教育与劳动分离,导致一些学生身心发展失衡,不能健康成长。因此,《意见》强调劳动教育重点是要让学生在系统的文化知识学习之外有目的、有计划地参加劳动实践,出力流汗,实现知行合一,获得身心全面发展。

（四）新时代劳动教育兼顾传统劳动和新型劳动

当今社会，劳动仍然是人类社会赖以生存和发展的基础。掌握必备的劳动知识和技能，树立正确的劳动观念，不仅有利于促进学生的全面发展，而且有利于提升学生将来的生存能力和生活质量。另外，随着时代的发展，劳动的构成更加复杂多元，现代化、信息化、智能化的劳动内容不断增加。因此，《意见》强调要以日常生活劳动、生产劳动和服务性劳动为主，特别强调要"结合产业新业态、劳动新形态，注重选择新型服务性劳动的内容"。

（五）新时代劳动教育关注劳动素养的培养

传统劳动教育主要侧重教授学生与劳动有关的知识、技能、方法等，而忽视劳动价值观、劳动精神、劳动思维等更深层次素养的培养，容易导致"有劳动无教育"的现象，难以使学生养成终身热爱劳动、尊重劳动的良好品质。新时代劳动教育突破传统劳动教育局限，着眼于学生的终身幸福和全面发展，以培养学生劳动素养为核心，对"劳动精神面貌、劳动价值取向和劳动技能水平"进行全面建构。

## 二、新时代劳动教育的特征

新时代劳动教育作为中国特色社会主义教育制度的重要内容，在目标定位、内容体系、实施途径、落实方式、保障机制等方面进行了系统的设计和规划，形成了一个全员、全方位、全过程育人的劳动教育新格局。

（一）加强纵向衔接，大中小学一体化系统设计

近年来，各地和大中小学贯彻落实党的教育方针，在实践育人方面取得了一定成效。但是，劳动教育缺乏系统性、连续性和稳定性，教育目标不明确、内容陈旧、形式单一等问题比较突出。新时代劳动教育坚持目标导向和问题导向，注意不同阶段劳动教育的渐进性，对大中小学各学段贯通设计，体现出系统性、科学性、时代性的特点。

在培养目标上，新时代劳动教育深度挖掘劳动教育独特的育人价值，构建进阶式一体化目标体系。《意见》规定，小学低年级要注重劳动意识启蒙，小学中高年级要注重劳动习惯养成，初中要注重劳动知识、技能的掌握，高中要注重丰富职业体验，中等职业学校要培养工匠精神和热爱劳动的态度，高等学校要注重创新创业，在课程体系上，统一将劳动教育纳入中小学国家课程方案和职业院校、普通高校的人才培养体系，整体构建"综合性、实践性、开放性、针对性的劳动教育课程体系"；在内容设置上，各学段有共同要求，同时又各有侧重，根据学生特点科学确定各阶段的课程内容；在劳动教育方式上，将知识、技能、观念、品格等劳动教育各要素综合贯穿于各个学段，针对不同学段学生身心发育特点分层递进、螺旋上升，同时，强化考评和保障机制，切实为劳动教育提供政策支撑。

（二）促进横向贯通，独立设课与学科渗透教学有机结合

课程是落实教育目标的有效载体。在我国现有的课程体系中，德、智、体、美、劳教育发展不平衡、不全面，劳动教育课程地位较为弱势。劳动教育课时经常被挪用，课程地位明显不足。一些学校存在一定的认识偏差，要么将劳动教育等同于一般性活动，只注重活

动体验而忽视劳动素养培养；要么过分强调知识灌输，缺乏与实践的融合，现状不容乐观。新时代加强劳动教育，需要明确劳动教育的课程地位，确保底线要求，开齐开足劳动教育课。

《意见》指出，要优化学校课程设置，在大中小学设立劳动教育必修课程，规定中小学每周不少于1课时，职业院校劳动专题教育不少于16学时，普通高校本科阶段不少于32学时，并开展劳动周、劳动月等以集体劳动为主的劳动教育。劳动教育具有综合性、开放性、实践性的特点，其内容应有机融入其他学科教学。在新时期应加强劳动教育课程建设，坚持独立设课与学科渗透相结合，打破学科之间、课堂内外、校园内外的边界，创新课程形态，完善劳动教育课程体系，充分实现课程育人的功能。

（三）拓宽实施渠道，强化家庭、学校、社会综合实施

由于对劳动教育的独特育人价值认识不足，当前的劳动教育还存在片面依赖学校的倾向，家庭、社会在劳动教育中的作用尚未充分发挥。由于应试教育的精英化倾向，一些家长过分关注孩子的学业成绩，包办家务或是雇人代劳。社会上不劳而获、贪图享乐、崇尚暴富的思想有所蔓延。这些情况导致劳动教育在学校中被弱化，在家庭中被软化，在社会中被淡化。一些学生轻视劳动、不会劳动、不珍惜劳动成果、不尊重普通劳动者的现象时有出现。

新时代劳动教育积极构建家庭、学校、社会的责任链条，压实各主体责任，强调要以学校为主阵地，统筹协调家庭和社会各方的资源，拓宽劳动教育渠道。其中，家庭在劳动教育中起基础作用，家庭通过日常生活中的劳动实践、生活技能展示、节假日社会劳动等鼓励孩子积极动手，掌握必要的家务劳动和生活技能，树立崇尚劳动的优良家风，引导孩子从小养成热爱劳动的好习惯；学校在劳动教育中起主导作用，学校应加强劳动教育课程建设，集中与分散结合灵活安排，培养学生形成马克思主义劳动观，掌握必要的劳动技能；社会在劳动教育中起支持作用，政府、企业和社会团体应充分利用自有资源，通过开放实践场所、增加劳动体验等方式为学生参加多种多样的劳动教育提供保障。各方主体相互补充，积极引导学生参与家务劳动、生产劳动、公益劳动、实习实训等劳动实践，努力画好劳动教育同心圆，形成齐抓共管、多方协同的劳动教育育人合力。

（四）深化产教融合，创新劳动教育模式

劳动教育的具身性在一定程度上决定着劳动教育质量。反观当前的劳动教育现状，各地、各学校劳动教育形式较为单调，课堂内以教师系统讲授劳动理论知识为主，课外校外劳动实践来源有限、类型相对单一，大多是来自社区、传统手工业或机械制造业中的传统劳动项目，与学生生活实际关联不够紧密，吸引力不够强大，尚不能充分调动学生主动参与劳动的热情。

新时代劳动教育深入推进大中小学与企业之间在劳动教育方面的融合，着力解决劳动教育缺抓手、缺载体、缺场景的突出问题，满足学生多样化劳动实践需求。《意见》明确提出要"深化产教融合，改进劳动教育方式"，倡导通过共享、联建、创建等方式多措并举拓

宽劳动教育实践场所,深度挖掘现代企业劳动教育新元素,创新体制机制深化劳动教育实践课程,使劳动教育与新产业、新业态、新技术紧密结合,为学生在现代企业中参与劳动体验、实习实训搭建平台,使学生在具体劳动实践中领悟劳动在社会发展中的作用,树立正确劳动观念,激发创新意识,为未来的职业生涯作一定储备,提升劳动教育的时代性和针对性。

（五）依据各地实际,因地制宜常态实施

新时代,党和国家高度重视劳动教育,从国家发展战略高度提出统一要求,增强劳动教育的规范性和计划性。但由于我国各地经济状况、教育水平发展不一,仅靠国家的统一管理较难实现劳动教育的落细、落小、落实,各地、各学校应积极转变观念,结合自身实际丰富劳动教育实施路径。

《意见》明确要求各地、各学校结合当地自然、经济、文化等方面的条件,充分挖掘自身可利用的资源,宜工则工、宜农则农,因地制宜大胆探索多元化的劳动实践项目。比如,农村地区可以安排一些学农实践基地,城镇地区可以确认一批企事业单位和社会机构为学生提供劳动实践场所,学校可以完善劳动实践教室、实训基地建设,其中的高等学校还可以结合自身专业优势形成稳定的实习和劳动实践基地。

## 三、新时代劳动教育的价值

习近平总书记在全国教育大会上强调,把立德树人融入高校课堂、教育教学、实践教育各环节,明确把"劳动教育"与"德智体美"教育一起纳入"全面发展"的教育理论中,提出"培养德、智、体、美、劳全面发展的社会主义建设者和接班人"[①]。这些重要论述表明劳动教育是立德树人的基本内容,是高校立身之本、生存之基。目前,在德育、智育、体育、美育、劳育体系中,劳动教育仍是短板,加强劳动教育是适应新时代的更高水平的劳动教育体系、落实立德树人任务、培养德智体美劳全面发展的人才的迫切需要。因此,加强劳动教育,这是培养有理想、有本领、有担当的社会主义建设者和接班人的客观要求,是全面贯彻党的教育方针、实现立德树人根本任务的现实需要。

（一）行思结合,实现以劳树德

劳动教育对于立德树人、促进学生全面发展具有不可替代的作用。劳动教育可以促进学生形成勤俭节约、踏实肯干、意志坚定、团结协作的优良品质,使之成为有大爱、大德、大情怀的人。品德修养不是一蹴而就的事,需要在长期的社会实践中、在日常生活的点滴中踏踏实实地磨炼养成。劳动教育对于青少年践行社会主义核心价值观、传承中华优秀传统文化、实现中华民族伟大复兴的中国梦具有重要意义。

要通过劳动教育使学生在劳动实践中形成独立自主、勤劳俭朴、艰苦奋斗的高贵品质,在参加劳动实践中增强学生的自信心,形成乐观向上的积极品质,让学生体认劳动精

---

① 丁乔.劳动教育融入高校思想政治教育的实践路径研究[J].大庆社会科学,2023(6):145-148.

神、锤炼品格和磨炼意志,使"劳动最光荣、劳动最崇高、劳动最伟大、劳动最美丽"的价值观根植于心。

(二)手脑并用,实现以劳增智

劳动增智指的是通过劳动授予其系统的科学文化知识、技能,发展其智力和与学习有关的非智力因素。智力指人的智慧能力,它可以表现为观察力、注意力、记忆力、思维能力和想象能力等各种能力的综合,也可以理解为一种系统处理和信息加工的综合心理能力。与学习有关的非智力因素主要包括学习的情绪状态和学习动机。

坚持以劳增智,劳动是一切知识的源泉,通过增加大中小学生的劳动教育,增长见识,丰富劳动知识与劳动技能,培养学生抽象思维能力,促进智力发展。劳动教育,一方面可以帮助学生更加深刻地理解课堂上教授的理论、概念、方法等知识,为这些知识提供真实情景的体验场所,体会其中的真理和美好;另一方面可以为知识的运用提供实践机会,通过劳动实践把所学知识利用起来,实现学以致用,使所学知识得到内化和升华。知识的掌握是一个多次往复的过程,通过劳动实现了理论与实践的结合应用。劳动实践帮助学生奠定理论研究,也为学习理论活动提供底层的逻辑,这将使学习认知更加深刻,思维更加深化,实现知识往复循环,形成完整的知识构建,使得学习效果更加夯实。

劳动增智的决定性因素在于将劳动与智力活动结合。例如,要培育大颗粒的小麦,则需要研究植物的生命活动对相关条件的依赖性,如土壤的微生物条件、泥土深层的湿度保持、土壤在播种前的休整、种子的生长力等。又如,学习加工木料和金属、制作机器和机器模型、设计新型收割机和搅拌机等活动,都可以了解相关知识,获得相关智力的增长。

(三)"具身"体验,实现以劳强体

每一个人都离不开劳动,劳动有助于增强体质,让人拥有健康的体魄。劳动能改善睡眠,使人身强体壮。劳动教育可以从身心两方面促进学生的发展,其中最基本的就是促进学生的生理健康,起到强身健体的作用。在参加劳动教育的过程中,可以让肌肉骨骼得到锻炼发展,增大肺活量,促进心脏的发展。通过劳动也可以调节脑力活动,促进学生脑部神经系统的发展,有利于消除繁重学习带来的压力和负担,对学生的心理健康有重要的促进作用。

当下太多学生沉迷于电脑和手机游戏,长期保持同一畸形姿势,导致骨骼关节变形,视力下降。而劳动能使他们抬头远望,舒展身姿,有利于身体生长发育。在乌申斯基(俄罗斯教育心理学的奠基人)看来,劳动不仅能给肉体带来健康,而且能给心灵带来充实与宁静。

需要注意的是,并不是所有劳动一开始都能给人带来强体的效果。如果所选劳动严重超出自身负荷,那就会给身体机能造成严重的危害。所以,在选择所要进行的项目劳动时一定要根据自身实际情况出发,做到真正的循序渐进、以劳强体。

(四)动静齐驱,实现以劳育美

在整个教育体系中,劳动教育是一切教育的基础,美育是一切教育的最高境界。人类的审美感受产生于劳动,因为人类的劳动是一种合目的与合规律的审美活动,劳动实践创造着美,提供了美感的来源,是最能体现人的本质和审美精神的实践活动。

劳动教育有利于加强和改进学校美育,形成以劳育美、以美育人、以文化人的育人模式,促进学生树立"劳动最光荣、劳动最崇高、劳动最伟大、劳动最美丽"的劳动审美观,让青少年学生在劳动创造中形成发现美、体验美、鉴赏美、创造美的意识和能力,从而提高学生的审美能力和人文素养。

劳动创造了美,劳动创造了美好生活。劳动本身就是美德,劳动本身也是美的表现,劳动成果创造美。在参加劳动的过程中,不仅能获得知识技能,而且能在劳动中广泛地接受美、感受美和体验美。加强劳动有助于我们亲身体验劳动之美,增强审美能力,培养审美情怀,从而发挥以劳育美的作用。

在劳动时,要有意识地以审美的眼光开展劳动、审视自己的劳动成果。当我们将劳动去"任务化",添"审美化"时,也就是劳动教育真正到来之时。这是因为人在通过劳动认识世界的同时也在创造美,从而确立起对劳动、创造和认识的美感,这时才能达到劳动与情感和审美教育的统一。创造劳动的美,是一个完整的教育领域。

(五)劳动创新

劳动创新是指通过人的脑力劳动萌发出技术、知识、思维的革新,从而高效提升劳动效率、产生出超值社会财富或成果的劳动。劳动创新具有阶段性发展、超越同质劳动等特点。

劳动是理论知识的真实情境的探索,需要我们参与其中,运用自身的主观能动性去综合所学知识和认知去解决各种问题,完成各项任务。劳动能促进我们的手脑结合,促进大脑发育,促进创新创造智慧。劳动可以极大地刺激我们对知识的渴求,促进创新精神的形成。

## 四、新时代劳动教育的使命

(一)准确把握新时代劳动教育的育人导向

1. 培养担当民族复兴大任的时代新人的战略导向

战略导向是人才培养的根本,也是劳动教育的出发点。劳动教育是中国特色社会主义教育制度的重要内容,直接决定着社会主义建设者和接班人的劳动精神面貌、劳动价值取向和劳动技能水平。《意见》提出"坚持党的领导,围绕培养担当民族复兴大任的时代新人,着力提升学生综合素质,促进学生全面发展、健康成长",凸显了基于国家前途和民族未来育人的战略意义。当前劳动教育尚存在被淡化、弱化和软化的倾向,部分青少年存在不珍惜劳动成果、不想劳动、不会劳动的现象,这与"时代新人"的培养目标有较大差距。为此,新时代劳动教育必须坚持党的领导,坚持以习近平新时代中国特色社会主义思想为指导,把劳动教育纳入人才培养全过程,贯通大中小学各学段,贯穿家庭、学校、社会各方面,遵循教育规律,创新体制机制,注重教育实效,实现知行合一,达到立德树人的根本目标。

2. 强化报效国家和奉献社会的实践导向

实践导向是人类把握外部世界的总线索，也是劳动教育的基本逻辑和归宿。《意见》在育人原则中以"报效国家、奉献社会"为落脚点，明确了新时代劳动教育的实践导向。首先，要引导广大青少年辛勤劳动、诚实劳动和创造性劳动，增强报效国家和奉献社会的能力。勤劳是中华民族的传统美德，在物质生活条件日益富足的今天，劳动教育仍需培养青少年吃苦耐劳、艰苦奋斗的劳动品质；诚实是为人之根本，劳动教育要强化诚实合法劳动意识；创新创造是引领发展的第一动力，当前中国经济正处于爬坡越坎、实现从"中国制造"向"中国创造"的产业转型升级的关键阶段，劳动教育也要适应产业新业态、劳动新形态的变化，着重培育青少年创新创业能力，推动建设知识型、技术型、创新型劳动大军。其次，要培育青少年公共服务意识，强化中华民族共同体的家国情怀。在劳动教育中要注重鼓励学生利用知识、技能、工具、设备等为他人和社会提供服务，使其在公益劳动、志愿服务中强化社会责任，增强奉献意识。

（二）引导学生树立正确的劳动价值观

《意见》强调，要"把准劳动教育价值取向，引导学生树立正确的劳动观"。劳动是人类生存的基础，也是社会关系形成与发展的前提，更是人自身发展的决定性要素。劳动是财富的源泉，也是幸福的源泉，这是马克思主义劳动观的基本原理。尽管新时代人类劳动形态发生了较大变化，但马克思主义劳动观的基本原理并没有变。

随着社会的发展、科技的进步以及生活水平的提高，资本、知识、技术、信息在生产生活中的力量不断凸显，人们的劳动观念发生了很大变化。部分青年对劳动的理解出现偏差，好逸恶劳、渴望不劳而获、盲目消费、商品拜物教等现象出现。为了应对这些问题，劳动教育应着重引导个体树立正确的劳动价值观。一方面，基于马克思的劳动价值理论，帮助青年理解劳动是财富的源泉，认可"按劳分配"原则，摒弃好逸恶劳、不劳而获的不良思想。另一方面，站在人类社会历史发展的宏观高度以及个体成长成才的微观视角，帮助青年理解劳动在推动历史发展和帮助个体圆梦上所发挥的重要作用，从而尊重劳动、辛勤劳动。

（三）塑造诚实劳动的社会风气

诚实劳动是劳动者的内在道德要求。在中国传统文化中，"君子爱财，取之有道"，强调以"道"获"利"。步入新时代，在经济全球化、信息化、网络化的市场经济环境中，在物质主义与利己主义涌现的社会背景下，以"道"获"利"的伦理规范正在接受时代的拷问。在这个背景下，诚实劳动的理念和规范是新时代所必须倡导和落实的。那么何为新时代的诚实劳动？在本质上，诚实劳动强调的是劳动者积极实干，而不是投机取巧；表现在社会关系上，即要求坚守公平正义，反对损公肥私、损人利己；在经济形态上，诚实劳动反对资本欺诈，反对违法乱纪，特别是在虚拟经济时代，反对网络诈骗；在人与自然的关系上，诚实劳动要求绿色发展，不以牺牲生态为代价换取经济发展；在社会文化培育上，诚实劳动意在实现"人人为我,我为人人"的文化形态,使每一个劳动者都具备劳动自觉和劳动获得感。

在新的时代背景中,劳动教育的定位和内涵都呈现出许多新特点。但是无论如何变化,作为劳动的内在道德要求,诚实劳动是任何经济形态下经济发展的核心要求。因此,塑造诚实劳动的社会风气,是时代赋予劳动教育的重任。具体而言,在劳动教育理念上,应帮助个体理解诚实劳动的重要性,引导其树立诚实劳动的道德理念;在劳动教育内容上,应着重深化个体对"劳动与资本""劳动者的权益""劳动法"等内容的认识;在劳动教育方式上,重在创设劳动市场环境,使个体在实际参与中将劳动认知转化为具体的劳动行为体验。

### (四) 培养锻炼青年一代的创新能力

创造性劳动是发展社会主义生产力的更高劳动形态。创造性劳动是解放生产力、发展生产力的必然要求,在人类社会历史的发展中占据重要地位。在宏观层面上,创造性劳动是人类解放的关键一步。因为创造性劳动使人类不断超越奴役劳动和谋生劳动,走向体面劳动和自由劳动。在微观层面上,创造性劳动是现代经济演变的主要动力。根据马克思主义经济学理论,通过技术进步来缩短必要劳动时间,是经济增长的重要途径。当前,我国正在进行社会主义市场经济改革,为了克服人口红利减少带来的劳动力优势下降的问题,实现经济的高质量发展,我国必须加快建设创新型国家,这需要大力发展创新性劳动,提高社会生产力。

《意见》强调劳动教育要"适应科技发展和产业变革,针对劳动新形态,注重新兴技术支撑和社会服务新变化"。新时代,信息技术、大数据、人工智能等不断影响着劳动人民的生产生活。在社会的劳动时间、劳动工具、劳动形式等都发生了革命性变化的背景下,利用时代机遇锻炼青年一代的创新能力,是劳动教育的重要使命。一方面,要立足于数字革命时代对劳动者提出的新要求,构建青年一代的核心劳动素养,涉及劳动精神、劳动技能、劳动习惯、劳动思维等内容。另一方面,要以实现社会和经济的可持续发展为价值目标,整合多领域知识与技能,将人工智能、数字技术、劳动规范、职业实践、经济发展规律等相关内容纳入劳动课程,引导青年实现知识的融会贯通,为实践创造性劳动作好充分准备。

当代劳动教育担负着培育时代新人的历史使命,为此,各级学校要以新时代"劳动观"为指导,深入贯彻落实《意见》,引导学生树立辛勤劳动、诚实劳动、创造性劳动的理念,让劳动最光荣、劳动最崇高、劳动最伟大、劳动最美丽的观念蔚然成风。

## 第三节 新时代劳动教育的新担当、新要求、新境界

### 一、体现时代特征

新时代的劳动教育,应具有新时代的特点。

## （一）弘扬劳动精神

让勤俭、奋斗、创新、奉献成为时代主旋律。新时代劳动教育不只关注学生做了什么，更重要的是让他们在动手实践、出力流汗中埋下崇尚劳动的种子，在接受锻炼、磨炼意志中涵养不懈奋斗的精神。

## （二）融合科学技术

当前，人类生产工具和劳动形态发生深刻变化，"当代工人不仅要有力量，还要有智慧、有技术、能发明、会创新，以实际行动奏响时代主旋律"。因此，劳动教育不仅要继承行之有效的传统方式，而且要开展信息化和工业4.0时代的新探索，要与新产业、新业态、新技术相呼应，挖掘劳动教育新内涵。

## （三）提倡手脑并用

劳动教育诚然突出体力劳动，但并非只干不思，即不仅应让学生"双脚扎进泥土里"，还要"头脑跟上新时代"。在劳动教育中，要鼓励学生手脑并用，灵活掌握、融会贯通各类知识和技巧，主动运用所学知识理解与解决问题，并作出基于证据的解释。

## （四）激发创新潜力

比占有知识更重要的是拥抱智慧，只有让学生在体验和尝试中摆脱重复和机械，他们才能成为有感情、能创造的人。劳动教育要重视学生自身发展需求，尊重学生的自主选择，让他们大胆研学、实践，使他们的创造潜力得到激发。

# 二、新时代劳动教育的新担当、新要求

## （一）新担当

劳动是职业的内涵。劳动，本指创造物质或精神财富的活动，是需要"用力用心"的活动。劳动需要付诸行动，劳动之后还需要产生成果；劳动是能实现自我价值的行为，而不是单纯的对于财富或物质的获取；劳动教育不是摆摆形式，而是要养成劳动的意识和习惯，养成创造的愿望。

随着传统社会向现代社会发展，劳动教育中"劳动性"日益弱化，即由学徒"教育"到学校的学生"教育"，由谋生技能的拜师学艺，到组织化、规范化的职前准备教育，功能的演化决定了现代劳动教育的性质变化。因此，现代劳动教育的指向首先是劳动精神的培养，然后才是劳动技能的习得。

高职教育就是要让学生通过主动的学习、训练，来获得某种职业或生产劳动所需要的专业知识、专门技能和基本职业道德素养的教育，是为未来的劳动作准备，同时在"职业劳动"的实践训练过程中成长。"工学结合、顶岗实习"是高职劳动教育的基本形式，"校企合作"是高职劳动教育的实践载体，"现代学徒制"是高职劳动教育实践的有效途径，"做中学"是高职劳动教育习惯养成和心理意识积淀的过程化培育。高职教育的特性，决定了高职劳动教育必须具有"高"要求——高素质和高技能。劳动的性质不分等级，但技能有高低，高职劳动教育就是要培养大国工匠、能工巧匠，培养一大批技能大师服务新基建，打造新动能。

（二）新要求

1. 劳动观，要有新理解

人工智能、大数据、物联网等技术，改变了世界的生产和生活形式，劳动的对象变了，劳动的工具、方式、技术也变了。新时代的劳动者将是知识型劳动者，他们的劳动需要新知识，需要运用智能化工具，而不再是体力劳动的翻版。劳动训练、实践和技能也表现出相应的新形式，不再是千百年以来的手把手传授。劳动出现的新形式，促使人们形成劳动新观念，高职教育要适应劳动新方法和职业新生态，创造"新的"劳动教育。

2. 劳动教育的表现形态，要有新设计

劳动教育要通过具体的课程、活动来实现，新时代的高职劳动教育要把劳动的新特色容纳进去。劳动课程要用一些新"趣味"、新的劳动"吸引力"去改变学生不想劳动、不会劳动的心理惯性；要把劳动这个理念带进教学大纲之中，而不是简单地增加一部分内容，要让学习者在学的过程中感觉"动"起来，进而成为习惯。

3. 劳动教育的方法，要有新创意

必须摆正劳动教育的位置，劳动是教育的一个"部分"，而不只是一个"内容"；"内容"可以选择，"部分"不可或缺，缺少了就是"残缺"。高职劳动教育要将新的劳动技能融于职业教育的技术性里，用新的劳动技能的"美"，让学生从劳动中感受到快乐、感觉到收获，达到"劳，勤也"的目的。

三、《意见》（节选）

（一）充分认识新时代培养社会主义建设者和接班人对加强劳动教育的新要求

1. 重大意义

劳动教育是中国特色社会主义教育制度的重要内容，直接决定社会主义建设者和接班人的劳动精神面貌、劳动价值取向和劳动技能水平。长期以来，各地区和学校坚持教育与生产劳动相结合，在实践育人方面取得了一定成效。同时要看到，近年来一些青少年中出现了不珍惜劳动成果、不想劳动、不会劳动的现象，劳动的独特育人价值在一定程度上被忽视，劳动教育正被淡化、弱化。对此，全党全社会必须高度重视，采取有效措施切实加强劳动教育。

2. 指导思想

以习近平新时代中国特色社会主义思想为指导，全面贯彻党的教育方针，落实全国教育大会精神，坚持立德树人，坚持培育和践行社会主义核心价值观，把劳动教育纳入人才培养全过程，贯通大中小学各学段，贯穿家庭、学校、社会各方面，与德育、智育、体育、美育相融合，紧密结合经济社会发展变化和学生生活实际，积极探索具有中国特色的劳动教育模式，创新体制机制，注重教育实效，实现知行合一，促进学生形成正确的世界观、人生观、价值观。

3. 基本原则

——把握育人导向。坚持党的领导,围绕培养担当民族复兴大任的时代新人,着力提升学生综合素质,促进学生全面发展、健康成长。把准劳动教育价值取向,引导学生树立正确的劳动观,崇尚劳动、尊重劳动,增强对劳动人民的感情,报效国家,奉献社会。

——遵循教育规律。符合学生年龄特点,以体力劳动为主,注意手脑并用、安全适度,强化实践体验,让学生亲历劳动过程,提升育人实效性。

——体现时代特征。适应科技发展和产业变革,针对劳动新形态,注重新兴技术支撑和社会服务新变化。深化产教融合,改进劳动教育方式。强化诚实合法劳动意识,培养科学精神,提高创造性劳动能力。

——强化综合实施。加强政府统筹,拓宽劳动教育途径,整合家庭、学校、社会各方面力量。家庭劳动教育要日常化,学校劳动教育要规范化,社会劳动教育要多样化,形成协同育人格局。

——坚持因地制宜。根据各地区和学校实际,结合当地在自然、经济、文化等方面条件,充分挖掘行业企业、职业院校等可利用资源,宜工则工、宜农则农,采取多种方式开展劳动教育,避免"一刀切"。

(二)广泛开展劳动教育实践活动

1. 家庭要发挥在劳动教育中的基础作用

注重抓住衣食住行等日常生活中的劳动实践机会,鼓励孩子自觉参与、自己动手,随时随地、坚持不懈地进行劳动,掌握洗衣做饭等必要的家务劳动技能,每年有针对性地学会1至2项生活技能。鼓励学校(家委会)和社区等组织开展学生生活技能展示活动。学生参加家务劳动和掌握生活技能的情况要按年度记入学生综合素质档案。鼓励孩子利用节假日参加各种社会劳动。家庭要树立崇尚劳动的良好家风,家长要通过日常生活的言传身教、潜移默化,让孩子养成从小爱劳动的好习惯。

2. 学校要发挥在劳动教育中的主导作用

学校要切实承担劳动教育主体责任,明确实施机构和人员,开齐开足劳动教育课程,不得挤占、挪用劳动实践时间。明确学校劳动教育要求,着重引导学生形成马克思主义劳动观,系统学习掌握必要的劳动技能。根据学生身体发育情况,科学设计课内外劳动项目,采取灵活多样形式,激发学生劳动的内在需求和动力。统筹安排课内外时间,可采用集中与分散相结合的方式。组织实施好劳动周,小学低中年级以校园劳动为主,小学高年级和中学可适当走向社会、参与集中劳动,高等学校要组织学生走向社会、以校外劳动锻炼为主。

3. 社会要发挥在劳动教育中的支持作用

充分利用社会各方面资源,为劳动教育提供必要保障。各级政府部门要积极协调和引导企业、工厂、农场等组织履行社会责任,开放实践场所,支持学校组织学生参加力所能及的生产劳动、参与新型服务性劳动,使学生与普通劳动者一起经历劳动过程。鼓励高新企业为学生体验现代科技条件下劳动实践新形态、新方式提供支持。工会、共青团、妇联等群团组织以及各类公益基金会、社会福利组织要组织动员相关力量、搭建活动平台，共同支持学生深入城乡社区、福利院和公共场所等参加志愿服务，开展公益劳动，参与社区治理。

（三）切实加强劳动教育的组织实施

1. 加强组织领导

在党委统一领导下，各级政府要把劳动教育摆上重要议事日程，出台相关政策措施，切实解决劳动教育实施过程中的重大问题，做好督促落实。省级政府要加强劳动教育工作的统筹协调，明确市地级、县级政府及有关部门加强劳动教育的职责，推动建立全面实施劳动教育的长效机制。

2. 强化督导检查

把劳动教育纳入教育督导体系，完善督导办法。对地方各级政府和有关部门保障劳动教育情况以及学校组织实施劳动教育情况进行督导，督导结果向社会公开，同时作为衡量区域教育质量和水平的重要指标，作为对被督导部门和学校及其主要负责人考核奖惩的依据。开展劳动教育质量监测，强化反馈和指导。

3. 加强宣传引导

引导家长树立正确劳动观念，支持配合学校开展劳动教育。加强劳动教育科学研究，宣传推广劳动教育典型经验。积极宣传企事业单位和社会机构提供劳动教育服务的先进事迹。注重挖掘在抗疫救灾等重大事件中涌现的典型人物和事迹，大力宣传不畏艰难、百折不挠、敢于担当的高尚品格。鼓励和支持创作更多以歌颂普通劳动者为主题的优秀作品，大力宣传辛勤劳动、诚实劳动、创造性劳动的典型人物和事迹，弘扬劳动光荣、创造伟大的主旋律，旗帜鲜明地反对一切不劳而获、贪图享乐、崇尚暴富的错误观念，营造全社会关心和支持劳动教育的良好氛围。

# 第二章 新时代大学生的劳动价值观

### 导入案例

#### "彩票哥"的悲喜人生

这是一个特殊的求助。在年过六旬的求助人姜女士看来,这是她作为一个母亲,唯一能帮儿子做的事情,那就是尽快卖掉她和儿子唯一的房子。

"我现在最大的愿望,就是能快点把房子卖出去,哪怕便宜点儿也无所谓,然后用卖房子的钱帮儿子还债,要不然债主扬言要拿我孙女开刀。"12月1日,带着哭腔的姜女士向《沈阳晚报》、沈阳网记者求助。在老妈替儿卖房还债的背后,一个专注彩票14年的"彩票哥"的悲喜人生浮出水面……

**曾经的他:意外中得大奖自认运气来了**

曾几何时,姜女士家的小日子曾引来周围不少邻居的美慕目光。打小就是三好学生的儿子拥有一份收入不菲的工作和一个幸福的家庭,早在2000年就能轻松月入七八千元。孙女更是聪明可爱,学习成绩从未掉出过前三名。若不是因为买彩票,儿子早就新房住着、新车开着了,但一次从天而降的大奖彻底毁了这个家。

"14年前,辽宁电视台的《七星大擂台》是沈阳人家喻户晓的综艺节目,儿子阿辉通过拨打热线电话,幸运地被抽中,获得了价值5万元的特等奖,当时老光彩了,领奖的时候都上电视了。"姜女士告诉记者,儿子中奖后非常激动,他自认为好运气来了,于是在朋友的推荐下,接触了视频彩票,第一次就赢了2万元。他认为这是一条致富的捷径,可他不知道,这条捷径是一条不归路。

**随后的他:赔了媳妇又欠债,仍期望中奖翻本**

迷上了视频彩票后,阿辉开始在市区多家站点疯狂下注,可没想到的是,没过多久,阿辉的钱便都打了水漂。这时,阿辉不仅花光了自己的积蓄,而且挪用了公司账面上近30万元的周转资金。幸亏这家公司是亲戚开的,碍于亲戚间的情面,亲戚准许阿辉慢慢还债,但是他的工作却丢了。

姜女士告诉记者,正是因为儿子沉溺于彩票,2007年,儿媳提出了离婚。原以为儿子会就此收手,重新找份工作后慢慢赚钱还债,但她只猜对了一半。

为了尽快还债,阿辉最先想到的并不是通过自己的双手去挣钱,而是转攻纸制彩票,就像赌博的人,最后总想翻本一样,他一直期望自己能中一票大奖,好把欠的钱都还上。

**如今的他:遭债主狠话逼债,老母欲卖房替他还**

姜女士告诉记者,她最近才知道,因为买彩票,儿子又欠了三十多万元的外债,其中有2万元是借的高利贷,一个月利息4 000元。"前些天,债主已经放了狠话,要是再不还钱的话,就拿我孙女开刀。"姜女士告诉记者,债主不仅打威胁电话,而且使出了撒手锏。

"从一楼到顶楼,都被人用红色颜料喷上了'××还钱'的字样,入户门也被人至少扎了30刀,有好几刀都把铁皮扎漏了,门上方还被人写了一个'死'字。"姜女士告诉记者,为了处理这些痕迹,她用铲刀足足铲了大半天的时间,由于实在是害怕,最后选择了报警。

"我现在已经挂了四五家中介,中介的人都劝我说,'大娘你卖得太便宜了,今后要想出这个价肯定买不回来',但我现在想不了这么多了。"姜女士表示,事到如今,她最大的愿望就是能快点儿把房子卖了,哪怕便宜点儿也无所谓,然后用卖房子的钱帮儿子还债,今后和儿子一起过平平淡淡的生活。

资料来源:郑克姗.沈阳"彩票哥"悲喜人生:从中奖7万到欠债60万[EB/OL].海口网,http://www.hkwb.net/nrpd/content/2014—12/03/content_2439471_0.html.

## 第一节　劳动精神:弘扬优秀劳动文化

### 一、弘扬劳动精神,激发梦想力量

伟大的时代需要伟大的精神,伟大的精神来自伟大的人民。中华人民共和国历史上涌现了一大批热爱劳动的先进典型:不怕苦不怕累、艰苦奋斗的铁人王进喜;"高标准、严要求、行动快、工作实、抢困难、送方便"的纺织工人赵梦桃;带领团队埋头苦干二十余载,建成500米孔径射电望远镜(FAST)的中国天眼之父南仁东;把高铁干成中国名牌的于延尊;等等。在他们身上、在长期的劳动实践中沉淀起来的精神,是社会发展的动力源泉。

劳动精神是全体劳动者共同的精神财富。劳动精神是对广大劳动者劳动实践的高度肯定与科学总结,是人类为了自身的幸福而不懈努力奋斗的实践结晶。人民创造历史,劳动开创未来,劳动是推动人类社会进步的根本力量。"劳动创造了人本身""劳动是唯一价值源泉""劳动创造财富、劳动使人幸福"等积淀成为劳动者的精神力量。正是一代代劳动者的共同努力,创造了辉煌的人类历史,书写了地球家园的绚烂篇章。

(一)勤俭、奋斗是具有鲜明中华民族传统美德特征的劳动精神

《说文解字》释:"勤,劳也。"这说明,"勤"与"劳"的意思是相通的,甚至可以说,"勤"的

主体意义就是"劳"。中华文明是世界上最古老、最悠久的文明,中华民族作为中华文明的载体,之所以能够生生不息、历久弥新,就是因为具有勤劳节俭、艰苦奋斗的品质。因此,在历史上,中华民族不仅以"礼仪之邦"享誉世界,而且因为勤劳勇敢、自强不息的奋斗精神而声闻遐迩。

《说文解字》释:"俭,约也。"段玉裁注:"约者,缠束也。俭者,不敢放侈之意。"可见,俭即俭约、不奢侈放纵的意思。《尚书》中把"克勤于邦,克俭于家"联系起来阐述,说明古人很早就意识到勤劳与俭约之间具有一种天然联系。勤劳之人大多生活俭约。只有亲身经历过体力劳动的人,切身体会过烈日炎炎下"面朝黄土背朝天"的艰难,才会珍惜来之不易的劳动成果。当这样的人再读到"锄禾日当午,汗滴禾下土。谁知盘中餐,粒粒皆辛苦"的诗句时才会产生深刻共鸣,自然就会崇尚俭朴、有节制的生活方式。这就是"习劳知感恩"的道理。在家庭教育中,如果父母不重视对儿女的劳动教育,结果必然是孩子不懂得感恩、惜福,视父母的付出为天经地义、理所当然,久而久之,坐享其成、不劳而获等品行自然就会养成,不利于其成长和发展。《政要论》中说:"历观有国有家,其得之也,莫不阶于俭约;其失之也,莫不由于奢侈。"

因此,中国古人的童蒙养正教育特别重视对孩子的劳动教育。《弟子规》的"不力行,但学文,长浮华,成何人",孔子的"力行近乎仁",陆游的"纸上得来终觉浅,绝知此事要躬行",王阳明的"知行合一"等,强调的都是书本教育要与劳动实践相结合。新时代的学校教育,也必须重视培养学生勤俭、奋斗的劳动精神,这样才能避免培养出的学生仅能夸夸其谈、纸上谈兵,而缺少生活能力、动手能力以及吃苦耐劳、艰苦奋斗的精神,才能顺利实现新时代教育立德树人的总目标。

(二)创新是具有鲜明新时代特征的劳动精神

在新时代的历史坐标上,社会及科技的发展日新月异,智能化、电子化、机械化、高科技化成为时代的鲜明特征,与此相应,劳动形态也发生了巨大变化。新时代的青少年需要适应新时代劳动教育的特点,正确理解劳动教育的新意蕴,在不同形态的劳动中培养创新精神,实现创造性劳动及劳动成果的创造性转化,通过创新科技、创新方法、创新思路等实现高效、节能、环保、利民等价值目标,通过创新劳动创造财富、创造辉煌,不仅能够跟上而且能够引领新时代飞速前进的步伐,从而实现自我价值。①

(三)奉献是具有鲜明社会主义特征的劳动精神

共产主义信仰和中国特色社会主义信念,是新时代中国特色社会主义建设者和接班人在劳动中培养奉献精神的理想支撑。马克思在中学毕业论文中写道:如果我们选择了最能为人类福利而劳动的职业,那么,重担就不能把我们压倒,因为这是为大家而献身;那时我们所感到的就不是可怜的、有限的、自私的乐趣,我们的幸福将属于千百万人,我们的事业将默默地但是永恒地发挥作用并存在下去,而面对我们的骨灰,高尚的人们将洒下热泪。

---

① 谢石生.新时代历史方位的主要特征和价值定位[J].当代广西.2018(12).

"勤俭、奋斗、创新、奉献"是具有鲜明中华传统文化特征、新时代特征和社会主义特征的劳动精神,对于树立时代新人的正确劳动价值观、培养时代新人的崇高劳动品质、塑造时代新人的健全人格等都具有重要意义。重视新时代劳动精神的培育是培养时代新人的必然要求,传承良好家风的前提条件,贯彻实干兴邦的具体表现,更是发展中国特色社会主义的重要保证。

中国特色社会主义是不断发展、不断前进的事业,犹如一部鸿篇巨作,需要一代又一代辛勤的劳动者持续奋笔书写。幸福不会从天而降,蓝图也不会自动成真。中华民族伟大复兴的中国梦,需要靠辛勤的劳动创造,靠奋斗精神引领。始终崇尚劳动,弘扬劳模精神、劳动精神,重视发挥工人阶级和广大劳动群众的主力军作用,追梦的脚步才会格外坚实,圆梦的力量才会更加澎湃。弘扬劳动精神,就是要脚踏实地,兢兢业业,追求卓越;就是要干一行爱一行,专一行精一行,立足平凡的工作岗位干出不平凡的业绩,用劳动成果展现自我价值,用实干精神为党和人民的事业贡献力量。

## 二、劳动精神的时代价值

新时代的劳动精神是辛勤劳动、诚实劳动和创造性劳动依次提升的过程,辛勤劳动、诚实劳动是对人民群众、工人阶级的基本要求,创造性劳动是对先进工作者、劳动模范的更高要求。

(一)辛勤劳动是基本要求

劳动是幸福的"进行时",也是幸福的"未来时",辛勤劳动本身就是一种幸福,人们在劳动中体现价值、展现风采、感受快乐,辛勤劳动更是幸福的持久保障,没有经过辛勤劳动获得的成果如指间流沙经不起时间考验。唯有付出过艰辛劳动,才最能懂得什么是真正的幸福,并心安理得地享受自己创造的幸福。

辛勤劳动也是实现自身发展的基础条件。辛勤劳动即要埋头苦干、真抓实干,干在实处、干出成果。它具有以下四个层次的精神意蕴:一是"想干"的理想境界,即以更强的使命、更足的干劲、更实的作为,争做新时代的奋斗者、社会主义的实干家;二是"敢干"的责任担当,即以过人的胆识、豪迈的气魄、顽强的毅力,甩开膀子大胆干,撸起袖子加油干;三是"真干"的实践品质,即以务实的作风、敬业的态度、勤勉的姿态,抓铁有痕、踏石留印;四是"巧干"的本领能力,即以灵活的智谋、过硬的素质、卓越的才能,在新时代干实事、干大事、干成事。

(二)诚实劳动是基本保障

诚实劳动是基本的劳动伦理。民无信不立,诚信是一个人乃至一个国家立身治世的根本。诚实劳动要求劳动者将全部体力和脑力诚实地付诸劳动实践,既不驰于空想,也不骛于虚声。

通过培养劳动者"忠于职守、爱岗敬业、诚实守信、办事公道、服务群众、奉献社会"的职业道德实现个体的诚实劳动。忠于职守、爱岗敬业就是要干一行、爱一行、钻一行。在

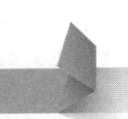

工厂车间,就要弘扬"工匠精神",精心打磨每一个零部件,生产优质的产品。在田间地头,就要精心耕作,努力赢得丰收。在商场店铺,就要笑迎天下客,童叟无欺,提供优质的服务。三百六十行,行行出状元,只要做到勤勉工作、精益求精,每个人都能在平凡岗位上干出不平凡的业绩。

(三)创造性劳动是根本目标

创造性劳动是对简单模仿、一味重复的常规性劳动批判性、革命性的否定,它是指以最大限度挖掘人的创造性思维、释放人的主观能动性,突破现存事物旧的表现形式和物质形态从而生产创造出具有新的使用价值的劳动形式。劳动本身就是生命展现价值多样性和丰富性的过程,人在生产劳动中既能改进人与自然、人与社会以及人与自身的关系,又能使人超越现实生产劳动的限制,扩大对自然世界和人为世界突破性的兴趣和想象,激发对未来社会超越性的理想与目标。

劳动者在创造和享受生存所需的物质产品的同时还表现出对精神所需的生命价值与意义的追寻,创造性劳动在促进人的自由而全面的发展以及推动社会全面进步方面发挥着极为重要的作用。

辛勤劳动是基本的劳动状态,诚实劳动是基本的劳动伦理,创造性劳动则是基本的劳动目标。劳动创造了中华民族,也铸就了中国成就。中华民族是勤于劳动、善于创造的民族。正是因为劳动创造,我们拥有五千年文明的历史辉煌;正是因为劳动创造,我们拥有21世纪中国特色社会主义的发展成就。劳动创造了中国革命、建设、改革各个历史时期的成就,并将继续创造新的辉煌。克服关键技术瓶颈限制,全面建成小康社会,进而建成富强民主文明和谐美丽的社会主义现代化强国,根本上也靠劳动者创造。

创造性劳动要求劳动者成长为德智体美劳全面发展的时代新人。出于社会发展的外在需求以及个人发展的自然性的内在要求,创造性劳动既要求劳动者的各种最基本或基础的素质得到全面发展、整体发展、和谐发展,又要求劳动者在各种素质及其内部各种要素的结构组合上追求自由发展、个性发展、创造性发展。只有全面发展和自由发展并驾齐驱,才能真正提高劳动者的综合素质,释放其劳动潜能,增强其创新创造能力。

### 三、劳动精神的鲜明特色

(一)劳动模范是劳动精神的最高承载者

新中国成立以来,广大劳动者用汗水和智慧为国家发展做出巨大贡献,他们当中不断涌现的劳动模范和先进人物所创造的劳模精神,成为推动时代前行的精神动力。中国精神的承载、时代精神的引领,靠的是在各行各业勤勤恳恳努力工作的德艺双馨的"劳动模范"和"先进工作者"。唯有发扬"爱岗敬业、争创一流,艰苦奋斗、勇于创新,淡泊名利、甘于奉献"的劳模精神,才可以维护社会稳定,促进社会发展,构建和谐的劳动关系。

(二)工人阶级是劳动精神的主要承载者

工人阶级是坚持和发展中国特色社会主义的主要生力军。无论是"基建狂魔",还是

"中国制造",都离不开他们,没有他们默默无闻的奉献精神和"工匠精神",就没有这么多的"中国奇迹"。工人阶级是中国精神的主要承载者,工人阶级有中国特色社会主义最坚定的理想信念,可以用其先进思想、模范行动来影响带动全社会,始终做坚持中国道路的柱石、弘扬中国精神的楷模、凝聚中国力量的中坚。工匠精神是工人阶级劳动精神之魂,也是其引领劳动光荣社会风尚和精益求精敬业风气的根本。

(三)青年学生是劳动精神的主要学习者和传承者

2020年3月20日,中共中央、国务院颁布《关于全面加强新时代大中小学劳动教育的意见》(简称《意见》),进一步强调坚持立德树人,提出"五育"并举,将劳动教育纳入全面培养的教育体系和人才培养全过程,从顶层设计上明确劳动教育到底怎么做,把劳动教育贯通大中小学各学段,贯穿家庭、学校、社会各方面,与德育、智育、体育、美育相融合,紧密结合经济社会发展变化和学生生活实际,积极探索具有中国特色的劳动教育模式。2020年8月27日,上海市率先出台《中共上海市委、上海市人民政府关于全面加强新时代大中小学劳动教育的实施意见》,提出了"以日常生活劳动、生产劳动和服务性劳动为主要内容,建设实践导向、理论支撑、五育融合的大中小学劳动教育课程,打造具备理论讲授、训练带教、实践指导能力的劳动教育教师队伍,丰富与上海产业发展相契合的劳动教育实践资源,完善经费投入、安全应急保障机制,构建以学校为主导、家庭为基础、社会全方位支持的贯通一体、开放协同的劳动教育工作格局,建设适应教育现代化要求的劳动教育体系"。

## 四、弘扬劳动精神的意义

(一)弘扬劳动精神就是要弘扬勤劳勇敢、爱岗敬业、诚实守信的实干精神

全面建成小康社会,我国亿万劳动群众是主体力量。广大劳动群众要爱岗敬业、勤奋工作,锐意进取、勇于创造,不断谱写新时代的劳动者之歌。勤劳勇敢是指有毅力、有勇气、有胆量地劳动。爱岗敬业是指尊重劳动、崇尚劳动、热爱劳动,做到辛勤劳动、勤奋工作。诚实守信是指脚踏实地、恪尽职守,遵守法律法规和政策,遵循职业道德和标准。勤劳勇敢、爱岗敬业、诚实守信的实干精神,是劳动精神的内涵。全体劳动者都要牢记"大道至简、实干为要"的道理,脚踏实地、撸起袖子加油干,在劳动中实现自身价值。

(二)弘扬劳动精神,就是要弘扬锐意进取、建功立业、甘于奉献的奋斗精神

锐意进取是指意志坚决地追求上进。建功立业是指建立功勋、成就大业。甘于奉献是指在劳动中忘记"小我",不计较个人得失,时时铭记祖国需要。锐意进取、建功立业、甘于奉献的奋斗精神,是劳动精神的更高体现。每一个劳动者都应牢记"幸福是奋斗出来的",生命不息、奋斗不止,在劳动中实现美好的未来。

(三)弘扬劳动精神,就是要弘扬精益求精、严谨专注、追求卓越的创新精神

精益求精是指以高品质的要求对待自己的产品,不惜花时间精力、精雕细琢、注重细

节,把一件事情做到极致。严谨专注是指耐得住寂寞、经得住诱惑,不达目的决不放弃。追求卓越是指为了质量而孜孜不倦、乐此不疲。精益求精、执着专注、追求卓越的创新精神,是劳动精神的专业要求。新时代劳动者要勇于创新、追求品质,为推动"质量强国"提供源源不竭的动力。

我们生在新时代,只有大力弘扬和践行劳动精神,树立正确的劳动价值观,才能进一步激发劳动者的劳动热情,用劳动托起中华民族伟大复兴的中国梦。

## 第二节　劳模精神：践行崇高劳模初心

### 一、劳模精神的内涵

#### （一）爱岗敬业

爱岗敬业是中华民族的传统美德,是职业道德的基石,是社会主义职业道德所倡导的首要规范,是社会主义核心价值观的重要内容。爱岗敬业就是要勤勤恳恳、兢兢业业、忠于职守、尽职尽责地工作。爱岗敬业是社会主义职业道德倡导的首要规范,是对劳动者提出的最基本、最起码、最普通的道德要求,还是实现职业目标的重要内容,也是事业成功的必要因素。

爱岗敬业是劳模精神的基础。所谓"爱岗",就是要干一行,爱一行;所谓"敬业"就是要钻一行,精一行。热爱本职工作,对待工作勤勤恳恳、兢兢业业、一丝不苟、认真负责,是对爱岗敬业精神的完美诠释。爱岗是敬业的基石,敬业是爱岗的升华。爱岗和敬业,互为前提,相辅相成。

#### （二）争创一流

争创一流是劳模精神的精华。争创一流即追求一流的技术水平,干出一流的工作业绩,达到一流的工作效率。一代代劳模在自己所钻研的领域内争创一流,正是这种工作态度使他们在众多劳动者中脱颖而出,获得了"劳模"的称号。

争创一流是当代劳模具有竞争力、战斗力和爆发力的精神源泉。争创自信心、提振精气神,以"敢为人先、追求卓越"的精神状态高起点谋划、高质量落实、高效率推进,做到谋划上胜人一筹、行动上快人一步、措施上硬人一度。

争创一流是一种积极奋发的精神风貌,是一种凝心聚力的目标追求,可以内化为每个人的工作动力之源。劳模都是各行各业各单位争创一流的典范,我们要学习劳模,积极参加技术革新、技术协作、发明创造、合理化建议等活动,充分焕发创新潜能和创造活力,创造一流的工艺、一流的质量、一流的管理、一流的服务,推动我国社会生产力水平实现整体跃升。

争创一流就要立高标准。争创一流是事业发展的上游目标、内在动力,是提高工作水平的基本前提和条件。如果工作标准低,一出手就是二流、三流的,工作的质量就得不到提升,遇到的困难就得不到克服,碰到的难题就得不到解决,久而久之就会形成思维上的惰性,以至于因循守旧、思想僵化、行动滞后、徘徊不前。争创一流,就是在高起点上继续求高,在新起点上继续求新。争创一流,从表面上看,是行动的飞跃;从根本上讲,是思维的飞跃。

争创一流就要拓宽视野。创造一流的工作业绩,就要具备宽广的发展视野,即眼光前瞻、视野开阔、瞄准前沿、着眼未来。一是不能局限于本单位本系统范围,必须跳出本单位本系统去追求一流水平。二是不能局限于自己的原有状态,不能只是用现在的自己跟过去的自己比,满足于小小的个人进步。三是要勇于走在前列,要具有长远的眼光和开放的思维,在更大范围、更高层次上找座次、定坐标。在工作中要有争创一流的魄力,只为成功想办法,不为失败找借口。无论做什么工作,都要拿出争上游、创一流的劲头,不干则已,干就干好,干出成效,干出新亮点。比如,在技术方面要瞄准国际先进水平,用国际先进标准来衡量和要求自己,顺应当代世界科技潮流,不断激发动力、活力和勇气,敢于走在前列,竞领风骚。劳模身上总是有着争创一流的干劲。学习劳模,就要牢固树立强烈的忧患意识、机遇意识、进取意识和责任意识,坚决破除瞻前顾后的畏难情绪和畏缩不前的消极思想,激发敢为人先的超人胆识,提高攻坚克难的过硬能力,勇于探索、尝试,真正干出一流的业绩。

争创一流就要追求最优。每个人的人生定位不同,工作和生活态度自然也不同。"取法其上,得乎其中;取法其中,得乎其下。"雄鹰不甘宇下,骏马难守圈栏,一个志存高远的人,必定将追求最优作为自己的人生目标,从而不断增强争创一流的意识,并将其落实到实际工作中。追求最优是一个漫长的过程,它可以有明确的起点,但没有固定的终点。只要不断地追求,每一个阶段性的成果就都会成为一个新的起点。追求最优,离不开客观条件,但不能过分依赖客观条件,要懂得环境创造人,人也创造环境。

(三)艰苦奋斗

艰苦奋斗是新时代中国劳模精神的本色。艰苦奋斗是指为实现伟大的或既定的目标而勇于克服艰难困苦、顽强奋斗、百折不挠、自强不息、居安思危、戒奢以俭的精神和行动。艰苦奋斗精神的内在核心是不怕困难、自强不息,不屈服于艰难困苦,不懈怠于富足安逸,不满足于已有的成绩,不避讳于自己的差距,始终奋发向上、谦虚谨慎,保持一种不断进取的精神状态。

艰苦奋斗的内涵和表现有两个层面。一是物质层面。物质层面的艰苦奋斗要求人们的消费水平要节制在合理的限度内,这个合理限度的衡量标准要与时代的社会生产力水平相适应。它提倡的是勤俭节约,珍惜劳动创造的物质财富,自觉克服贪图安逸、追求享受的思想。二是精神层面。精神层面的艰苦奋斗是指不畏艰难困苦、锐意进取、坚忍不拔、奋发有为的精神状态和为人民利益乐于奉献的行为品质。这种精神状态和行为品质的本质是一种积极进取、奋发有为的世界观、人生观和价值观。

艰苦奋斗作为一种精神品格，既有恒定的价值内核，也有着时代性的特色价值。新时代赋予了艰苦奋斗新的内涵，要求我们在思想上锐意进取，在学习上永不满足，在工作上不断创新，在生活上朴实无华。有的人错误地认为艰苦奋斗是贫困年代、困难时期提倡的一种精神，现在经济发展了，生活条件好了，没有必要再提倡艰苦奋斗；有的人甚至把坚持艰苦奋斗、勤俭节约看成"古板迂腐""不开窍"的思想和行为，把讲排场、比阔气、耍派头当作时髦、荣耀、潇洒。实际上，弘扬艰苦奋斗的优良传统，不能以时代变迁作为追求名利的借口，不能只盯着眼前的利益。无论时代如何发展，只要人类改造自然和社会的活动不止息，艰苦奋斗精神就永不过时，并且始终值得提倡。

新时代劳模凭借艰苦奋斗的价值追求，锐意进取、奋发有为，攻破了一个又一个阻碍实现中国特色社会主义现代化建设的难题，取得了一个又一个惊叹世界的成就。劳模秉承艰苦奋斗的优良作风，在工作中忘我劳动、开拓创新、奉献集体，表现出崇高的美德和精神风貌。新时代中国劳模精神之所以能够继续发挥其号召力、感召力和影响力的作用，就是因为劳模精神中包含着长期以来具有的、始终如一的艰苦奋斗精神因素，并成为当代中国劳模精神最稳定和永恒的本色。

（四）勇于创新

勇于创新是新时代中国劳模精神的核心。勇于创新的精神，即运用已有的知识、信息、技能和方法进行发明创造、改革、革新的意志、勇气和智慧。创新精神是一个国家和民族发展的不竭动力，也是推动人类文明不断向前发展的重要力量。新时代中国劳模充分发挥先锋模范作用，不断钻研科学技术，全面提升勇于创新的本领，锐意进取、勇于创新，不断增强善于创造的能力，为中国特色社会主义现代化发展建设作出了突出贡献。勇于创新、强于创造已经成为当代中国劳模精神的关键内容和核心内涵。提倡勇于创新、善于创造的劳模精神是实现中华民族伟大复兴的现实需要。

（五）淡泊名利

淡泊名利是中华民族的传统美德，是做人的崇高境界。淡泊名利不是力不能及的无奈，也不是心满意足的自赏，更非碌碌无为的哀叹，而是以超脱世俗、豁达客观的态度看待一切。

淡泊名利是当代中国劳模精神的境界，涵养着当代中国劳模精神。名利反映的是一个人的劳动成果和贡献得到社会公认，并获得相应的物质报酬。淡泊名利是一种境界，追逐名利是一种贪欲。劳模的业绩与淡泊名利的崇高精神密不可分，许多劳模几年、十几年，甚至几十年如一日，像螺丝钉一样把自己"拧"在平凡的工作岗位上，默默耕耘、奋斗不息，并且能做到清心寡欲、淡泊名利，脚踏实地地实现自己的人生理想和生命价值，成为人们尊敬的先进人物。

正确的名利观会影响和铸就高品位与高格调的人。新时代，我们仍然必须倡导劳模保持的本来就具有的安贫乐道、甘于寂寞、淡泊自守、不求闻达的豁达态度，学习、继承老一辈劳模体现的谨守本分、淡泊名利的精神境界。现代社会充满竞争，也充满诱惑和浮躁,人们的价值观呈现多元化。学习劳模,就是要学习他们淡泊以明志、宁静以致远的优秀品格,把为理想而奋斗当作人生快乐的源泉,用高尚的理想和情操充实自己的精神世界,努力实现人生价值。

（六）甘于奉献

甘于奉献是当代中国劳模精神的底色。奉献的内涵很丰富,包括不怕困难勇挑重担的精神、见义勇为助人为乐的精神、不计报酬不为私利的精神、勤勤恳恳忘我工作的精神。奉献既需要在国家和人民需要的关键时刻挺身而出、慷慨赴义,也需要融汇和渗透在人们日常的工作和生活中。无私奉献精神是一个国家、一个民族、一个企业的精神精华,是推动经济社会发展进步的原动力。

奉献是一种态度,是一种行动,也是一种信念。无论是新中国成立前党对劳动英雄和先进工作者的表彰宣传,还是新中国成立后对劳模精神轰轰烈烈地弘扬,都重点强调了劳模尊重劳动、奉献担当的浓厚意识,肯定了劳模顾全大局、默默奉献的可贵品质。

时空变幻,劳模精神的内涵在变,但劳模甘于奉献的追求没变。无论是体力型劳模,还是智力型劳模；无论是生产者,还是创业者；无论是比表现,还是比贡献,劳模的核心价值始终不变,即为他人、为社会、为国家多做奉献的道德感、责任感和荣誉感。劳模在平凡中追求不止、奋斗不止,用无私的奉献精神编织出美丽的事业蓝图。我们要学习劳模的奉献精神,把奉献作为自己人生价值观的重要坐标,从而规范自己的思想和行为。

一代代劳模在自己的岗位上用劳动为祖国和人民奉献一切,在奉献中实现自己的人生价值,体现出无私奉献的优秀品质,体现出报效祖国、服务人民的崇高追求。

甘于奉献已经成为中国劳模精神最鲜明的标识,镌刻着劳模为党和人民贡献一切的光荣而不朽的印记。甘于奉献理当是当代中国劳模精神内涵中最亮丽的底色。

## 二、劳模精神的时代价值

（一）劳模精神凝聚建功新时代的磅礴伟力

劳动模范是"干出新时代"的排头兵,是践行"实干兴邦"的楷模。激励广大劳动群众争做新时代的奋斗者,就是要让实干担当在新时代蔚然成风,让改革创新在新时代焕发活力,让精益求精在新时代落地生根。只要我们持之以恒地弘扬劳模精神,充分调动起广大劳动人民的积极性、主动性和创造性,就一定能最大限度地聚合起人们饱满的奋斗热情,从而为建功新时代、实现中国梦凝聚起磅礴的中国力量。

（二）劳模精神引领新时代产业工人队伍建设

推进产业工人队伍建设,是以习近平同志为核心的党中央着眼于巩固党的执政基础、实施制造强国战略、全面提高产业工人素质作出的重大决策部署。在新时代,应充分发挥劳动模范和工匠人才的示范带动和价值引领作用,培养造就更多劳动模范、大国工匠,努力打造一支有理想守信念、懂技术会创新、敢担当讲奉献的宏大产业工人队伍,建设知识型、技能型、创新型劳动者大军。

（三）劳模精神昭示新时代劳动教育的价值取向

习近平总书记在全国教育大会上强调，要在学生中弘扬劳动精神，教育引导学生崇尚劳动、尊重劳动，懂得劳动最光荣、劳动最崇高、劳动最伟大、劳动最美丽的道理，长大后能够辛勤劳动、诚实劳动、创造性劳动。这既是对广大学生涵养深厚劳动情怀的谆谆嘱托，更是对未来劳动者用奋斗成就梦想的殷切期待，昭示着新时代劳动教育的价值取向。劳动模范是每个时代劳动精神的典型化身，是引导广大学生培育践行社会主义核心价值观的宝贵财富和有效载体。应充分发挥劳动模范先进事迹和优秀品质的感召作用，让青少年有机会近距离接触劳动模范、聆听劳模故事、感受劳模精神，在实践中体悟劳模精神，在磨炼意志和增长才干中感受劳动的乐趣和收获，从而培育辛勤劳动、诚实劳动、创造性劳动的精神气质。

劳模精神作为社会主义国家对于劳动作用的高度彰显，在培育时代新人方面有着不同寻常的价值，它能培养学生热爱劳动的情怀、劳动光荣的信念和劳动实干的担当，是培育时代新人的重要手段。

（四）劳模精神为社会主义建设创造巨大的经济价值

劳模精神的经济价值主要体现在两个方面：一是劳模精神激励下创造的直接经济利益，二是劳模品牌创造的文化资本。

不同时代的劳模都以不同形式在不同的岗位上创造经济价值，他们或者创造新的工艺技术，或者创造更多的单位时间价值，在特定范围内代表先进的生产力水平。

从"旗帜鲜明的边疆工人"赵占奎、军工先驱吴运铎，到"高炉卫士"孟泰、"铁人"王进喜、"两弹一星"邓稼先，再到"蓝领专家"孔祥瑞、"金牌工人"窦铁成、"白衣圣人"吴登云，在改革开放的新时期，他们都为社会主义建设创造巨大的经济价值，谱写了一首首动人的歌曲，为群众树立了光辉的榜样。中国社会主义建设的辉煌成就离不开亿万中国劳动者的艰苦奋斗和无私奉献，离不开广大劳动模范的创新、奋斗和追求卓越，他们体现了劳动模范的伟大精神，正是这些伟大精神引领和推动了中国经济的发展与繁荣。

## 三、劳模精神的鲜明特色

（一）劳模精神与中华民族伟大复兴相托相生

实现中华民族伟大复兴的中国梦，是中华民族近代以来最伟大的梦想，这个梦想凝聚了几代中国人的夙愿。现在，我们比历史上任何时期都更接近这一目标。我们也要清醒地认识到，在这一伟大征程中，幸福不会从天而降，梦想不会自动成真。"民生在勤，勤则不匮。"决战脱贫攻坚、决胜全面小康，"两个一百年"奋斗目标的实现，需要全体中华儿女众志成城、万众一心，把一切力量都凝聚起来，把一切积极因素都调动起来，以劳动托起中国梦。如果每一位劳动者都能身体力行，做劳模精神的践行者，做新时代的奋斗者，那么，中国梦照进的现实，正是每一个中国人用奋斗赢得的未来。

### (二)劳模精神与社会主义核心价值观相融相通

社会主义核心价值观传承着中华优秀传统文化的基因,寄托着近代以来中国人民上下求索、历经千辛万苦确立的理想和信念,也承载着每个人的美好愿景。劳模精神作为民族精神和时代精神的重要内容,与社会主义核心价值观在文化传承、教育导向、爱国情怀、道德提升等方面高度契合。作为个体,劳动模范以"爱国、敬业、诚信、友善"为行为准则,是个人践行的典范;作为公民,他们以"自由、平等、公正、法治"为社会价值取向,是价值引领的旗帜;作为人民一分子,他们以"富强、民主、文明、和谐"为奋斗目标,将"小我"融入国家发展的潮流中,是价值实现的楷模。

### (三)劳模精神与工匠精神相辅相成

就精神载体而言,劳模精神和工匠精神在产生机制、评价标准、时代背景、职业基础等方面存在明显区别。但这两种精神的内涵也具有共同特征:两者都继承了中华优秀传统文化中劳动文化的精髓,具有共同的文化底蕴;都立足于职业岗位,取得了突出业绩,作出了重要贡献,具有共同的价值导向;都练就了卓越技能,用个人的劳动实践阐释了劳动的境界,具有共同的价值实现。综观不同时期的劳动模范,有许多劳动模范堪称大国工匠,而今日很多大国工匠也无愧于"劳动模范"的荣誉称号。劳模精神和工匠精神都是以爱国主义为核心的民族精神和以改革创新为核心的时代精神的生动体现。

## 四、弘扬劳模精神的意义

### (一)社会文明进步的重要尺度

劳模精神的传承和发展与社会物质文明、精神文明的进步程度紧密联系。只有国家物质力量和精神力量得以夯实,人民物质生活和精神生活得到改善,才能实现中华民族伟大复兴的中国梦。

劳模精神作为一种职业精神,彰显了崇尚劳动、尊重劳动者、用劳动托起中国梦的价值理念和鲜明导向,其本质同社会主义核心价值观,特别是同敬业诚信的要求高度契合。劳模精神在物质文明的创造过程中发挥着强大的精神动力及智力支持,是建设社会主义现代化和创造国家繁荣富强的依靠。

### (二)中国制造前行的精神源泉

经过几十年的改革开放,中国已成为世界制造业大国,被称为"世界工厂"。随着科技日新月异和全球制造业的发展变化,现代经济越来越呈现为一种品牌经济,塑造良好的品牌形象、有效开发、经营品牌资本,是企业内涵的重要体现,是国家资本价值增值的重要来源,也是中国参与国际市场竞争、占领市场制高点的重要手段。

劳模精神是"中国制造"迈向"中国创造"的动力源泉。为推动中国制造向中国创造转变、中国速度向中国质量转变、中国产品向中国品牌转变,中国产业工人正用双手创造奇迹,以自身蕴藏的劳模精神践行中国制造业强国的梦想。

### (三)员工成长的道德指引

企业的生存和发展离不开员工的努力奉献,每位员工的自我实现也都离不开企业这个广阔的舞台。劳模多来自企业一线,工作生活在广大员工身边。他们既是企业的"品牌",更是普通员工争相效仿的榜样。劳模精神帮助员工发现和对照自身的不足、积极开掘自己的潜力和优势,使其从企业共同愿景中看到前行的目标,一步一个脚印地踏实前行。弘扬和践行劳模精神不仅使企业在市场竞争中立于不败之地,而且是员工实现个人发展进步的有效途径。

## 第三节 工匠精神:致敬美丽匠人风范

### 一、"工匠精神"的基本内涵

古往今来,工匠精神一直都在改变着中国,改变着世界。木匠祖师鲁班、造纸术发明者蔡伦、活字印刷发明者毕昇、造桥匠师李春……中国人从来都不缺乏工匠精神,因为它和中华民族传统文化精神同源。早在两千三百多年前,《庄子·达生》篇中就曾记载了一位鲁国木匠梓庆,全文仅146字,朴实无华地述说了一位中国匠人的精神境界与风骨:专注守心,物我两忘,执着技艺。

历史长河滚滚向前,中华民族的工匠精神在岁月的沉淀洗礼中焕发了崭新的时代内涵。工匠精神的内涵和技能报国的外延,是新时代工人阶级优秀品质的集中体现,是新时代激励广大职工实现中国梦的强大精神力量。

新时代的中国工匠精神,除了具有一般意义上工匠精神的内涵,还具有自身的特殊性:既是对中国传统工匠精神的继承和发扬,又是对外国工匠精神的学习借鉴;既是为适应我国现代化强国建设需要而产生,又是劳动精神在新时代的一种新的实现形式。它与劳模精神、劳动精神构成一个完整的体系,成为激励广大职工实现中华民族伟大复兴中国梦的强大精神力量。

"工匠精神"的基本内涵包括敬业、精益、专注、创新等方面的内容。

#### (一)敬业

敬业是从业者基于对职业的敬畏和热爱而产生的一种全身心投入的认认真真、尽职尽责的职业精神状态。中华民族历来有"敬业乐群""忠于职守"的传统,敬业既是中国人的传统美德,也是当今社会主义核心价值观的基本要求之一。早在春秋时期,孔子就主张人在一生中始终要"执事敬""事思敬""修己以敬"。"执事敬",是指行事要严肃认真不息慢;"事思敬",是指临事要专心致志不懈怠;"修己以敬",是指加强自身修养,保持恭敬谦逊的态度。宋代大思想家朱熹将敬业解释为"专心致志,以事其业"。

## （二）精益

精益就是精益求精，是从业者对每件产品、每道工序都凝神聚力、精益求精、追求极致的职业品质。所谓精益求精，是指已经做得很好了，还要求做得更好，"即使做一颗螺丝钉也要做到最好"。正如老子所说，"天下大事，必作于细"。能基业长青的企业，无不是精益求精才获得成功的。

精益求精是注重细节，追求完美，不惜花费时间和精力，孜孜不倦，反复改进产品。优秀的工匠是不允许自己出败笔的。因为工匠的作品不光是用来换取金钱的商品，更是倾注了自己心血的艺术品。艺术品岂能容忍败笔呢？对技术精益求精，对作品精雕细琢，不是为了用诚意之作换取"业界良心"的用户口碑，而是为了不愧对自己的"工匠灵魂"。瑞士手表得以誉满天下、畅销世界、成为经典，靠的就是制表匠们对每一个零件、每一道工序、每一块手表都精心打磨、专心雕琢的精益精神。

## （三）专注

专注就是内心笃定而着眼于细节的耐心、执着、坚持的精神，这是一切"大国工匠"所必须具备的精神特质。从中外实践经验来看，工匠精神都意味着一种执着，即一种几十年如一日的坚持与韧性。德国除了有人们耳熟能详的奔驰、宝马、奥迪、西门子等知名品牌之外，还有数以千计普通消费者没有听说过的中小企业，它们大部分"术业有专攻"，一旦选定行业，就一门心思扎根下去，心无旁骛，在一个细分产品上不断积累优势，在各自领域成为"领头羊"。其实，在中国早就有"艺痴者技必良"的说法。古代工匠大多穷其一生只专注于做一件事，或几件内容相近的事情。《庄子》中记载的游刃有余的"庖丁解牛"、《核舟记》中记载的奇巧人王叔远等大抵如此。

专注是工匠最宝贵的品格之一，也是现代人最缺乏的品质之一。荀子说："无冥冥之志者，无昭昭之明；无悟悟之事者，无赫赫之功。"这句话的大意是：人要能静下心来保持精神专注，这样才能做到头脑清晰、思虑明澈，从而正确地为人处世，进而建立功勋。不能保持专注是工匠精神的大忌，也是降低效率的头号杀手。于纷乱喧嚣中保持浑然忘我的状态，把所有的智慧与心力聚焦于手头的工作，是工匠最令人肃然起敬的地方。专注不是三天打鱼，两天晒网。专注不是一分一秒，专注有时需要一年、十年、二十年、五十年，多年如一日地把一件事情做好，把一件产品做完美。专注是集中了时间、集中了精力、集中了资源、集合了智慧做好一件事，做完美一件产品。正因为专注，所以能最大限度发挥自己的积极性、主动性、创造性，创造出最好的产品。

在专业化程度越来越高的现代社会，工作对个人的知识和经验不断提出更高、更广、更深的要求。一个做事总是摇摆不定、变来变去的人，只会将自己长时间积累的经验和资源在自己的摇摆和变动中全部舍弃掉，而无法强化自己的专业知识，无法形成自己的核心竞争力，最终也就无法超越他人。

## （四）创新

"工匠精神"强调执着、坚持、专注甚至是陶醉、痴迷，但绝不等同于因循守旧、拘泥一

格的"匠气",其中包括追求突破、追求革新的创新内蕴。这意味着,工匠必须把"匠心"融入生产的每个环节,既要对职业有敬畏、对质量够精准,又要富有追求突破、追求革新的创新活力。新中国成立初期,我国涌现出一大批优秀的工匠,如倪志福、郝建秀等,他们为社会主义建设事业作出了突出贡献。改革开放以来,"汉字激光照排系统之父"王选,"中国第一、全球第二的充电电池制造商"王传福,从事高铁研制生产的铁路工人和从事特高压、智能电网研究运行的电力工人等都是"工匠精神"的优秀传承者,他们让中国创新影响了世界。

## 二、"工匠精神"的当代价值

实现中华民族伟大复兴的中国梦,不仅需要大批科学技术专家,而且需要千千万万的能工巧匠。更为重要的是,"工匠精神"作为一种优秀的职业道德文化,它的传承和发展契合了时代发展的需要,具有重要的时代价值与广泛的社会意义。

（一）工匠精神是社会文明进步的重要尺度

实现中华民族伟大复兴的中国梦,物质财富要极大丰富,精神财富也要极大丰富,只有物质文明建设和精神文明建设都搞好,国家物质力量和精神力量都增强,全国各族人民物质生活和精神生活都改善,中国特色社会主义事业才能顺利向前推进。也就是说,物质文明与精神文明是推动社会文明进步的"两个轮子",是实现中华民族伟大复兴中国梦的"一双翅膀",二者缺一不可。事实上,"工匠精神"的发展程度,同一个社会的物质文明、精神文明的进步程度都直接发生着关联。从精神文明来看,"工匠精神"作为一种职业精神,在本质上它是同社会主义核心价值观特别是同其中的"敬业""诚信"要求高度契合的。从物质文明来看,"工匠精神"在物质文明的创造过程中可以发挥强大的精神动力及智力支持作用。

（二）工匠精神是中国制造前行的精神源泉

为实现中国从全球制造大国到制造强国的跨越,中国政府提出了实施制造强国战略第一个十年的行动纲领。中国要迎头赶上世界制造强国,就必须在全社会大力弘扬以"工匠精神"为核心的职业精神。只有当敬业、精益、专注、创新的"工匠精神"融入生产、设计、经营的每一个环节,实现由"重量"到"重质"的突围,中国制造才能赢得未来。

（三）工匠精神是企业竞争发展的品牌资本

随着市场经济特别是知识经济的到来,现代经济越来越呈现为一种品牌经济。在现代市场经济视域下,作为知识资本形态的品牌形象也是一种可经营的企业资本,是一种潜在的、无形的、动态的、能够带来价值增值的价值,是传统的会计体系反映不了的无形资本。塑造良好的品牌形象,有效开发、经营品牌资本,是企业参与市场竞争、占领市场制高点的重要手段。事实上,工匠精神在企业品牌形象塑造和品牌资本创造过程中具有十分重要的作用。"工匠精神"既是企业品牌内涵的重要体现,也是企业品牌知名度、美誉度以及顾客忠诚度培育的有效途径,更是企业品牌资本价值增值的重要来源。其实,中华老字号全聚德烤鸭能够驰名世界,也是得益于其"食不厌精、脍不厌细"的"工匠精神"。

（四）工匠精神是员工个人成长的道德指引

尊重员工的价值、启迪员工的智慧、实现员工的发展,不仅是员工个人成长的强烈需求,而且是现代企业的责任和使命。而"工匠精神"作为一种职业精神,是企业员工提升个人精神追求、完善个人职业素养、实现个人成长进步的重要道德指引。事实上,企业员工所具有的高尚职业操守和强烈工匠精神,同拥有较高专业知识技能一样,是其自身立足职场的重要条件和在未来职业生涯中脱颖而出的制胜法宝。

（五）工匠精神有利于劳动者实现自我价值

当今社会,机器化生产提高了产品生产率,它对我们自由的发展形成了很大的弊端,不要因为有机器,使有技术、有特长、有艺术气息的工匠变成只会进行简单操作的会说话的机器,使我们的自身优点因自动化而被贬低。对于一个具有工匠精神的劳动者而言,产品是我们向往自由美好愿望的充分表达,我们在创造工作过程中具有完全的主动权,根据自己的构思意志来完成产品,使自我想法在作品中体现,创作出来的产品是自我对世界的理解、认识、客观化的体现。以工匠的精神来做创造,工作就变成了一种忘我的投入、生命的外在表达。自我的价值存在于自己双手所能控制的作品中,不受其他因素的影响,使自己在工作过程中能够获得真正的满足与成就感。

当前,我国正处在从工业大国向工业强国迈进的关键时期,培育和弘扬严谨认真、精益求精、追求完美的工匠精神,对于建设制造强国具有重要意义。而只有对新时代工匠精神的基本内涵形成共识,才能树匠心、育匠人,为推进中国制造的"品质革命"提供源源不断的动力。

### 三、工匠精神的时代意义

工匠精神体现出劳动者精益求精、持之以恒、爱岗敬业、守正创新的高尚品德,是新时代劳模精神的重要载体。大力弘扬工匠精神,有利于建设创新型国家,也是建设质量强国和文化强国的需要。

（一）工匠精神是新时代建设创新型国家的需要

我国自古就有尊崇和弘扬工匠精神的优良传统,一些工艺水平在世界上长期处于领先地位。瓷器、丝绸、家具等精美制品和许多庞大壮观的工程建造,都离不开劳动者精益求精的工匠精神。《诗经》中的"如切如磋,如琢如磨",反映的就是古代工匠在切割、打磨、雕刻玉器等时精益求精、反复琢磨的工作态度。可以说,我国古代非常注重工匠精神,形成了"尚巧工"的社会氛围。新中国成立以来,我们党在带领人民进行社会主义现代化建设的进程中,始终坚持弘扬工匠精神。无论是"两弹一星"、载人航天工程取得的辉煌成就,还是高铁、飞机等的设计与制造,都离不开工匠精神,都展现出我们对工匠精神的继承与发扬。

建设创新型国家是党和国家的重大战略方针,也是我国基本实现社会主义现代化的

重要指标。加快建设创新型国家,不仅需要强化基础研究、加强应用基础研究、加强国家创新体系建设、深化科技体制改革、倡导创新文化,而且要培养造就一大批具有国际水平的战略科技人才、科技领军人才、青年科技人才和高水平创新团队,需要一大批实践技能突出、具有娴熟技术、善于解决实际问题的高技能人才。而我国高素质技术工人缺乏的现状,直接影响了制造业的快速发展。人才是创新实践的主体和主导者,具有工匠精神的产业工人是新时代建设创新型国家的生力军。在工业化时代,立足当下社会和经济环境,高素质技术工人需要在传统生产工艺的基础上不断创造新工艺、新技术,以提升生产效率和产品质量。创新是工匠精神的应有之义,它寓于普通劳动者挥洒汗水、默默奉献的劳动过程中。新时代大力弘扬工匠精神,是培育富有创新精神、充满活力的产业工人队伍,稳步提升我国产业工人的整体素质,创造经济发展持续动力,加快建设创新型国家的重要举措。

(二)工匠精神是新时代建设质量强国的需要

质量体现着人类的劳动创造和智慧结晶,体现着人们对美好生活的向往。中华民族历来重视质量。千百年前,精美的丝绸、精制的瓷器等中国优质产品走向世界,促进了文明交流互鉴。今天,中国不断提高产品和服务质量,努力为世界提供更加优良的中国产品、中国服务。从制造业来看,没有强大的制造业,就没有国家和民族的强盛。自新中国成立以来,尤其是改革开放以来,我国制造业持续快速发展,建成了门类齐全、独立完整的产业体系,有力推动了工业化和现代化进程。然而,与世界先进水平相比,我国制造业仍然大而不强,在自主创新能力、资源利用效率、产业结构水平、信息化程度、质量效益等方面差距明显,转型升级和跨越发展的任务紧迫而艰巨。这就需要作为无形的人力资本和生产力的工匠精神,发挥提升产品质量的作用,在各个层面支撑质量强国战略的实施。

(三)工匠精神是新时代建设文化强国的需要

要坚持中国特色社会主义文化发展道路,激发全民族文化创新创造活力,建设社会主义文化强国。建设文化强国,要培育和践行社会主义核心价值观、繁荣发展社会主义文艺、提升国家文化软实力、推动文化事业和文化产业发展等。工匠精神是社会主义核心价值观的生动体现,是我国从制造大国走向制造强国必备的文化元素,也是广大文艺工作者应该具备的精神素养。工匠精神不仅体现出个体对产品精益求精、追求完美的精神理念,而且表现出中华优秀传统文化的魅力。工匠精神蕴含的职业理念和价值取向与社会主义核心价值观倡导的敬业和诚信高度契合。一方面,工匠精神可以增强广大劳动者的文化自信,激发他们的劳动热情,引导他们学习新知识、钻研新技术,甘于奉献,把个人价值的实现融入辛勤的劳动之中;另一方面,工匠精神是对劳模精神、劳动精神的体现和升华,是我们党有关劳动理念的重要发展。对于文艺创作来说,工匠精神所体现出的深厚文化意蕴和价值是一笔宝贵的财富。广大文艺工作者要加强和改进宣传工作,创造更多接地气、有温度的劳模和工匠题材文艺精品,讲好劳模故事、工匠故事,营造热爱劳动、崇尚技能、鼓励创新的社会氛围。这对于积极培育和践行社会主义核心价值观,形成爱岗敬业、无私奉献的文化氛围,培育劳动光荣、奉献伟大的精神风尚,具有重要意义。

# 第三章 新时代大学生劳动素养与劳动情怀

> **导入案例**
>
> **屠呦呦：与青蒿结缘，用中医药造福世界**
>
> 疟疾，世界上最主要的高死亡率传染病。青蒿素的发现，为世界带来了一种全新的抗疟药。以青蒿素为基础的联合疗法已经成为疟疾的标准治疗方法，在过去的二十多年间，青蒿素联合疗法在全球疟疾流行地区广泛使用。据世界卫生组织不完全统计，青蒿素在全世界已挽救了数百万人的生命，每年治疗患者数亿人。
>
> "中医药人撸起袖子加油干，一定能把中医药这一祖先留给我们的宝贵财富继承好、发展好、利用好。"中国中医科学院终身研究员、国家最高科学技术奖获得者、诺贝尔生理学或医学奖获得者屠呦呦的声音铿锵有力。六十多年来，她从未停止中医药研究实践。
>
> **从0到1的突破："青蒿素是中医药献给世界的礼物"**
>
> 2015年10月5日，瑞典卡罗琳医学院宣布将诺贝尔生理学或医学奖授予屠呦呦以及另外两名科学家，以表彰他们在寄生虫疾病治疗研究方面取得的成就。
>
> 这是中国医学界迄今为止获得的最高奖项，也是中医药成果获得的最高奖项。屠呦呦说："青蒿素是人类征服疟疾进程中的一小步，是中国传统医药献给世界的一份礼物。"
>
> 20世纪60年代，在氯喹抗疟失效、人类饱受疟疾之害的情况下，在中医研究院中药研究所任研究实习员的屠呦呦于1969年接受了国家疟疾防治项目"523"办公室艰巨的抗疟研究任务。屠呦呦担任中药抗疟组组长，从此与中药抗疟结下了不解之缘。
>
> 由于当时的科研设备比较陈旧，科研水平也无法达到国际一流水平，不少人认为这个任务难以完成。只有屠呦呦坚定地说："没有行不行，只有肯不肯坚持。"
>
> 通过整理中医药典籍、走访名老中医，她汇集了超640种治疗疟疾的中药单秘验方。在青蒿提取物实验药效不稳定的情况下，出自东晋葛洪《肘后备急方》中对青蒿截疟的记载——"青蒿一握，以水二升渍，绞取汁，尽服之"给了屠呦呦新的灵感。
>
> 通过改用低沸点溶剂的提取方法，富集了青蒿的抗疟组分，屠呦呦团队最终于1972年发现了青蒿素。据世界卫生组织不完全统计，在过去的20年里，青蒿素作为一线抗疟药物，在全世界已挽救数百万人的生命，每年治疗患者数亿人。

**淡泊名利，一心只为科研**

每当谈起青蒿素的研究成果，屠呦呦总是会说："研究成功是当年团队集体攻关的结果。"而鲜为人知的是，起步时的屠呦呦团队只有屠呦呦和两名从事化学工作的科研人员，后来才逐步成为化学、药理、生药和制剂的多学科团队。

中国中医科学院首席研究员、青蒿素研究中心学术委员会主任姜廷良说："对青蒿素作用机理的研究，需要'大协作'思维。"在这样的思路下，屠呦呦的团队结构发生了变化。

目前，屠呦呦团队共三十多人，这些研究人员并不局限于化学领域，而拓展到药理、生物医药研究等多个学科，形成多学科协作的研究模式。屠呦呦介绍，未来青蒿素的抗疟机理将是她和科研团队的攻关重点。

"在对青蒿素抗疟机理研究方面，我们目前正在深入探讨'多靶点学说'，并已取得一定的研究进展。"中国中医科学院研究员、青蒿素研究中心学术委员会副主任廖福龙说："青蒿中除青蒿素以外的某些成分虽然没有抗疟作用，却能促进青蒿素的抗疟效果。"

不仅如此，科研人员在对双氢青蒿素的深入研究中，发现了该物质针对红斑狼疮的独特效果。屠呦呦介绍，根据现有临床探索，青蒿素对盘状红斑狼疮和系统性红斑狼疮有明显疗效。

据中国中医科学院中药研究所透露，"双氢青蒿素治疗红斑狼疮"已获国家市场监督管理总局批复同意开展临床试验。这也是双氢青蒿素被批准为一类新药后，首次申请增加新适应证。

**永不止步：未来青蒿素依然是抗疟首选药物**

世界卫生组织发布的《2018年世界疟疾报告》显示，全球疟疾防治进展陷入停滞。多项研究表明，在大湄公河次区域等地区，出现不同程度的对青蒿素联合疗法的抗药现象。

2019年4月25日，第12个世界疟疾日，中国中医科学院青蒿素研究中心和中药研究所的科学家们在国际权威期刊《新英格兰医学杂志》（NEJM）提出了"青蒿素抗药性"的合理应对方案。

屠呦呦团队提出，面对"青蒿素抗药性"现象，延长用药时间，疟疾患者还是能够被治愈。除此之外，现有的"青蒿素抗药性"现象在不少情况下其实是青蒿素联合疗法中的辅助药物发生了抗药性。针对这种情况，更换联用疗法中的辅助药物，就会取得更好的效果。

屠呦呦说，青蒿素价格低廉，每个疗程仅需几美元，适用于疫区集中的非洲广大贫困地区人群。因此研发廉价青蒿素联合疗法对实现全球消灭疟疾的目标意义非凡。

> "中国医药学是一个伟大宝库,青蒿素正是从这一宝库中发掘出来的。未来我们要把青蒿素研发做透,把论文变成药,让药治得了病,让青蒿素更好地造福人类。"屠呦呦说。
>
> 资料来源:侠克.屠呦呦:青蒿素是中医药献给世界的一份礼物[EB/OL].中国江苏网,https://baijiahao.baidu.com/s?id=1622266541296829031&wfr=spider&for=pc.

# 第一节 劳 动 素 养

## 一、劳动素养内涵

劳动素养的养成是大学生全面发展的关键。立足新时代,全面把握大学生劳动素养的内涵与特征是优化劳动教育的重要内容。劳动素养是指经过劳动或劳动教育等特殊形式的社会实践活动所形成的、与劳动相关联的人的素养。劳动素养有广义和狭义之分。广义上的劳动素养专指劳动价值观,是对劳动的根本认识和基本看法;狭义上的劳动素养则专指劳动知识、劳动技能和劳动习惯等。此外,劳动素养还具有规范性特征。一般说某人具有"劳动素养",实际是指某人在劳动价值观、劳动知识、劳动技能和劳动习惯等方面具有良好的修养。高校开展劳动教育的目的就是以提升学生的劳动观念、劳动态度、劳动情感、劳动知识、劳动思维、劳动技能和劳动习惯等方式,推动大学生劳动素养的形成。劳动教育及其社会实践活动使大学生不仅能够"爱劳动""会劳动",而且要能够"懂劳动",并能够结合自身所学的专业和今后的职业创造性地开展劳动,最终成为能够"流自己的汗、吃自己的饭"的有尊严、有教养的现代公民。

"劳动素养"一词从结构上分析,由"劳动"和"素养"组成。一般意义上的劳动是指"人通过自身肢体对外输出劳动量而产生价值的人类运动,是人维持自我生存和发展的唯一手段",具体包括体力劳动和脑力劳动两种形式。素养在《现代汉语词典》中解释为"平日的修养",而修养是指"理论、知识、艺术、思想等方面的一定水平;也指正确待人接物的态度"。素养主要是指个体后天形成的知识、思想、价值观念和态度等良好的品质及与之相适应的能力。劳动素养是指个体通过体力劳动和脑力劳动所形成的与劳动相关的品质修养和行为能力。对于大学生而言,劳动素养是大学生通过日常生活劳动、生产劳动及志愿服务劳动等教育活动逐步形成和深化的相关必备人格品质与行为能力。劳动素养是大学生接受劳动教育的结果体现,其内涵可以从以下几个方面来理解:第一,劳动素养是大学生在劳动实践中逐步形成并深化的必备素养。在学生成长过程中需要多种素养来促进生命的健康发展、满足生活的需求及未来工作的需求,其中劳动素养是个体在充满竞争的社

会环境中健康生存、锐意进取的必备内容,决定着个体在多领域中和谐发展、价值创造及理想目标的实现与否。第二,劳动素养是大学生核心素养发展的必然要求。大学生核心素养涵盖劳动意识这一核心素养,旨在培养学生积极的劳动态度和良好的劳动习惯等。劳动素养的提出是对劳动意识的完善与补充,推动了大学生核心素养的继续发展,是实现大学生全面发展的重要环节。第三,劳动素养是大学生劳动教育的评价指标。劳动素养是大学生从思想理念到行为习惯、从意识观念到实践创新的内在因素,是评价劳动教育实施效果的核心指标。因此,培育大学生劳动素养是新时代劳动教育塑造人才的基本素养要求,培养和提高大学生劳动素养是促进和推动学生身心成长、从容步入社会的有效手段。

## 二、劳动素养培育的意义

劳动素养是一个综合性的概念,它汇聚了劳动教育的价值期许,并且能够在最为根本处明晰劳动教育的实践志向。具体而言,培育劳动素养对于涵养劳动精神、培养新时代新人、实现中华民族伟大复兴具有重要的意义。

### (一)培育劳动素养是涵养劳动精神的重要契机

劳动教育的核心价值指向是培养学生的自由人格,即引导劳动者在劳动中生成自我价值、获得自我承认、形成自我意识。劳动教育作为一种实践教育,是促进学生全面发展的必要条件与有效途径。通过劳动教育培育劳动素养,是对劳动者的劳动价值观、劳动意识、劳动情感、劳动意志、劳动能力等多侧面、多层次综合素质的培养与提升。一方面表现为劳动过程中的劳动心态和劳动技能;另一方面表现为通过劳动实践获得的一种道德修养,是个人主观、独立的心理准备,是劳动精神生成与发展的基础。精神是人的根本,劳动精神是支撑劳动本质、促进劳动者持续发展的根本。具体而言,劳动精神是以劳动使命、劳动文化自信及劳动自由人格等感性意识为基础,依靠自身价值意愿与劳动体验构建而成的,是劳动素养在精神层次和自由领域的内化,因此,劳动素养是涵养劳动精神的重要契机。从内涵分析,两者有相似重叠之处,劳动素养更为全面具体,而劳动精神更具统领作用,综合把握劳动的知、情、意、能,是形成劳动精神的基础与关键。劳动素养是指劳动心理素质,能为日常劳动做好心理准备,而劳动精神是指向劳动自由人格与主客观精神体验,前者的丰富对后者的生成具有强化作用。从发展角度思考,劳动素养和劳动精神都处于持续不断的发展过程中,劳动素养所表现出的劳动活力,为劳动者在劳动中发现人性与美,探索自己的内在本质力量,形成甘于奉献、乐于创造的劳动精神提供了感性基础,为培育劳动精神创造了条件。

### (二)培育劳动素养是彰显教育实践品性的显著标志

教育实践是人类有意识、有目的地培养人的活动。教育在很多方面被认作实践,不少人已将多数"实践"概括理论化,削减了教育实践的全面性、复杂性和生动性。因此,重新认同教育实践品性及着力开发教育实践,是劳动教育的关注点。劳动教育作为一种特殊的实践教育,能丰富教育实践的生命性与动态性。在劳动实践过程中,劳动者将"做"与"思"有机衔接贯通,这时的劳动就变成思想与行动的知识。加拿大认知心理学家约翰·罗伯特·安德森把人类所掌握的知识分为陈述性知识和程序性知识。劳动教育所培养的劳动素养囊括了这两种知识类型,既引导学生树立有关劳动本质、劳动价值的正确意识,又提升其服务劳动实践的劳动能力,充分体现了"做中学""做中思"的教育实践理念。教育实践具有情境性、反思性、人文性和智慧性等价值品性,劳动教育在很大程度上贯彻发展了这种教育实践品性,是彰显教育实践品性的显著标志。教育情境是指受教育者在一定情景中经历、发现、体验知识的过程处境。劳动教育实践是走近自然、走进生活的实践活动,自然界和生活界是劳动教育的良好平台与教育资源。从这一视角看,劳动教育必须具有情境性。劳动者在自然、生活的情景中体验劳动过程、创造劳动成果,在劳动过程中体悟人性与生命,在劳动成果中体会价值与美。在劳动实践不断发展的过程中,劳动者的劳动素养就会不断形成和提升;随着劳动素养的不断提升,劳动者投身于劳动实践的愿望就会更强烈。劳动教育、劳动实践与劳动素养的螺旋发展,进一步彰显了劳动素养的实践品性。培养劳动素养体现了劳动教育实践的反思性。反思意味着劳动者在劳动实践时"做中思""思中做"。劳动意识、劳动情感、劳动意志是在劳动过程中形成、发展的,是"思"的持续性和完整性表达,体悟、研究劳动本质、劳动目的与意义是形成劳动素养的基础;劳动能力是"思"的外延体现,在"思"与"做"的过程中,通过劳动实践不断创造价值,发挥创造性能动作用。教育的灵魂是人文精神即人类自我关怀,培养劳动素养重在关怀劳动者的内在诉求。重视劳动者本身,关注人的存在方式,是劳动教育的根本理念。培养学生的劳动素养,能使学生关注自我、本我,追求人格自由,获得自我精神取向的发展,进而推动劳动实践走向生动化和全面化,以此表现出人文性。劳动教育实践也表现出智慧性。实践智慧属于理性德行,是劳动创造的必要条件,需要劳动者深入生活、自然、社会。劳动实践智慧是劳动者在与劳动材料相互作用的过程中,通过自身感悟所达到的一种劳动境界。劳动教育能通过创造各类劳动实践活动平台,引导劳动者催生实践智慧,促进劳动者形成学问智慧体系,发展其行动智慧系统。

(三)培养劳动素养是实现中华民族伟大复兴的重要基石

实现中华民族伟大复兴,需要具备强大的物质基础与精神力量,而劳动实践既是创造物质基础的根本源泉,又是凝聚意志、汇聚力量、发挥引领作用的精神来源,劳动实践与创造是实现中华民族伟大复兴的根本途径。劳动教育是提高劳动者综合素质的重要平台之一,是指导劳动者逐步提升劳动素养的基地。劳动教育培养劳动素养,既是健全学生人格、培养新时代新人的内在要求,也是建设高水平人才梯队的思想行为保障。以个人汇聚主流,以集体影响个人,劳动素养就在较大程度上成为实现中华民族伟大复兴的重要基石。从劳动个体角度剖析,劳动者能在劳动教育中开发其内在潜质,涵养个性特点,形成良心、道德心、责任心,培养创新思维与实践能力,进而健全劳动人格,为成为新时代的新人做好准备。培养劳动素养,能使劳动者更深刻地体悟自我意识与创造价值,开阔眼界,

置身时代洪流，不断提升自我要求，把握时代发展潮流，以个人力量助推民族复兴之路。从集体劳动层面剖析，"功以才成，业由才广"，人才梯队是实现中华民族伟大复兴的必然要求与有力支撑，是推动社会发展的关键性力量。全面建成小康社会，全面实现"两个一百年"的奋斗目标，以及构建人类命运共同体等，需要高质量劳动人才的劳动创造，需要全社会劳动者坚持不懈地奋斗。培养劳动素养能提高劳动者的思想觉悟，为劳动者积极参与劳动、投身建设、诚实劳动、创造劳动提供内在驱动力。在劳动教育中培育劳动素养，是汇聚劳动力量、提升劳动竞争力、形成劳动人才梯队、构建美好社会，进而用劳动托起"中国梦"的动力基石。

## 三、大学生劳动素养体系

### （一）劳动素养体系的基础：劳动能力

劳动能力是学生劳动知识、劳动技能及劳动活动实践创新等多项内容的综合表现，主要包括劳动知识、劳动技能与劳动创新，是学生个体劳动观念、劳动精神及劳动习惯等人格品质形成的坚实基础。劳动能力素养的形成始于学生对劳动知识的学习与劳动技能的尝试。劳动知识是历史潮流中前人在劳动实践中认识客观世界、推动社会生产和发展自身的经验结果与传承积累，它包括理论知识和实践知识。劳动技能是指运用一定知识和经验顺利完成某种劳动任务的活动方式。在劳动教育过程中，学生需要系统学习劳动知识，包括劳动项目的起源、发展历程、社会作用及未来意义等内容，体系化和专业化的知识掌握形成了学生劳动知识素养。劳动技能素养是指学生在具体的劳动活动中所形成的稳定技术性能力等，主要表现为学生能独立或者合作完成简单的劳动项目并能熟练运用常见的劳动工具等，帮助学生从日常劳动中学习基本的生活技能。劳动创新是指学生通过知识与技能的学习，在各类劳动实践活动中所形成的劳动创新思维及在以往劳动基础之上继承创造的能力。如对传统劳动工具进行改造的想法、对如何优化劳动效率的思考等，这些都是青少年创新思维、创造能力的体现，也是未来人才所必备的竞争性能力。劳动知识的积累、劳动技能的掌握及劳动创新的培养，完善了学生知识结构体系，提升了劳动能力，为劳动品质与劳动习惯等素养的形成奠定了基础。

### （二）劳动素养体系的重心：劳动观念

劳动观念是指学生在劳动活动中所形成的综合性认知，是学生劳动意识、劳动思想和劳动态度的表达。意识源于人对大脑内外所收获信息的觉察。劳动意识是学生个体关于劳动信息的主观性想法的表达，如"学生自己的事情自己做"的想法、尊重他人劳动成果、安全劳动等意识。劳动意识是正确认识劳动创造价值的核心，并进一步影响学生的劳动态度与劳动行为。劳动思想是指学生要正确认识马克思主义劳动思想以及新时代习近平总书记劳动观的具体内容，促进学生对"劳动最光荣、劳动最伟大"等思想认识的形成。劳动态度是学生对劳动活动系列内容的心理和行为倾向，常常外化为个体行为表现，如学生书桌整理、洗衣做饭等主动承担劳动的行为，是积极劳动态度的表现。劳动观念是学生劳动素养体系的重心，是消除因家庭淡化劳动教育所形成的"宅男""宅女""啃老族"和"佛系青年"等现象的良药。劳动观念的培养能够使学生在动手实践、体力付出中形成"劳动平等"与"劳动最光荣"等思想观念；在规范自我劳动行为、学习劳模精神和体验劳动过程中，端正劳动态度；在社会公共劳动活动中，形成公共服务、劳动自立、自我实现等意识。劳动观念的培养是学生自我价值实现的隐形奠基石，折射出个体内涵式发展的光芒，为其全面发展提供保障。

（三）劳动素养体系的核心：劳动精神

劳动精神是指学生面对劳动所秉持的精神风貌和人格气质，是学生劳动素养的核心内容。一般意义上，劳动精神是指劳动者在劳动中展现的精神状态、精神面貌、精神品质。劳动精神是个体思想、意识、思维等心理认知的凝练与升华，它指导与规范着个体外在劳动行为的表现。青少年是未来的社会主义接班人和中华优秀传统文化的传承人。劳动精神的培育必须立足中华民族优秀传统文化，结合时代发展需要和青少年身心特征来核定其主要内容，为塑造合格的时代新人提供保障。新时代劳动教育要培养勤俭、奋斗、奉献等劳动精神。奋斗、奉献、勤俭是学生在日常生活、生产及服务性等劳动活动中所必备的精神内容，也是培育学生坚持不懈、持之以恒、勤俭节约等良好德行修养的重要因素。学生劳动精神素养主要包括劳动奋斗、劳动奉献、劳动勤俭等基本劳动精神风貌。劳动精神素养是新时代社会发展对未来人才品德的要求，也是当今青少年学生所要学习和达到的个人品德标准。同时，劳动精神也是指引学生劳动品质与劳动思想形成的核心力量，是促使学生在社会公益劳动、日常生活劳动及生产劳动等活动中学会自立自强、勤奋坚强、勇于克服困难、乐于奉献的动力源泉，对未来提升社会公益活动质量、形成社会劳动风尚及推动学生突破自我劳动认知限度具有促进作用。

（四）劳动素养体系的关键：劳动习惯和劳动品质

劳动习惯和劳动品质是随着学生成长而养成的人格品质，体现为日常的自觉化劳动行为与思考方式，是从个体内在思维、思想到外在行为表现的素养展现，也是学生劳动素养体系的关键内容。个体的行为习惯有积极与消极两个方面。积极的劳动行为习惯激励着学生的劳动热情，督促着学生规范劳动行为。劳动习惯和劳动品质主要包括劳动自主、劳动诚信、劳动责任。具体而言，劳动自主在于学生能够自觉主动、积极自愿地投入家务劳动、班级服务劳动等劳动活动，形成自觉能动的能力和主动劳动的习惯；劳动诚信是指学生养成尊重劳动事实、遵守劳动规范的行为品格；劳动责任是指学生要在各阶段发展过程中形成各类劳动实施责任感，具体表现为个人、学校、家庭及社会劳动责任等，以此来强化青少年对于社会、国家发展的责任感。选择、坚持良好的劳动习惯不仅是学生养成劳动品质、形成劳动精神和劳动能力的关键，而且是其自身实践能力发展的重要举措。正如俄国教育家康斯坦丁·德米特里耶维奇·乌申斯基所言："如果你能成功地选择劳动，并把自己的全部精神灌注到它里面去，那么幸福本身就会找到你。"学生良好劳动习惯和品质的生成，不仅是满足课程专业发展的需求，更是自身幸福感的来源，也是获得感得以实现

的重要渠道。

劳动素养结构主要包括劳动能力、劳动观念、劳动精神、劳动习惯和劳动品质四个维度。四者相辅相成，共同构筑了学生劳动素养结构体系。

### 四、大学生劳动素养培育路径

劳动素养是劳动教育的灵魂。依据劳动素养的结构体系，可从劳动教育内容、劳动活动反思环节、劳动教育氛围、劳动教育方式等方面来加强和培养学生的劳动素养。

（一）细化劳动教育内容，提升学生劳动能力

以课程教学为载体细化劳动教育内容是培养学生劳动能力的起点。

1. 以生活现象为切入点，优化学生劳动知识结构

以贴近学生生活的劳动内容为基本点传授多样性的劳动文化知识，促进劳动知识素养的形成。例如，课堂上教师与学生以早餐为出发点，共同探究大米的种植、生产方式及相关劳动工具的介绍等，以此方式解决学生相关生产劳动知识的盲点。

2. 强化动手制作、亲身体验的劳动活动内容，锻炼学生劳动技能

动手实践、身体力行是学生劳动技能能力提升的捷径，通过实践操作强化学生对劳动工具的充分认识和劳动方法的熟练运用，帮助学生从实践活动中掌握工具的使用和促进技术水平的提升。例如，在学校可以采用项目式、主题式等教学方式开展不同实践操作类劳动活动，以此来培养学生的相关劳动技能。项目式学习突出学生运用各种工具和资源对问题的自主与合作探究。在项目式等劳动教育活动中实现学生对劳动工具的认识与技术的学习及劳动合作能力的形成。

3. 注重劳动知识的对比分析，激发学生劳动创新能力

劳动创新能力表现在思维、实践等方面的创新。师生、学生之间思维的碰撞和观点的交流等是创新思维与创造能力形成的关键，注重劳动知识间对比分析是提升学生劳动创新能力的有效举措。例如，通过对传统剪纸与现代剪纸的制作技术、成果特点等内容的分析对比，激发学生对剪纸选材、图案设计等创新想法。科学的劳动教育内容的设置有利于学生自身对劳动知识、技能等内容的学习与掌握，层层推进劳动素养的养成与提升。

（二）强化多种劳动活动反思环节，涵养学生劳动观念

以劳动活动反思环节为关键点培养学生正确的劳动观念。

1. 通过劳动课堂中动手实践活动反思，增强学生的劳动意识

在学校劳动教育过程中，通过对学校班级责任田的除草、浇水工作反思农民耕种劳动之艰辛，形成尊重劳动者、珍惜劳动成果、杜绝浪费的意识；通过动手制作简易洒水器、缝制沙包等劳动活动，反思使用工具的安全性，如手工缝制沙包、剪刀的正确使用等，延伸对安全劳动的知识拓展，形成安全劳动、保护自身安全的意识，拓宽对行业劳动者的劳动精神与品质的了解，强化尊重劳动者、珍惜劳动成果的意识。

2. 基于课后家庭服务性劳动活动反思,端正学生劳动态度

家庭服务性劳动主要发生在校外,这就需要教师在校内组织进行学生劳动活动的反思交流,引导学生在家庭生活劳动中体会劳动的价值、感受父母劳动的意义,从而端正学生认真劳动、尊重他人劳动成果的态度。

3. 设计劳动反思评价,强化学生劳动思想

鼓励、肯定与认可是激发学生学习热情和行为实施的动力,教师与家长对学生真实、有意义的劳动反思,是激发劳动热情的催化剂,进一步强化了"学生劳动光荣、劳动创造自我价值"等劳动思想的形成。新时代的劳动教育要能够确保人获得一种自我存在的价值感。家长、教师及同伴的肯定、认同是学生通过劳动活动获得自我存在价值感的意义彰显。

(三)营造多维劳动教育氛围,培育学生劳动精神

以营造劳动教育氛围为重点培养学生劳动精神。

1. 依托学校网络软件,营造良好的网络劳动教育环境,强化劳动精神的浸染

随着网络信息的普及化,网络教育逐渐崭露头角,大部分学校已经具有微信公众号、微信群等媒体交流渠道。依托学校网络平台推送劳模、典型工匠等案例,弘扬奋斗不息、艰苦卓绝、无私奉献等劳动精神,营造信息生活化、常态化的劳动教育氛围,达到学生能够在课下通过手机等常用设备进行劳动精神学习的目的,并在劳动者光辉、朴实的事迹中形成热爱劳动的风尚。

2. 合理利用班级环境,营造劳动文化教育氛围,弘扬劳动精神

班级是学生在校共同生活的场所,班级劳动文化氛围的营造与学生劳动素养的形成息息相关。通过教室墙壁上劳动知识、劳模事迹等内容的张贴,教室板报上劳动观念的宣传以及教室读书角里有关劳动书籍的添置等,创设班级劳动文化氛围。在该环境中潜移默化地教育学生如何劳动、什么是劳动精神和劳动品质,促使学生劳动品德与劳动精神的有效生成。

3. 举办劳动类趣味活动,营造愉悦的劳动教育环境,使学生在游戏中感受劳动精神

组织实施"劳动游戏",有利于激发学生的劳动兴趣。在劳动游戏中巧妙融入劳动精神知识,形成新的游戏形式和游戏规则,使学生在游戏中学习劳动知识、感受劳动奋斗的精神,从而促进相关劳动情境兴趣和个体兴趣的形成,实现劳动教育目的。

(四)实施协同劳动教育方式,培养学生劳动习惯和品质

以学校、家庭和社会为核心建构协同劳动教育方式,联合校内外资源实施劳动教育活动,使学生养成良好的劳动习惯和劳动品质。

1. 关注家庭生活能力的培养,提高学生劳动自主素养

生活能力是学生在面对生活需求与困难时所表现出的解决问题的能力,也是学生独立性的表现。目前,受社会科技化、劳动分工及家长教育思想的影响,越来越多的学生处于劳动意识淡薄、动手能力较差的状态,不会做饭、不会整理内务等已经成为目前学生常

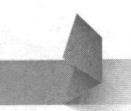

态化表现。多种家庭日常劳动，能够培养学生自觉主动、自主规划的劳动习惯，并在习惯养成中锻炼生活技能、形成生活能力，为未来独立自主的生活提供保障。

2. 学校报刊、主题讲座和班会等宣传劳动诚信事例，可以培养学生劳动诚信品质

诚信品质是学生应该从小培养的品质素养，通过主题班会、话剧会演等活动宣传劳动诚信的事实案例，并通过正、反两个方面的案例分析来宣扬尊重劳动事实、遵守劳动规范、诚信劳动的价值意义，培养学生形成劳动诚信的优良品质。

3. 体验社会公益劳动活动，强化学生劳动责任

学生劳动责任感在学校以及家庭的服务性劳动中能够达到较好的培养效果，但社会责任感较难形成，主要原因在于学生心智发展不够成熟，难以理解自身社会责任感的含义和意义。因而，通过组织参加社会公益性劳动，能够使学生体会到作为社会成员具有一定的社会责任，如参加公益性防沙植树活动，使学生明白爱护环境的社会责任等。

劳动素养是劳动教育的目的之一，也是学生未来发展的必备能力之一，良好的劳动素养能够使学生更好地面对未来社会的发展，提升社会竞争力。因此，探析学生劳动素养的内涵、结构体系以及培育路径，对丰富劳动教育研究内容、推动学校劳动教育发展具有重要的作用。

# 第二节 劳动情怀

## 一、劳动情怀内涵

劳动情怀意蕴丰富，是指人们在实践中形成的对劳动的认知、情感、精神、习惯、品质等因素有机结合的总称。劳动创造了人和人类社会、促进了人的自由全面发展。劳动没有高低贵贱之分，所有劳动形式都应该得到认同、所有劳动成果都应该得到珍惜、所有劳动者都应该得到尊重。劳动情感是在劳动实践中是否满足人的某种需要而产生的心理体验。如果在劳动实践中，劳动者拥有正确的劳动认知，满足劳动预设需要，就会对劳动投入热情，享受劳动带来的快乐体验。劳动精神是指劳动者在劳动中展现的精神状态、精神面貌、精神品质。新时代劳动精神是在继承发展马克思主义劳动价值观的基础上与中华民族优秀传统劳动观念以及社会主义核心价值观一脉相承的，其核心内容为普及劳动最光荣、劳动最崇高、劳动最伟大、劳动最美丽的道理，彰显辛勤劳动、诚实劳动、创造性劳动的理念，弘扬劳动光荣、技能宝贵、创造伟大的时代风尚。劳动习惯是经过持久的劳动技能、劳动就业等训练后养成稳定的劳动生活方式。良好的劳动习惯是建立在正确的劳动认知基础之上的，同时，又促进劳动情感的强化。劳动品质是一个人在劳动实践中表现出的乐观精神面貌和稳定心理特征，它是劳动精神的高度概括，也是一个人道德品质的重要

内容。一般来说,有什么样的劳动品质就会有什么样的道德品质。在劳动实践中,当正确的劳动认知、真挚的劳动情感、昂扬的劳动精神、良好的劳动习惯、优良的劳动品质等因素有机结合,就能使劳动创造的社会价值最大化,自我价值自然也会得到体现。

新时代大学生的劳动情怀是建立在正确认识劳动价值的基础上,经过长期实践逐步升华形成的个人价值观层面较为稳定的劳动价值观、劳动态度、劳动精神、劳动习惯等内容的总称。

*(一) 劳动价值观*

劳动价值观是人们对劳动价值、劳动意义的根本看法。新时代大学生劳动情怀的培育必须树立马克思主义的劳动观,正确认识劳动和实践劳动,明确劳动是推动人类社会进步的根本力量,树立辛勤劳动为荣的价值取向,充分认识到劳动是财富和幸福的源泉。大学生只有树立科学的劳动价值观,才会正确地对待劳动,才能强化劳动光荣的意识,才能明确只有在劳动中才能实现自身价值。

*(二) 劳动态度*

劳动态度是个人对劳动的一种心理倾向,包括对劳动的认识、情感反应和行为倾向。劳动态度受生活环境、教育程度、行为习惯等因素的影响。在新的历史时期,劳动情怀培育必须让大学生转变对劳动的认识,培养热爱劳动、服务社会的奉献意识,珍惜他人劳动成果,享受劳动所带来的成就感。不贪图安逸,不惧怕困难,不怨天尤人,依靠勤劳和汗水开辟人生与事业前程。

*(三) 劳动精神*

劳动精神表现为一种对劳动积极接受的态度,不惧困难地对劳动坚定不移的热爱。劳动精神是新时代劳动情怀培育的精神基础,能引领大学生劳动情怀的方向。在大学生中弘扬和践行劳动精神,树立"辛勤劳动、诚实劳动、创造性劳动"的理念,让"劳动最光荣、劳动最崇高、劳动最伟大、劳动最美丽"蔚然成风,激励大学生以劳动托起"中国梦",在劳动中创造价值和实现价值。

*(四) 劳动习惯*

劳动习惯是通过经常性劳动而得以巩固的自动劳动需要的行为方式。当个人积极主动地要求为自己劳动,更为他人和社会劳动时,劳动习惯就形成了。新时代的大学生成长在自动化的社会环境中,多为独生子女,被父母溺爱。劳动意识和劳动习惯的缺乏导致大学生形成了懒散、浪费等不良的作风。新时代大学生劳动情怀的培育应重视劳动习惯的养成教育,让劳动成为自觉的行为。

## 二、大学生劳动情怀培育的价值

要实现培养德、智、体、美、劳全面发展的社会主义建设者和接班人这一目标,高校必须加强劳动教育,把劳动教育纳入人才培养全过程,以涵育劳动情怀为切入点,在劳动教育中端正劳动态度、培育劳动精神、培养劳动品质、养成劳动习惯,这不仅关系到大学生在

大学阶段学习、生活状况,而且关系到今后走向社会的价值导向、就业意向和情感取向。

(一)端正劳动态度

"劳动创造人""创造社会关系""创造财富""劳动没有高低贵贱之分""所有劳动者都应该得到尊重"是马克思主义劳动价值论的重要内容。受市场经济的负面影响,当前,不少大学生对劳动创造价值产生模糊甚至错误认识:如有些学生认同劳动创造金钱,金钱能买来劳动,把创造金钱作为劳动的唯一动力;也有些学生害怕"劳而无功""劳而无获",总认为付出的劳动就应该得到回报,否则就是有黑幕,就是世道不公,进而产生心理不平衡,消极怠工、不思进取、一蹶不振,甚至会走向厌世、报复社会的深渊;还有些学生把劳动者分为三六九等,对宿管员、清洁工、食堂师傅等体力劳动者存在偏见,漠视他们的劳动成果,甚至对他们冷言嘲讽、恶语相加。这些不正常的认知和现象都是劳动态度不端正的表现。劳动情怀的涵育有助于大学生树立正确的劳动价值观,塑造坚强的心理素质和阳光心态,教育引导他们学会尊重他人的劳动成果,用积极健康的劳动态度去放飞青春梦想、实现人生目标。

(二)培育爱岗敬业的劳动精神

爱岗就是热爱和忠于自己的工作岗位,敬业就是对自己所从事的工作采取恭敬、负责的态度。爱岗敬业不仅是社会持续发展的需要,而且是个人自身价值的体现,蕴藏着丰富的劳动情怀和勤劳淳朴、拼搏奋进的精神品格。大学阶段正是青年学生人生观、世界观、价值观形成的关键阶段,强化大学生劳动情怀的涵育有助于激发他们的学习热情和创新意识,努力学习科学文化知识、练就过硬本领,继承艰苦奋斗、爱岗奉献、敬业乐业的劳动精神,把勤于学习作为实现人生价值的"哨位",把报效国家作为实现个人全面发展的"压舱石"。

(三)培养精益求精的劳动品质

弘扬工匠精神,崇尚精益求精的品质,成为新时代社会前进的"风向标"。精益求精的工匠精神核心要义在于无论何种从业者都要干一行钻一行,注重细节,精心打磨,不断改进工艺技能,追求产品和服务的品质精细化、多样化。尽管自古以来我国也涌现出如鲁班、李春、詹天佑等追求精益求精的工匠大师,但长期以来重视人伦道德、轻视科技发明和创造的社会风气使得精益求精的工匠精神难以在社会上得到广泛传颂,再加上市场经济负面影响带来的浮躁、急功近利的气息,加剧了精益求精的工匠精神社会地位的削弱。新时代工匠精神注重技术应用和技术创新,紧跟现代技术的发展态势,引导青年学生在学习工作中养成精益求精、严谨认真的劳动品质。作为科技创新的生力军,大学生要勇于站在科技创新的时代前沿,努力攀登科学技术高峰,踏踏实实、勤勉学习,以利天下的情怀担负起民族复兴大业之责任。这种责任担当不是坐而论道的清谈,而是起而行之的躬行,是扎根实践淬炼出的精益求精的劳动品质。

(四)助推劳动习惯的养成

新时代大学生劳动情怀的涵育不是局限于理论灌输,也不仅涉及思想、精神培育,而是要落实到具体的实践中并加以固化,以丰富的实践活动助推大学生劳动习惯的养成。

大学阶段本是青年学生坚定理想信念、锤炼高尚品格、实现青春梦想的黄金期。然而,有些大学生精神状态慵懒懈怠、无所事事;或像被打了鸡血一般沉溺于虚拟世界寻求片刻满足而不可自拔;或"四体不勤,五谷不分",不愿整理寝室卫生,不会清洗衣被,不想参加体力劳动,只想宅在寝室叫外卖、玩游戏、睡大觉。这些不正常的行为和现象对大学生劳动习惯的养成产生负面影响。涵育劳动情怀有助于引导大学生加强日常生活自理劳动,加大课堂教学、实验实践、创新学习等环节上的劳动付出,把劳动与梦想、劳动与幸福、劳动与责任紧密结合,使大学生在劳动实践中体会艰辛、磨炼意志、实现梦想。

### 三、大学生劳动情怀培育原则

新时代的大学生劳动情怀培育不只是为了教育而教育、为了劳动而劳动,较以往的劳动教育,在内容和方式都要有所创新和发展。明确大学生劳动情怀培育所应遵循的原则,可以为劳动情怀培育指明发展方向。

(一)坚持更高层面的价值导向原则

新时代大学生的劳动情怀培育不仅包括劳动教育的基础性任务,而且要坚持更高层面的价值导向;不仅要培养青年大学生的实践能力,而且要注重培养大学生艰苦奋斗、勇于担当的劳动精神,培养他们"以天下为己任"的社会责任感,树立为人民幸福、民族振兴、国家繁荣发展奋斗的劳动意识。只有具备坚定的理想信念、扎实的文化知识、强烈的社会责任感和过硬的劳动素质的大学生,才能成为合格的社会主义建设者和接班人。

(二)坚持以学生需求为本的原则

大学生经过基础教育阶段的知识积累已具备较为丰富的知识储备。新时代的劳动情怀培育应符合大学生自身成长的内在需求,顺应大学生身心发展的规律。在具体的实践设计上要以学生的实际需求为导向,贴近学生学习生活,采用符合大学生个性特点的教育形式,促进大学生的劳动实践能力提升,满足大学生自身社会化发展的需要,实现大学生的全面发展。

(三)坚持全面发展的原则

劳动情怀培育要坚持大学生全面发展的原则,只有德、智、体、美、劳同时发展才能成为全面和谐发展的人才。劳动情怀培育具有融通性,对德、智、体、美有着正向的促进作用。劳动情怀培育能使大学生树立科学的劳动价值观,践行劳动精神,培养良好的劳动习惯,在劳动实践中增强体魄、磨炼意志,提升人格品质,充分发挥创造精神,最终实现以劳树德、以劳增智、以劳健体、以劳育美的目标。

(四)坚持艰苦奋斗与合理享受相统一的原则

艰苦奋斗是中华民族的传统美德,也是劳动精神的重要体现,艰苦奋斗的劳动精神与当代大学生合理享受的心态并不矛盾。新时代的大学生价值观现实,思维活跃,享受意愿强烈,在对他们进行劳动情怀的培育过程中,要坚持艰苦奋斗与合理享受相统一的原则,既要提倡艰苦奋斗、无私奉献,又要肯定追求自身价值的道德合理性。

## 四、大学生劳动情怀培育方式

大学生劳动情怀的培育需要通过目标导引、辐射带动、载体创新、实践铸就等方式进行科学的教育规划和设计。

（一）目标导引：推进劳动教育课程群建设

劳动教育是提高学生劳动素养的重要途径，也是培育学生劳动情怀、促进学生全面发展的重要抓手。高校作为人才培养的重要场所，理应将劳动教育纳入学校人才培养方案，形成以"立德树人"为核心的劳动教育课程群。

1. 把劳动教育纳入高校思想政治理论课教学，发挥思想政治理论课主渠道、主阵地的作用

挖掘思想政治理论课中的劳动元素，有针对性地定制不同年级大学生都能接受的"劳动套餐"，使大学生从马克思主义经典著作、习近平新时代中国特色社会主义理论中汲取力量，感知劳动的创造价值，感受劳动带给人的幸福感、使命感，在潜移默化中培育大学生劳动情怀。

2. 劳动教育与其他专业课同向同行，形成协同效应

具体而言，就是实施"课程劳育"，即把马克思主义劳动思想融入自然科学、哲学、社会科学领域。梳理专业课程中蕴含的劳动元素，将劳动教育与专业理论课程相结合，劳动技能培训与专业实训、实验、实习相衔接，实现专业课教学中贯穿劳动思想，专业课教育中凝聚劳动价值引领，在劳动教育与专业课协同效应中培育大学生劳动情怀。

3. 实现劳动教育与创新创业课深度融合

新时代科学技术迅猛发展，迫切需要培养学生的创新性、批判性。这就需要在创新创业课程设计上"既要充分考虑劳动教育中技术素养提升的内在序列，又要充分考虑不同学段学生技能培养的梯度结构"。教育引导大学生既要大胆实践、勇于创新的勇气，又要有善于打破常规、另辟蹊径、寻求突破、推陈出新的批判思维，使大学生在劳动实践中养成创新创业意识和精益求精的工匠精神，进而在劳动教育与创新创业课的深度融合中培育大学生的劳动情怀。

（二）辐射带动：注重舆论引导和榜样示范引领

培育大学生劳动情怀不仅需要大学生自身"修炼内功"，养成良好的劳动习惯和劳动品质，也离不开外在舆论引导和榜样示范的引领，营造培育劳动情怀的时代风尚。第一，整合传统媒体与新媒体等宣传资源，利用校园广播、校报、宣传橱窗、电子屏等渠道，宣传倡导"一勤天下无难事""功崇惟志，业广惟勤"的传统美德；宣传倡导"劳动光荣、技能宝贵、创造伟大"的价值导向；宣传倡导"劳模精神""工匠精神"的价值追求。第二，挖掘学生身边榜样的引领效应。榜样是一种力量，是引领社会风尚的标杆。大学校园里不乏诲人不倦的良师，有自强励志成才的同窗，还有那些默默守护的宿管阿姨，这些榜样人物就在大学生身边，他们的感人故事就萦绕在大学生耳边，他们的经历具有感染力和引领性，更

容易被接纳、被效仿。第三,发挥劳动模范和大国工匠的标杆引领作用。劳动模范和大国工匠是新时代劳模精神、工匠精神的传承者与弘扬者,全社会都应大力宣传各行各业的能工巧匠,营造劳动最美、劳动最善、劳动最真的社会文化氛围。高校作为社会舆论引导的重要战场,理应邀请劳动模范和大国工匠进校园,让大学生亲聆劳模故事,近距离感受劳模精神和工匠精神,用他们的动人故事和宝贵精神激励大学生争做立足勤奋学习、立志创新创造、立身修德奉献的模范,培育大学生的劳动情怀。

(三)载体创新:发挥"三全育人"的推动作用

"三全育人"即全员育人、全程育人、全方位育人。全员育人指的是由学生本人、学生家庭、学校及社会大环境所组成的"四位一体"的教育机制;全程育人即对学生的培养及教育贯穿其从进入校门到毕业的整个过程;全方位育人是通过各种教育载体,如将教育融入思想政治引领、学生管理与服务、奖惩资助、社会实践、实习实训、就业指导等各环节。"三全育人"的目的是通过素质教育,促进学生的全面进步和发展。

以"三全育人"为载体,实现劳动教育与"三全育人"有机结合。劳动教育是一项长期、复杂的系统工程,不仅需要与德育、智育、体育、美育深度聚合、有机融合,而且需要以"三全育人"为载体,发挥各个教育主体、各个过程、各个环节的推动作用。把"三全育人"理念贯穿劳动教育的全过程,实现劳动教育与"三全育人"的有机结合,形成大学生尊重劳动、热爱劳动、崇尚劳动的真挚情感。

1. 发挥全员参与劳动教育的推动作用

大学生劳动教育的主战场是学校,学校要切实承担劳动教育的主体责任,专业课教师、辅导员、思想政治理论课教师、行政管理者、后勤服务人员等是学校劳动教育的承载队伍和实施队伍,都担负着育人职责。学校要从学生需求、利益出发,调动全员力量参与其中,系统总结大学生在劳动价值观、劳动态度、劳动品质、劳动精神、劳动习惯等方面的不足和短板,有针对性地设计劳动课程、组织劳动实践、制定劳动教育体系,同时让学生动手实践、出力出汗,体会劳动幸福、劳动光荣、劳动美丽。通过显性教育和隐性教育的紧密结合,将大学生劳动情怀、劳动精神的培育依托在劳动课程、校内外活动、后勤服务等领域,在课堂教学、劳动实践、劳动锻炼中水到渠成地完成。此外,家庭作为学校劳动教育向外延伸的链条之一同样不可或缺。发挥家庭在学生劳动教育中的基础作用,父母在劳动认知、劳动习惯、劳动态度、劳动情感等方面的自觉提升,给学生树立良好榜样和崇尚劳动的良好家风,有利于学生养成追求品质、敢于担当的劳动情怀。高校劳动教育实效性也离不开全社会的支持。社会各界应为大学生劳动教育实践提供更多机会和必要场所,支持学生参加力所能及的生产劳动、参与新型服务性劳动,营造劳动光荣的社会风气和敬业风尚,支持学生把劳动光荣作为新时代实现人生目标的价值尺度。总之,大学生劳动情怀的涵育,需要学校、家庭、社会的协同,打造全员参与劳动教育大格局。

2. 发挥全过程融入劳动教育的推动作用

劳动教育是培养学生全面成才的必要手段,在不同的成长和教育阶段,劳动都将成为

学生认识世界、感知社会、理解生活的重要载体和途径。高校劳动教育要在认真研究大学生成长成才的特点和规律的基础上,规划大学入学初期、学业中期、学业末期等不同阶段劳动教育的目标、内容和实现途径。

每个阶段的劳动教育都要体现持续性、系统性、针对性。例如,入学初期,依托思想政治理论课、心理健康教育课、军事理论课等课程开展劳动教育。如组织学生参加寝室文明评比、校园文化活动、劳动技能竞赛,树立德技并修意识,帮助大学生尽早适应大学生活,增强他们的学校归属感和付出劳动后的喜悦感。学业中期,注重理论与实践相联系;既重视新知识、新工艺、新方法的学习,也有意识地让学生亲自参与劳动创造,切实解决实际问题,增强大学生诚实劳动意识和团结协作意识,树立正确的择业价值观,发扬到艰苦地区和行业工作的奋斗精神和面对突发危机事件中主动作为的奉献精神。学业末期,学校应注重劳动教育与就业创业教育相结合,组织各类岗位操作实训及面试培训、创业培训、交往礼仪培训,提升大学生就业素质和就业创业能力,为他们顺利就业提供精准帮助。

3. 发挥全方位渗透劳动教育的推动作用

劳动教育的核心目标是涵养学生的奋斗精神和求真精神,使学生在增长才干和磨炼意志的过程中感受劳动所带来的收获和乐趣,进而形成尊重劳动、热爱劳动、崇尚劳动的真挚情感。在具体实施过程中,高校要做到全方位渗透劳动教育,不仅要把课堂教学与实践教学结合起来,充分利用课堂教学资源之外,而且要利用宿舍、教室、图书馆、餐厅、实训基地等场所,开展互动式、体验式劳动教学,让学生体验劳动的意义和价值,增强学生对工匠精神、劳模精神的认可,将学生对劳动认知、劳动态度、劳动情感转化为生动活泼的劳动实践。同时,要将劳动教育理念和目标渗透到学生评优评奖、勤工助学、学生党团组织建设与管理、校园文化建设等育人载体,系统整合不同育人载体和育人资源,打通劳动教育到劳动实践的"最后一公里",实现"全方位育人"的育人理念和目标。

(四)实践铸就:强化劳动实践的育人价值

高校在人才培养过程中,通过劳动教育与社会实践教育相融合,以及劳动教育与日常生活实践教育相衔接等具体途径强化劳动实践的育人价值。一方面,社区、企业、乡村、实习基地等校外场域蕴藏着丰富的劳动资源,学校及社会各界要组织大学生到校外场所开展社会调查、社区志愿服务、公益劳动等社会实践活动,使他们增长才干、锤炼品质,早日成为社会栋梁之材。在实践活动中,培养大学生艰苦奋斗的作风和吃苦耐劳的精神,培育热爱劳动、珍惜劳动成果的情怀。另一方面,劳动教育不能脱离生活之外培育劳动情怀,而应将劳动教育回归人的日常生活,在日常生活实践中铸就真挚的劳动情感。大学阶段,需要让学生明白"衣来伸手、饭来张口"不可取,只有自己动手,独立自主地解决自己的衣、食、住、行问题,才能真正成长;也需要让大学生明白"一屋不扫,何以扫天下"的深刻道理,引导大学生从简单的日常生活与自我服务做起,培养事无巨细的品质和互助友爱的精神。简言之,高校可以通过开展卫生评选、寝室装饰、手工制作等丰富多彩的日常生活实践,助推大学生劳动行为习惯的养成,于日常生活的小事中、细微处培育深厚的劳动情怀。

# 第四章 新时代大学生职业素养与精神

> **导入案例**
>
> ### "河北大工匠"刘少辉：
> ### 28年他从普通矿工成长为技术领军人
>
> 早上上班时间，开滦能源化工股份有限公司范各庄矿业分公司的员工们正排队经过电子测温仪测量体温后依次入矿，每个人的体温情况都快速而准确地显示在电子测温仪上，矿门口秩序井然，没有出现拥堵现象。
>
> 这个电子测温仪是机电科班长刘少辉自费购买元件研制的。刘少辉开玩笑说："如果没有疫情，我和电子测温仪就不会有关系。"作为机电科班长，刘少辉从事电气自动化控制，在工作中他负责保障矿井提升系统的安全运转。
>
> #### 做一点力所能及的事
>
> 大年初四，刘少辉所在的矿区开始复工，复工后矿区加强了疫情管控，每天要对进出的七千多人次进行体温测量，工作量大，复工第一天刘少辉就发现矿门口处出现了人员拥堵，"我心里很着急，要为那么多人测量体温，安保人员的压力也很大"。刘少辉之前在网络和电视上看见过电子测温仪的相关技术讲解，他想自己做一台电子测温仪，帮助解决公司的难题。
>
> 刘少辉开始上网查阅相关资料，又从网上联系厂家准备购买零配件。但疫情防控期间快递运输不畅，很多厂家也还在春节休息中。刘少辉很急迫，线上线下多种渠道同时寻找货源，终于在20天后所有的零配件都送到了。零配件准备齐全后，通过之前的学习和准备，仅仅用了半天时间，一台电子测温仪就被刘少辉组装好了。测温装置有了，但如何将数据直观地显示出来？刘少辉与妻子商量把家中使用的台式电脑捐献出来，作为测温装置的终端。通过几十次试验，刘少辉终于将体温测量范围误差缩小到0.1℃~0.3℃。
>
> 刘少辉不仅成功做出了一台电子测温仪，而且在制作和使用的过程中根据实际情况不断进行技术攻关，对电子测温仪完成了几项创新，使它更方便使用。到今天，保卫科门卫说："已经离不开这台设备了。"
>
> 刘少辉最终花费近2万元成功研制组装出了电子测温仪。他说："只是想做一点力所能及的事。"

**为方便工作，他的家就租在公司对面**

在刘少辉眼里，疫情防控很重要，安全生产也不能懈怠。刘少辉负责矿井提升系统的安全运转工作，这在煤矿生产企业是最为重要的一环，被称作煤矿的"命脉"。

"故障出现不分时间，一天24小时都要处于高度紧张的状态。"矿井提升系统的安全运转关系着工人们的生命安全，而这份沉甸甸的责任也一直被刘少辉放在心里。

有一天，范矿公司300暗井提升机电控系统出现故障，提升机无法正常启动，现场值班电工反复查找也没能找出问题根源。刘少辉得知这一情况后，急忙下井赶往现场。在详细询问当班提升机司机、值班电工具体故障问题后，刘少辉结合系统图纸，查线路、查程序，层层排查故障点，最终发现故障原因，并且立即处理解决。

故障处理完毕后，提升机又恢复了安全运转。

为了能第一时间赶到故障现场，刘少辉和妻子、孩子在公司对面租了一间房。有些故障出现在夜里，刘少辉在接到电话后就必须立马赶往现场。他说，不管是在工作中还是在家里，都要时刻绷紧那根弦。对于这样的工作性质，刘少辉没有抱怨，他的妻子也非常支持他的工作，夜里公司来电话时，往往刘少辉刚穿好衣服准备好，妻子就已经给他拿来了钥匙和其他必备的东西。刘少辉说："一出现故障就立马赶到现场解决问题是一个一线工人必须具备的素质。"

从业28年来，刘少辉靠着一股锲而不舍的钻劲儿，从一名普通矿工成长为专业技术领军人，并且被评为"2020年河北大工匠年度人物"。他完成技术创新120项，制约矿山安全、生产、经营等一系列的难题都被他一一攻克，为企业创造经济效益数千万元。

资料来源：王汝希. 为保系统安全运转，他把家搬到了公司对面[EB/OL]. 央视网，https://news.cctv.com/2020/06/08/ARTIjim1Wa92Ji3TElO6Kkwv200608.shtml.

## 第一节　大学生职业素养

### 一、职业的基本特性

职业是指人们为了谋生和发展而从事的相对稳定的、有收入的、从事专门业务的社会劳动。这种社会劳动是人们的社会关系、经济状况、文化水平、行为模式、思想情操等方面的综合反映，也是一个人的权利、义务、职责的具体体现。

职业是人类社会发展到一定阶段出现了社会分工后的产物，人们通过参与社会分工，利用专门的知识和技能为社会创造财富和价值，同时获取报酬以满足个体的物质需求与精神需求。对职业概念的正确理解是开展职业生涯规划的先决条件。

(一) 社会性

职业是社会分工的产物,职业的存在构成了人类社会的存在。个人通过职业活动与社会产生联系,建立社会关系,形成丰富的社会生活。职业也是社会发展的动力,在个人与职业的互动、职业结构的演变进化过程中,构筑起社会进步与发展的动力。职业活动创造出的财富为社会的存在与发展奠定了物质基础。职业也是维持社会稳定,实现社会控制的手段。

(二) 经济性

职业是个人获得经济收入的来源,人们通过职业活动可以获得合理稳定的报酬,维持个人生存、家庭生活和职业发展。同时,职业活动也会创造社会财富,不断推动社会进步。

(三) 规范性

职业的规范性是指职业活动必须符合国家法律和社会道德规范,符合特定生产技术和技能规范的要求,主要体现为职业操作规范和职业道德规范。职业操作规范是社会成员在职业活动中应遵循的标准或原则,是保证职业活动的专业性要求。职业道德规范是在公民道德基础上体现一定职业特征的准则和规范。

(四) 稳定性

职业是在长期的生产活动中随着社会的发展和劳动分工逐步产生与发展形成的,具有较长的生命周期,也具有相对的稳定性。虽然职业会伴随时代的发展而不断演化,但职业的劳动内容、行为准则等都是延续的、相对稳定的,通过世代相传不断丰富演化,因此具有连续性和稳定性。

(五) 时代性

随着社会的不断发展,社会需求不断更新,新的职业顺应时代发展出现,不能适应时代需求的职业则会消亡。在不同的时代也会出现不同的热门职业,如曾出现的"当兵热""下海热"和现在的"公务员热"等,反映出在某一个时期人们对某种职业的热衷程度。

(六) 专业性

不同的职业之间存在着很大的差异,工作环境、工作内容、工作性质、工作报酬等不同,对于劳动者需要具备的知识和技术要求也不同。随着社会的进步与发展,新职业不断涌现,职业对于劳动者所具备的知识和技术水平要求会越来越高,职业会出现更精细的专业区分,专业化程度也会越来越高。

## 二、职场

(一) 职场的定义

职场是指一切开展职业活动的场所,广义上还包括与工作相关的环境、场所、人和事以及与工作、职业相关的社会生活活动、人际关系等。

(二) 职场的关键要素

1. 职业意识

职业意识是指人们对职业劳动的认识、评价、情感和态度等,通俗地说就是人们对职

业的认知、意向及所持的观点,是劳动者对自己未来所从事的职业有明确的追求和全面、清醒的认识。职业意识能够为人们指明方向,成为人们以某一特定职业为人类和社会进步服务的内在精神支柱。

2. 职业定位

职业定位就是清晰地明确一个人在职业上的发展方向,它是人在整个人生发展历程中的战略性问题,也是根本性问题。职业定位包括三层含义:一是确定你是谁,你适合做什么工作;二是告诉别人你是谁,你擅长做什么工作;三是根据自己的爱好、特长、能力和个性将自己放在一个合适的工作岗位上。职业定位是自我定位和社会定位的统一,是一个动态过程,需要结合个人职业生涯的不同阶段不断做出修正和调整。

3. 职业素质

职业素质是劳动者对职业了解与适应能力的一种综合体现,主要表现在职业兴趣、职业能力、职业个性和职业情况等方面。影响和制约职业素质的因素很多,主要包括受教育程度、实践经验、社会环境、工作经历及自身的一些基本情况(如身体状况等)。劳动者能够顺利适应职场环境,取得职场成就,在很大程度上取决于个人的职业素质,职业素质越高的人,获得成功的机会就越多。

4. 职业规划

职业规划是对职业生涯乃至人生进行持续的系统的计划的过程。初入职场,职业规划有助于个人认清自身发展的进程和事业目标,可作为职业与承担任务的依据、相关的工作经验,充分利用有关机会与资源,指引自我不断进步与完善。职业规划能够评价个人的特点和强项,评估个人目标和现状的差距,提供奋斗的策略,增强职业竞争力。

5. 职业发展

职业发展是致力于个人职业道路的探索、建立、取得成功和成就的终身的职业活动,是组织有效开发人力资源,确保组织需要的岗位有充足人选的方法。根据中国职业规划协会的定义,职业发展就是在自己选定的领域里,在自己力所能及的范围内,成为最好的专家,也就是成为在某一领域有深入和广泛的经验,对该领域有深刻、独到认知的人。职业发展通道是进行职业生涯管理的基础条件之一,也是企业为员工提供的职业发展平台。

(三)未来的职场

如今,在移动、互联网、智能技术的推动下,企业正在改变它的组织形态。相应地,未来的工作和职场也将被重新定义。一方面,市场环境瞬息万变,企业需要具备更强的灵活性和应变能力,让组织的业务可以随市场的需求快速延伸或收缩,传统的组织形态和用人方式显然不能满足;另一方面,职业人的心态也发生了变化。阿里研究院发布的《数字经济2.0》报告则预测:随着自由职业者全球化及共享经济的盛行,"共享平台+企业/个人"的经济组织方式在未来20年将获得突破性进展。也许未来公司会消失,但是工作不会。未来没有稳定的工作,只有稳定的能力。畅销书《未来的工作:传统雇佣时代的终结》提到,传统雇员社会即将消失在未来,工作任务和企业组织分离,组织边界被打破,而这些模块化的任务将由多元化的工作主体和方式来完成。在未来,一些容易拆分且易于考核的短期业务在更多地以零工的形式流入企业外部的劳动力市场,与长期雇佣形成互补的态势。越来越多的"斜杠青年""个人供应商"将成为企业人力资源中重要的组成部分。过去企业对员工的评估主要取决于其与岗位所匹配的专业能力、专业知识,但随着时代的变化,员工的雇佣价值将逐渐从过去的以"技能"为核心的单一维度,转变为多维度的综合评价体系。

## 三、职业人

(一)职业人的定义

职业人是指具有较强的专业知识、技能和素质,通过参与社会分工,为社会创造物质财富和精神财富并获得报酬,在满足物质需求和精神需求的同时实现自我价值的职场人士。

(二)优秀职业人的素质

1. 职业精神

职业精神也可以说是敬业精神,企业选人才时优先考虑的就是工作态度和敬业精神。职业人要想适应职场环境,必须具备明确的工作目标和强烈的责任心,有良好的职业态度,能踏实、高效地完成本职工作,塑造值得信赖的职业形象,获得上级、同事和客户的信任。

2. 良好的职场礼仪

职场礼仪是指人们在职场所应当遵守的一系列礼仪规范。职业礼仪是个人职业形象的外在表现形式,是内在素质的外化。优秀的职业人应当具备良好的职场礼仪,打造符合职业要求的形象,塑造良好的职业化行为,对外展现个人态度、个人修养、个人能力,同时能代表企业的良好形象和管理水平。

3. 良好的职业心态

挫折和困难是职场的常客。良好的职业心态是应对工作挑战的根本。优秀的职业人都拥有好奇心和求知欲,勇于面对挫折与挑战,勇于承担任务和责任,能够坦然接受失败,具备强大的抗压能力,善于解决问题,处理矛盾,化压力为动力。

4. 过硬的职业技能

现代社会分工越来越细,各行各业所需的专业知识越来越专、越来越精。企业选聘人才时对专业知识和工作能力的考查也是重点。优秀的职业人需要具备持续学习的能力、高效合作的团队协作能力、足够专业与理智的自控能力、敏锐的思想觉察与创新能力,能够迅速融入团队的沟通与适应能力,能够主动出击,创造机遇的执行力和行动力。

## 四、大学生职业素养

(一)大学生职业素养构成

素养是一个人参与某项活动或从事某项工作时应该具备的素质与修养,是一个人在

身体、知识、能力等各方面先天条件和后天教育、学习的综合结果。职业素养是职业内在的规范和要求,是一个人在从业过程中所表现出的综合品质,这种品质是相对稳定的,对工作的影响是起决定性作用的。因此,职业素养是衡量一个人职业成熟度的重要指标。

大学生作为高等教育阶段的主要对象,决定了他们的职业素养必然与完全职业人的职业素养有所区别。这个不同主要表现在侧重点上的不同。完全职业人的职业素养可在实际工作中得到不断的锻炼,如根据岗位要求更新业务知识,对工作技能进一步改进创新,从而提高工作水平。对大学生职业素养的培养,当今学校普遍侧重其专业知识、专业态度及基本专业技能三个方面,这也是大学生还处于受教育阶段的现实决定的。专业知识指专业内不可缺少的知识,如行业知识、管理知识等。专业态度可理解为职业道德,主要包括敬业精神和职业操守。专业技能即工作的能力,既包含专业基本技能,如基本设备的操作运用、语言的掌握与运用等,也包含更高层次的技能,如思维决策、组织领导及绩效管理等。

(二)大学生职业素养提升原则

职业素养从更大的层面来看是属于价值层面的范畴,那么提升大学生职业素养就要解决大学生价值层面上的问题。教师要察觉学生所持的偏颇或狭隘的价值观念和哲学立场,然后运用哲学的思维和方法对学生进行价值层面的启发与引导,帮助学生形成正确的职业认知,建立合理的价值坐标体系。职业不仅是谋生的手段,更是自我价值的体现,要引导他们树立个人价值和社会价值相统一的价值观念,引导学生追求积极的、乐观的、合乎实际的职业态度,以及更高的站位,从而提升学生的职业素养。

1. 目标与方法相结合原则

首先,解决大学生观念层面的问题,提升职业素养,必须要有明确的目标性,且目标性贯穿于过程的始终。第一,设立明确的目标是有效开展活动的前提,也是检验是否达到预期效果的重要判断依据。第二,提升职业素养的最终目标就是要提升大学生的职业素养。针对个体或小团体展开的就是要引导大学生理清问题症结背后映射出的观念问题和价值取向问题,启发他们用理性的哲学思维去分析问题以及察觉真正的思想症结所在。第三,协助学生构建出一套自己的成熟的哲学框架,以更好地适应职场生活和应对未来人生道路中可能出现的各种问题。

其次,要解决大学生观念层面的问题,还需具备一定的方法。因为方法和技术是"过河"必需的"桥"或"船","不解决船和桥的问题,过河就是一句空话"。需要特别指出的是,提升职业素养的过程其实也是进行教育的过程,但不是进行一种灌输式的显性教育,而是进行一种微观教育。[①] 因为大学生的问题症结实质是与认知方式的不当紧密相关,而不当的认知方式会形成不当的观念,不当的观念又会因为固有的经验而成为定势思维。在新情况、新问题面前,固有观念不能匹配和适应就业环境,就会产生学生自身不易察觉且不会化解的问题症结。教师引导学生洞察问题症结,针对具体症结进行具体分析,引导学

---

① 闫丽英.加强高校马克思主义理论教育过程中的伦理关怀研究[D].西南财经大学,2017.

生在更高站位或换个角度审视整个事件及遭遇的困惑,从而学会用一种哲学的思维去体察今后遇到的任何事情,让自己的职业生涯和日常生活过得更有价值、更有意义。

最后,对于教师来说,每一位学生都不尽相同,要解决的具体问题也不尽相同,提升职业素养的目标和方法需要根据学生的实际情况而做出相应的调整。这里主要分两种情况:一种情况是,学生清楚地知道自己面临的困惑是什么,或者说清楚自己的问题症结在哪里,这类是有明确提升职业素养目标的学生。面对这类学生,教师要做的就是耐心倾听,了解学生遇到的职业困惑。另一种情况是,学生还不清楚自己面临的是什么样的职业困惑,倾诉时也一直徘徊在问题边缘而无法探求到真正的困惑,这类学生的目标就是模糊的,或者说是定位不清晰的。这类学生就需要教师不断的启发、诱导以助其发现自己的职业困惑,然后才能明确自己提升职业素养的目标。

2. 理性对话原则

提升职业素养的另一个原则是理性对话。对话具有明确的目标性,提升职业素养实质上是对大学生思想层面的问题的一个理性分析过程,分析大学生在思想层面上的一些矛盾的信念和偏颇的价值观念,而且在这个过程中可能会用到形式逻辑和辩证逻辑等方法,且交流时必须要有明确的目标,所以要使用对话的方式进行,在对话的过程中坚持理性对话特别重要。所谓的理性对话,实质上是观念层面的交流与碰撞,是教师用哲学这种智慧的、理性的方式与学生的固有观念进行对话,在这个过程中教师要帮助学生尽可能地避免因个人情绪、事件情节的干扰而一直徘徊在事件的边缘,无法深入问题的核心。为防止这种情况出现,首先,教师要引导学生跳脱出自己的主观情绪和情感,避免因进一步强化自己的固有观念而进入定势思维的"死胡同";其次,教师要尽快洞察学生的问题症结所在,也就是尽快洞察学生所持有的观念、信念和价值倾向,避免学生无法走出自己固有思维的"死胡同"。教师只有及时有效地遏制这种强化自己固有思维的倾向,既不追究学生的心理疾病史或者心理阴影,也不分析他们的心理障碍,而是追问造成学生困扰背后的观点、信念和价值观是什么,最后进行正确价值观的引导。在整个对话过程中让学生不断反思、慢慢沉淀,直至形成一种哲学思维,从而帮助他们自主解决以后还会出现的类似问题。

3. 个性化服务原则

个性化服务是提升职业素养和设计提升职业素养方案时要坚持的一个十分鲜明的原则。大学生在就业方面存在诸多差异:首先,大学生的发展极具差异性。每个学生都是千差万别的,他们的家庭背景不同、认知程度不同、成长经历不同等,这些差异都会造成他们不同的择业观和价值取向。普遍的就业指导课无法有效地提供个性化的就业服务和职业素养指导。其次,大学生还存在性质差异。如性别的差异、学科门类的差异、生源类别的差异等,这些性质不同的群体需要更具针对性的就业指导,这在客观上就要求提供个性化的就业指导服务。个性化服务是针对个体不同的困惑进行启发和指导,偏重微观和个体视角,聚焦工作态度、企业忠诚度、敬业、诚信、抗压、合作、执行力等职业素养,洞察不同个体的不同价值观念和哲学立场的真问题,实现就业指导课程内容的"哥白尼式"转换,即

由"宏观"的授课内容向"微观"的、基于个体差异的职业困惑的解决上转换,从而做到基于个性化的就业指导,也是为大学生提供了一种更加精准有效的就业服务。其可以分为两种情况:教师和大学生开展一对一、点对点之间的咨询活动,以及教师与划分成"小群体"的大学生之间开展一对多的提升职业素养活动。无论是开展"一对一"还是"一对多"的提升职业素养活动,都是以尊重个性差异和尊重个性发展为出发点,在此基础上,教师对大学生的心理状态、目标定位、价值观念等隐性信息要做全面的把握,与学生进行充分的良性互动,以此来帮助学生找到既适合个人发展又能顺应社会要求的工作岗位。

4. 价值提升原则

价值提升是提升大学生职业素养要遵循的最显著的原则。大学生产生职业困惑的背后,其实是个人职业观中的歪曲或偏颇的价值观念的体现,只有在价值层面进行正确引导才能帮助他们形成合理的价值观,从而有效提升职业素养。提升职业素养具有价值引领的功能和内涵,也就是说,价值提升是提升职业素养的核心内容和原则。每个人都有各自秉持的价值观念和固有的思维定势,这些固有的思维定势和价值观念会造成现实生活中的一些困惑,因此,教师要引导学生进行"苏格拉底式"的理性交谈,协助学生找到问题症结所在。这里需要注意的是,在对话刚开始的倾听环节中,双方都要先搁置自己的看法和意见,教师要尽可能地鼓励学生进行完整清晰的叙述,这样可以让教师更好地审视整个事件和学生的价值观念,从而协助学生找到自己的思维假设和固有观念。在这个过程中如果教师和学生之间不沟通、不分享各自的意义和价值观,教师也不重视对学生的价值引导或重构,这样设计出来的提升职业素养方案是没有任何意义的。

(三)提升大学生职业素养策略

在市场经济的影响下,用人单位对毕业生的要求越来越高,他们不仅关注毕业生的专业知识和技能,对毕业生的隐性职业素养也提出了更高的要求。当毕业生的职业素养达不到用人单位的要求时,就不可避免地出现了就业困难的问题。一些用人单位在招聘重要岗位人员时,考虑到资源的合理配置和单位的长远发展,对应聘者隐性职业素养的要求甚至超过职业技能的要求。如果毕业生既具有良好的职业技能,又具备良好的隐性职业素养,那么其被录用的概率就会大大增加。在就业竞争如此激烈的今天,大学生要想获得一份理想的工作,良好的职业素养是不可或缺的。

职业素养是职业内在规范和要求在从业者个体身上的内化,是从业人员在职业过程中表现出来的综合素质。职业素养能很好地衡量从业者是否适应和胜任所从事的工作,是大学生职业生涯发展的关键。

1. 更新教育理念,加强职业素养师资建设

面对当前社会发展对人才需求的新标准,高职院校必须更新教育理念,要在加强专业技能教学的同时,大力提升大学生的隐性职业素养,以促进大学生的全面发展,满足社会发展对高素质人才的需求。高职院校职业素养教育的师资水平关系着大学生职业素养的提升力度。高职院校可以引进和培养专业的职业素养教师,并聘请知名专家学者担任职

业素养外聘教师,以此打造一支专兼职结合的职业素养教师队伍。一个具备良好职业素养的高职教师,会给学生起到良好的示范作用。高职院校应鼓励校内教师在暑假期间进入企业挂职锻炼,不断提高广大教师自身的职业素养。此外,高职院校还需为职业素养专业教师提供丰富的校内外培训、研修、访学与挂职的机会与平台,并加大财政投入,从而提高职业素养专业教师的工作积极性和教学能力。

2. 构建完善的职业素养培养体系

高职院校应根据职业的岗位要求和发展要求,建立起以培养综合职业素养为目的的课程体系,切实提升大学生职业素养的教育效果。在职业素养教育团队组成上,要形成以教师、学生、辅导员和企业专家共同组成的教育团队,形成以教师为主导、学生为主体、学生管理与理论教学相辅相成、校外专家与校内教师共同参与培养的新教学模式,全方位保障大学生职业素养的提升。在顶层制度设计上,高职院校应重新审视和完善课程设置,合理设置职业素养课程模块,如开设职业生涯规划、礼仪、沟通与协作等职业素养课程。在职业素养教育内容的选择上,应多选取一些贴近学生职业并富有吸引力的案例,少选取一些教条的、枯燥的理论知识,使学生形成良好的职业意识、职业道德和职业行为习惯。

3. 构建完善的职业素养考核体系

职业素养教育不仅要有完善的职业素养培养体系,而且要有科学有效的考核体系。目前,在大学生显性职业素养的考核上,评价体系已较完善,但在大学生的隐性职业素养考核上尚无统一的评价体系。广大高职院校应根据自身实际,细化考核指标,不断完善考核评价体系。在考核形式上,可采取个人自评、班级互评、系部审核相结合的方式。考核过程中应注重公平公正原则,将学生日常表现列入考核范围,并建立学生平时表现的管理机制,加强对学生职业素养考核的过程管理。对于职业素养考核优秀的学生应及时给予奖励,这在一定程度上可以发挥榜样的作用。职业素养考核的目的不是划分等级,而是提升大学生的职业素养水平,因此,在考核过程中应更多关注每个学生身上的优点,鼓励他们及时弥补自身的不足,不断提升自己的职业素养。

4. 充分发挥课堂教学在职业素养教育中的主导作用

课堂教学是高职院校开展大学生职业素养教育的主渠道。高职院校应充分利用课堂这个教育教学主阵地开展有效的职业素养教育。首先,高职院校在进行课程设置时,应把职业素养教育与专业教育放在同等重要的位置,让大学生从入学开始就认识到学习职业素养相关课程的重要性。其次,各专业课教师应根据专业特色和学生的实际情况,将职业素养教育融入大学生的专业教育,让大学生在学习专业理论和技能的同时,不断提高自身职业素养。最后,职业素养教育授课教师要创新教学方式、方法,充分利用新媒体技术。一方面,将授课内容制作成生动、形象的微课,提高学生的学习兴趣和学习积极性;另一方面,教师在课外借助QQ、微信等信息平台开展职业素养教育,为大学生提供更多的职业素养学习机会,实现课堂内外的相互补充。

5. 积极开展提升职业素养的实践活动

社会实践是提升大学生职业素养不可缺少的重要手段。高职院校要积极为大学生创造课外实践和锻炼的机会。首先，高职院校应加强校企合作，让大学生进入企业感受企业生产的氛围，了解企业对员工在职业素养方面的要求，让大学生为职业素养提升做到有的放矢。其次，高职院校可以邀请企业的能工巧匠和成功人士给大学生做讲座，以自身的经历和经验帮助大学生更好地理解职业素养教育的真谛，让大学生从内心认识到职业素养对自己未来就业和职场成功的重要作用。最后，学生会等社团也要积极开展提升大学生职业素养的实践活动，如开展"职业角色扮演"活动，以情景剧的形式让学生扮演工作中的不同角色，模拟实际工作中的一些典型场景，使大学生能够体验到真实工作中的感受，明确提升职业素养的必要性，为将来顺利走上工作岗位打下坚实的基础。

一般来说，大学生的职业素养水平决定了其就业岗位层次水平，职业素养高的大学生更容易找到高层次的岗位，其职业选择决策也更容易正确，求职能力和创业能力相对也高。职业素养高的大学生，有更多的机会选择职业种类，就业机会相应地也多，找到最佳工作岗位、最佳工作环境的机会多，职业生涯发展就更为顺利。职业素养是一个人职业发展的内在动力，一个职业素养低的人在工作中很难做到爱岗敬业、忠于职守，很难与同事团结协作，这样的人在事业上肯定是很难成功的。而当一个人的职业理念、人格、能力素质水平较高时，他就能正确应对工作上的各种困难，较轻松地胜任自己的工作岗位，取得较好的工作业绩，从而使自己的职业生涯进入良好的发展态势。

# 第二节　大学生职业意识

## 一、大学生职业意识内涵

职业意识是指人们对于职业活动相关内容的整体认识，是基于对职业活动的本质、规律、形式、意义的认识而形成的对包括职业道德、职业操守、职业行为等职业要素在内的情感、态度、评价、意志等心理成分的综合反映，是支配和调控全部职业行为与执业活动的调节器。就社会范围而言，职业意识是随着职业的产生而产生的，也随着职业化进程的发展不断发展完善，由模糊到清晰，从抽象到具体。就个体而言，作为一种态度，职业意识是随着个体意识的产生而产生的，特别是在个体接触到与职业有关的事物、概念等就已产生；作为一种能力，职业意识是在个体成长过程中，特别是在为将来的职业生涯做准备的过程中产生和发展的。

（一）职业意识教育

就高校而言，职业意识培养是从学生进入校园的第一天起就应该进行的专门教育，它是贯穿大学生整个高校阶段的一个重要的教育内容，是作为职业人所应具备的重要素质之一。职业意识教育是一个全面、复杂的系统,不仅包括职业价值观、职业理想、职业动机等方面的教育,而且包括职业态度、责任心和义务感等方面的教育。一般来说,高职院校招收的学生学习时间为三年。这一类学校的办学理念旨在培养具有较高技术水平的人员,也是我国职业教育的重要组成部分。总的来说,高校不仅要负责学生的理论知识和文化课教学,而且要有针对性地开展高效的职业技能教育和培训,并通过加强与企业的交流与合作,提高职业技能教育和培训的质量与水平。职业素养教育课程是通过教师活动的开展,系统性地对学生进行培养和教育。教学的主要内容包括职业生涯规划、职业道德、政治、马克思主义哲学和心理健康等基础知识与基本技能。通过学习,有效地推进学生的世界观和价值观的形成与完善,并在学习的过程中完善和提高自主决策与系统思考的能力,从而帮助学生在就业和决策的过程中更加有效地进行抉择。与此同时,通过职业素养课程教育,学生的思想道德素质和职业素养也获得了不同程度的提升,从而有效地提高了学生的综合素质和整体素质,也更加符合社会发展和企业发展的需求。职业意识教育可以划分为以下三个层次。

1. 较低层次的职业意识教育

较低层次的职业意识教育表现为劳动者只对职业类别和职业行为具有基础的认识,这种认识有些是正确的,有些是错误的。在开展职业活动的过程中,如果具有这一层次的职业意识,个体在进行职业选择和开展职业活动的过程中往往就以经济利益为导向,也往往非常感性和具有变化性。

2. 较高层次的职业意识教育

较高层次的职业意识教育表现为个体对职业具有较全面和深入的认识与了解,并具有准确的自我判断。在职业活动的开展中,能够理性、全面地完成自己的职业任务,具有良好的职业意识和职业精神。

3. 最高层次的职业意识教育

职业意识的最高层次表现为劳动者在职业活动的过程中,不再以经济利益为导向,转而重视职业的价值追求和自我价值的实现。这一类劳动者往往认识到职业活动的重要内在价值即自我价值和社会价值实现的重要动力,它是富于创造性的,也是具有重要实践价值和发展价值的。这一层次的职业意识具有理性、综合、平衡、稳定的特征,往往愿意通过不断的努力去实现自我价值。

(二)职业意识教育的作用

当高校开展了良好的职业意识教育以后,可以对大学生的发展起到很大作用。

1. 提升职业素质

树立良好的职业意识可以极大地增强个人职业追求和发展的动力,从而促进其职业素质的提高。

2. 强化职业精神

帮助学生充分认识和挖掘自身的职业潜力,增强职业学习活动的自觉性和能动性,巩

固其职业意志。

3. 为职业生涯导航

在人的一生中，职业生涯是最为辉煌、鼎盛的阶段，职业的发展是人生发展的重要组成部分。影响职业发展的因素很多，其中，职业意识具有导向和调节的作用，对个人职业发展影响重大。正确的职业认知、积极的职业情感、坚强的职业意志、良好的职业行为，必将推进职业生涯的卓越发展。

4. 帮助实现人生价值

人生价值是社会价值与自我价值的统一，也就是人作为价值主体和客体对自我需要与社会需要的满足程度。职业是实现人生价值的舞台。

## 二、大学生职业意识的培养

随着经济和社会的发展，产业结构不断升级，社会和企业对劳动者也提出了许多新的要求，对人才的要求也不断增加。一方面企业希望员工具有良好的专业知识；另一方面希望他们具备良好的职业素养，这也对职业意识培养提出了新的要求。大学生职业意识培养的课程主要包括五个层面的内容，即职业生涯规划、职业道德与法律、经济政治与社会、哲学与人生和心理学。这几门课通过不同的方向和视角，来推进大学生的职业意识培养与教育。大学生的职业意识培养是一个全面的系统功能，需要从不同的角度进行学习和培养，这需要大量政治、经济、社会和心理等层面的内容为支撑，从而起到良好的职业意识培养的效果。职业生涯规划的课程主要通过一系列的职业与职业生涯发展教育活动来开展，以提高学生对于不同职业的认识，帮助学生更好地进行职业生涯规划和职业选择，同时，它对于推进学生人生观、价值观和择业观的形成也具有非常重要的作用。通过系统的学习，学生对于不同的职业、需求、选择和规划过程都有了宏观的认识。同时，通过互动型的学习和交流，提高了大学生的组织协调能力、沟通能力、自我控制能力和创业能力，这样在未来的职业选择中，他们能够更加理性和从容地做出选择。

大学生职业意识的培养，有助于加强大学生的职业生涯规划。树立正确的职业意识，在未来的职业发展过程中产生一定的积极作用。进入高校后，学生学习和生活的环境都发生了变化，学校设置了多种专业，学生对于专业的认知、发展等都不太了解，对于未来的职业发展也缺少规划，更谈不上职业的选择。因此，必须加强对大学生职业意识的培养。通过有效的职业意识培养和教育，提高学生的职业意识和职业修养，帮助他们树立正确的职业价值观，并帮助他们更好地进行职业规划和职业发展。另外，通过有效的职业意识培养丰富的职业发展、规划的相关知识，在制定职业发展计划和职业生涯规划设计的过程中，综合社会发展需要和企业发展需求，确定职业生涯规划；以职业生涯发展规划为依据，制定学习的发展目标和方向，进行针对性的强化训练和学习，提高自己的专业知识和技能。通过持续不断的学习和努力，提高自己的专业素养、职业素养及人际交往能力，从而为职业发展奠定良好的基础。

经过几年的专业学习,大学生将很快进入工作领域,成为准职业人。职业生活和校园生活存在巨大的差异,其工作方式、生活方式等都存在巨大的差异,有些学生往往很难适应这种变化。事实上,由于很多大学生还没有进入社会,因此,对于社会和企业的具体情况不太了解,对公司的用人标准、选人标准也不太清楚,更谈不上未来的职业发展和职业生涯规划。通过加强大学生的职业意识教育,能够极大地提高课堂教学水平和质量。教学内容突破传统的知识内容教学模式,更加注重教学内容的务实性和实用性。近年来,许多企业对大学生素质的评价并不高,存在专业技能弱、职业意识和职业精神缺乏、工作不踏实等问题,与企业需要的人才相差很大,这大多是由于高校的教学活动和实践相脱节所导致的。

职业意识教育作为学生教育的重要内容,有利于提高高校教育的整体水平和质量,高校作为培养专业人才的重要场所,担负着培养学生专业技能、提高学生职业素养的作用,并引导学生更好地实现学生向经济人的转变。另外,通过有效的职业意识培养,学生能更加全面地了解社会发展和企业发展的规律、特征,明确不同企业的用人需求。通过针对性的学习和训练,实现学生向职业人的转换,使其能更好地发挥专业能力,从而实现职业生涯的良好发展。

### 三、提升大学生职业意识的途径

(一)树立"以人为本"的职业意识教育理念

英国评论家威廉·哈兹里特曾经说过:"就所有的生物而言,即使最强烈的内在本质,在很大程度上也是由其所处的外部环境造成的。"在推进大学生职业意识培养的过程中,应当重视环境和理念的建设。高校一直非常重视校企合作,但是传统的校企合作往往只是单纯地将企业的工作内容机械地加入教学内容,教学结果并不理想。因此,要提高大学生职业意识培养的水平和质量,必须首先树立"以人为本"的职业意识教育理念,强化班级的企业化管理。具体来说,在进行学生职业意识培养的过程中,要相信学生,引导他们进行积极的、主动的班级管理活动,结合不同学生的特点来开展职业意识培养。另外,在进行班级结构设置、成员划分和具体活动开展的过程中,必须以学生的特点为基础,从而提高大学生职业意识教育的水平和质量。具体来说,要从三个层面实现大学生职业意识教育过程中的人本管理。首先,重视学生的人性和个性,不断地提高学生学习的热情;其次,强化对学生的信任,引导学生进行创新和创造,提高他们的主动性和能动性;最后,必须突破传统的"重技能、轻德育"的管理思想,尊重学生,形成"以学生为中心"的培育模式,提高学生职业意识培养的效果,推动学生的全面、可持续发展。

大学生职业意识教育是一个系统的、长期性的工程,因此,在推进"以人为本"的职业意识培养的过程中,还必须与时代发展结合起来,形成"与时俱进"的大学生职业意识培养教育理念。首先,高校必须摒弃传统的理念与思想,对学校进行明确的定位,从而确定学校的办学思想,不断提高学校的教学质量和人才培养的质量。同时,应当引导学生形成符

合时代发展的价值观,培养他们的成才意识,从而实现个人价值与社会价值的统一,结合学生具体情况制定发展规划,最终实现人生发展的目标。充分发挥高校在培养学生方面的职能,让人们都认识到职业意识教育的重要性。其次,在学校的教学内容和教学计划中添加与职业意识培养相关的内容。以社会发展和时代特征为基础,制定教学计划和培养计划,积极推进教育教学改革,完善职业意识教育相关课程的设计与规划,实现及时传达国家政策、提高学生培育能力、培育学生专业技术、强化学生实践能力的发展目标,最终实现提高学生职业意识和专业素质的目的。最后,还必须加强对大学生职业道德的教育,培养学生的独立思考能力与创新创造能力,从而培养具备良好职业意识、职业精神和职业道德的优秀职业人才。

近年来,随着全球经济的发展和信息化时代的来临,国家与国家之间的沟通日渐加强,信息之间的交流也更加频繁,这些虽然为我国的发展提供了许多新的机遇,但是也滋生了一些新的问题。只有强化"以人为本"的理念,形成正确的价值导向,才能科学合理地面对问题、分析问题和解决问题,从而有效地抵制这些不良的影响。在长期的发展过程中,马克思主义理论的科学性也获得了证实,在推进大学生职业意识培养的过程中必须重视和强化马克思主义的指导作用,用辩证思维和唯物主义观点分析和解决问题。特别是引导学生将这些方法运用到解决职业选择与发展过程中出现的问题,引导学生树立正确的人生观、价值观和职业观,摒弃学习生活中不良的习气,提高学生的独立能力,使他们在面对困难和挫折的时候能够保持更加理性的状态,从而做出正确的职业选择。

(二)发掘高校职业意识教育的内容资源

在高校开展职业意识教育,有利于提高学校教育的整体水平和质量,有利于推动我国教育事业的发展。近年来,我国一直积极培育和践行爱国、敬业、诚信、友善的社会主义核心价值观,这既是我国经济与社会发展的要求,也是我国文化与文明传承的要求。同时,积极培育和践行社会主义核心价值观,对于推进人的发展、社会的全面进步、实现中华民族的"中国梦"具有重要的价值和意义。在高校的教学活动中,应当积极推进爱国主义和集体主义教育,引导学生形成积极的人生观、价值观和择业观,充分发挥自己的优势,推动自我价值的实现。另外,在大学生的职业意识教育中,通过全面的职业意识教育,培养学生的自主择业意识,使他们在工作中能够更好地处理个人与集体之间的关系,能够更加有效地发挥学生的价值,从而实现个体职业理想与社会现实的融合。

1. 加强形势与政策课程教育

形势与政策课程是思想政治课程的重要内容,通过对学生进行形势与政策教育,让学生更加全面地了解国家发展、实事政治和党、国的政策。培养学生宏观思考能力、分析问题和解决问题的能力。首先,强化形势与政策教育,在课堂中引入时事热点、国家政策、社会问题等进行讲解和讨论,通过团体性的讨论、分析、沟通和交流,有效地培养学生分析问题、解决问题的能力,也有利于加强学生的沟通、交流能力。其次,通过加强形势政治课程教育,大学生的责任心、事业心、社会实践能力和分析能力得到极大的提高。

**2. 强化社会主义核心价值观和形势政策教育**

这有利于大学生形成良好的职业意识,促使他们更加理性地进行职业选择。职业理想是指人们对职业目标和职业成就的一种追求。职业理想是学生的一种追求,是职业价值、社会价值和社会理想的重要内容。高校是国家培养专业技术人才的基地,必须强化对大学生的职业理想和职业方向教育,让学生更加全面地了解不同职业的工作性质、工作内容和发展前景。首先,应当积极地引导学生树立职业发展的目标,并树立远大的职业理想。其次,要引导学生形成务实的就业理念,明确目前的就业形势与发展情况,形成更加务实的职业理想和职业目标。高校通过有效的教育和引导,使大学生形成理性的择业观,摒弃一些功利的个人主义价值取向。在面对困难和挫折时,引导学生能够更加冷静地去处理,从而培养其积极进取的精神。职业价值方向是指个体在进行职业选择时的一种价值取向,包括以个体为主的价值取向和以社会为主体的价值取向。高校在进行职业方向教育的过程中,要结合学生的基本情况,进行集体主义教育和爱国主义教育,不断强化教育的一致性和发展性,从而有效地促进个人利益、集体利益与社会利益的实现。同时,让学生认识付出和收益之间的关系,明确不同职业的价值,只要通过自己的努力,在任何一个行业都会取得成绩,实现自我价值。

**3. 强化职业生涯规划教育**

通过合理的职业生涯规划,个体能够更加有效地明确自己的定位,根据自己的发展规划制定自己的发展方向。高校应该为学生提供一个完善的、系统的指导,协助学生更好地完成职业发展规划,明确自己的发展目标和方向,从而有效地解决学生在职业生涯发展过程中遇到的问题,引导他们更加理性地处理个人与社会、组织之间的关系。通过强化大学生的职业生涯规划,使得学生明确自己的发展方向,从而提高他们进行职业选择的科学性。

**4. 强化职业心理素质教育**

职业心理素质是一种个性特征,通过个体的职业活动展现出来,它既包括个体的职业意识、职业情感、职业意志等方面的内容,还包括各种智力和人格相关的内容等。职业心理素质的评价主要通过以下几个方面进行:诚实守信、爱岗敬业、脚踏实地、自信果敢等高尚的职业品质;明确专业内容及其价值体系;遵守国家法律和社会规则,重视职业道德;具有良好的人际沟通能力和协调能力;具备良好的群体合作意识,能够实现与别人的协调合作;具有较强的竞争意识,能够勇敢地面对困难和挫折;具有创造力和创新性,对新事物充满好奇心。高校的职业意识教育必须重视学生的心理素质培养和教育,提高学生面对困难和挫折的能力,从而使其能够更好地适应社会发展和职业发展的需求。

**5. 强化职业道德教育,破除错误的职业观**

职业道德是指人们在职业生活中应遵循的基本道德,即一般社会道德在职业生活中的具体体现,是职业品德、职业纪律、专业胜任能力及职业责任等的总称,属于自律范围,它通过公约、守则等对职业生活中的某些方面加以规范。学生个体职业道德的发展和变

化受到许多因素的影响,包括家庭环境、社会环境、教育模式和方法等,影响着个体的人生观、价值观的形成,也影响着个体职业观的形成与发展。职业道德教育是一个复杂的系统工程,它受到很多因素的影响。家庭作为学生职业道德培养的第一个场所,父母的人生观、价值观、职业观和工作选择都会影响孩子的职业观的形成,因此,必须重视家庭在职业教育中的重要作用。父母应当重视榜样作用,通过交流与分享,帮助孩子做出更好的职业选择。孩子自小生活在家庭中,深受父母思想和行为的影响,也最先形成了对于职业、职业选择、职业道德等的客观认识。通过与亲戚朋友的交流,了解不同行业和职业的基本情况,并形成对于职业道德的基本认识。父母是孩子最好的老师,不仅要为孩子树立良好的榜样,而且要在孩子思想出现偏差、行为出现问题的时候,帮助他们纠正和改正错误,通过与孩子的交流和互动来形成正确的人生观、价值观和职业观。另外,还应当强化家庭教育与学校教育的协同,配合学校开展职业教育活动,为孩子职业道德的培养提供支持和帮助。同时,应当鼓励孩子参与社会实习和实践活动培养学生的独立能力,改变他们对于职业的错误认识,让他们认识到不同职业的价值,从而提高职业意识教育的水平。大学生职业意识教育也需要社会的配合,社会作为职业的滋养地,对于推进学生的职业意识教育也具有非常重要的作用。必须充分发挥社会在学生职业意识方面的积极作用,通过榜样人物、职业教育等形式来推进大学生职业意识的教育。充分发挥社会的正面引导作用,通过报刊、舆论等媒介来进行价值观的传播,引导大学生改变错误的观念和做法,形成正确的职业观。另外,还要发挥政府部门及其他职能部门的作用,完善相应的政策、法律法规和制度,充分利用公众平台为大学生的职业意识教育提供支持,形成一个完善的职业意识教育体系,通过全方位的沟通与互动,推动大学生职业意识教育的发展。

(三)加强校企合作,提升学生的职业技能

校企合作是学校与企业建立的一种合作模式。校企合作是一种"双赢"模式,做到了学校与企业信息、资源共享。学校利用企业提供设备,企业也不必为培养人才担心场地问题,实现了学生在校学习与企业实践的有机结合,使学校和企业的设备、技术实现优势互补,节约教育与企业成本,是一种"双赢"模式。学校通过企业反馈与需要,有针对性地培养人才,结合市场导向,注重学生实践技能,更能培养出社会需要的人才。企业作为学生实习、实践的重要平台,对于学生职业意识和职业精神的形成具有重要的作用,有利于提高学生的专业技能,加强了理论与实践的结合。为了帮助学生养成良好的职业意识,必须加强企业同学校之间的配合,以校企合作管理平台为基础,依托企业多年的经验和实际环境,使学生更加真实地了解职场的情况。通过实习实践活动,了解具体的工作内容、工作流程、管理制度和生产流程等内容,同时,进一步了解组织结构、企业管理、文化建设等企业管理的相关知识,更加明确不同企业对于员工职业素养的要求。在实习实践的过程中,学校与企业之间要形成良好的互动机制,在学生犯错误的时候,要及时进行沟通和交流,帮助学生改正错误的职业行为和思想,不断提高他们的专业技能和知识经验。高校还必须加强与企业之间的沟通和交流,以企业需求为导向,来进行教学计划的制定和教学活动的开展。例如,可以开设"形势与政策""职业道德"等课程,还可以开展一些多样化的讲座和座谈,内容包括职业生涯规划、职业道德等,从多个层面来加强对学生的指导,强化学生的职业意识和职业精神。另外,还应当改进和更新传统的教学方法,将任务法、导向法等新的方法引入职业意识教育课程,充分发挥学生的主动性和积极性,积极推动学生技能的提高。健全和提高师资队伍建设,培养和引进"双师型"人才,让企业的优秀人才参与高校的教学活动,加强高校与企业之间的沟通与交流,使学生有机会学习和了解最新的企业知识与企业技术。

(四)加强实践基地建设,提高学生的实践能力

实践基地作为学生实习的重要内容,对于提高学生的实践能力具有重要的作用。学生在参与实践基地的实践活动中,将习得的知识运用于实践,以提高大学生的实践能力。其实质是一个知识和能力的整合过程,是学生职业素质和职业能力综合提高的过程。因此,高校应当积极为学生的学习实践创造和搭建平台,鼓励更多的学生参与到实习和实践活动之中,通过实践锻炼来提高自己的综合实力。首先,高校应当积极推进实习、实践基地的建设,加强与企业之间的联系,加强与企业之间的合作,为学生的实习、实践活动提供平台。通过大量的实习和实践活动,大学生在真实的场景中体验工作生产与建设,有效地提高专业技术能力和综合能力,极大地加强了理论教育与实践教育的结合。其次,学生通过在真实的工作岗位工作,进一步明确了工作的流程和工作内容,更加明确了作为一名职业人与学生之间的不同,对于以后实现由学生向职业人的转变具有积极的作用。最后,在具体的教学实践和教学活动中,应当增加实践教学的内容,以"工学交替"为原则,改革教学方法与教学模式,加强理论教学与实践教学的互动。

## 第三节 大学生职业精神

### 一、大学生职业精神的内涵

职业精神是人们在职业活动中所表现出来的具有自身职业特征的精神。由此不难看出,职业活动是职业精神产生的根源和主体,离开了生产或者职业活动,谈职业精神就是"无源之水、无根之木"。

首先,职业精神与社会精神有着不可斩断的"血缘关系"。由于职业活动的作业方式的不同,职业精神往往带有明显的圈层特征与特定利益诉求,表现在职业习惯、职业操守、职业规范等方面,不易与其他职业活动的职业精神产生重叠与跨界。但职业活动又是整个社会活动有机组成部分,职业分工的不同虽然会导致职业精神的差异,但基于整体社会价值的认知共性,职业精神在不同职业领域也存在一些密不可分的基础价值认同。在整个社会活动基础框架的制约下,允许并存不同职业精神的个性独立与多元发展。

其次，职业精神的表述既可抽象也可具体，在职业道德、职业理想、职业信条等方面对成员的要求是一种模糊的抽象的表述，更偏重社会"普世价值"，而在职业规范、职业技能、职业习惯等方面对成员的要求却是具体的、带有很强的工具书色彩的，具有极强的可操作与可实践性。

最后，伴随着职业活动的世代相传，职业精神的传承力也得到了强化。正是基于这种强烈带有世袭色彩的精神索引，才能保持职业活动的一致性、群体性与稳定性。然而，随着时代的发展，生产工具、生产资料的变化，对职业活动的要求也更高，与之携进的职业精神也相应改变，在传承中变化，在变化中传承，职业精神在传承中是有规律变化的，但具有极强的自我调整与适应能力。

职业精神主要包括"职业理想、职业态度、职业责任、职业技能、职业纪律、职业良心、职业信誉、职业作风"这几个方面，涵盖了职业生活中大学生职业精神教育"不仅要学生树立职业意识，而且要培养学生优秀品质，更要养成良好的职业习惯"。

（一）职业理想

职业理想是人们从事职业活动所希望达到和实现的利益顶端与价值极致。职业理想分为三个层次和阶段：（1）初期温饱型——仅仅通过职业活动满足个体或者家庭的生存与生活需要；（2）中期完善型——通过职业活动满足物质的丰裕感和专业的成就感；（3）后期社会型——在利益积累达到一定程度后，专注于社会服务与贡献的责任感和使命感。对于大学生而言，需要让其明确三者关系，为其指明职业理想的演变进程，激发其结合自身发展阶段寻找职业理想的力量与快感。

（二）职业态度

态度如何决定行为结果最终如何。在职业活动中，良好的职业态度是一切职业行为的开端和最好的催化剂。它直接决定着生产价值的高低、好坏，也直接影响其自我社会认可的程度。在学校教学过程中，每一位老师都应"身正为范"，用自身积极的职业态度潜移默化地影响学生的职业态度的确立，并在教育实践中不断强化"态度决定命运"的认知。

（三）职业责任

职业责任是从业者在职业活动中为实现职业利益、规避职业风险所要承担的责任，这不仅事关个体的职业要求，而且影响着社会、企业与个人。个体的职业责任在某种程度上会影响企业的声誉与社会的舆论。因此，在职业教育过程中，培养学生每一任务、每一岗位的责任意识，促进学生责任意识的养成，是日后个人在事业、生活方面成功的保障。

（四）职业技能

职业技能可以说是职业教育的立命之本，高校所培养的合格的初、中级技工人才将成为中国"制造业强国"梦想实现的重要保障。只有成熟、专业、高效的技能要求，才能够有效地把生产资源转化成具有世界竞争力的生产商品，才能肩负起壮大社会主义繁盛工业的光荣使命。

### （五）职业纪律

职业纪律是把双刃剑，一方面，它约束着从业者的行为、活动，有着一定的被迫性；另一方面，它也保障了从业者的自由、利益不受其他人侵害，同时有着高度的自觉性。纪律性的养成有助于劳动者更好、更快地融入集体，发挥自己的劳动价值，从中得到快乐。同时，良好的纪律观念也是一个人工作进步、事业成功的必需保障。

### （六）职业良心

职业良心是一种自发行为，是一种严格要求的自我监督机制。它贯穿职业活动的前、中、后，事前理性预判、事中正确执行、事后深刻总结，最大限度地维护职业集体的劳动成果和业绩利益。这一切都是在没有任何外力压迫下的发自内心的热情与执着，这是一种个人荣誉与集体利益高度结合和靠拢的精神结晶，它将会使劳动者获得不断进取的内在动力。高校学生职业良心的养成应从在校期间的一点一滴做起，养成良好的自我检查、自我监督习惯。

### （七）职业信誉

职业信誉是一把标尺，它是企业、个人在面对社会公众与评价时的道德刻度与价值天平。履行当履行之义务，承担当承担之责任，言必信，行必果，知义而敢先当，知耻而能后勇，知仁而能自爱。它是一种在利人利己的准则指导下，企业和个人面对社会拷问时的从容不迫。

### （八）职业作风

职业作风是职业习惯的高度集成，从而影响一群人形成独特的职业风尚。冷静、沉着、干练、敏捷，代表的不仅是高度的生产效率，而且是从业者自我个性张扬的窗口和自我价值实现的挑战。正确的职业习惯形成良好的职业作风，对每个人尤其是在校大学生而言，在学习中养成的优良作风，会直接影响其今后在工作当中的表现。因此，在就业的预备阶段，学校就应适当培养学生保持优良的生活习惯和作业习惯。

## 二、大学生职业精神的基本特征

职业精神的养成目的是在实践中取得更好的成绩。高校职业精神教育体现在敬业、勤业、创业、立业四个方面。大学生是要被培养成为我国社会、经济建设服务的具有初、中级技能的综合型应用人才的，高校职业精神教育有以下几个特征：第一，必须紧紧围绕职业活动展开。作为职业活动的"孪生兄弟"，大学生的职业精神教育必须建立在职业活动体验、感知、理解的基础上才能够行之有道地展开。只有走这条捆绑式的通路，才能事半功倍。第二，价值输出是社会、企业、学校、学生的协同进程与作用。社会有需求，企业有标准，学校有理念，学生有想法，只有四者高效统一，才能使高校的职业精神教育有的放矢。第三，教育体系是综合化全面考核。理想、习惯、信誉、技能四方面的培养并非一朝一夕，也非一人之力能竟之事，需要全面的资源部署与人力考量、强力的师资支撑、高度的上下重视、全面的深刻影响，任重而道远。

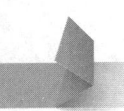

### 三、大学生职业精神的培养途径

职业精神教育的生活化与实践化已刻不容缓,以平等的姿态、新颖的教法、活泼的形式理解学生、尊重学生、激励学生,才能把他们培养成有血、有肉、有"魂"的人才。大致可采用两个主要渠道作为职业精神教育的理想通路和平台——教学活动实验和职业活动体验。教学活动实验实现专业课与德育课的相互渗透、学校和企业的高度交集、教师与学生的多层次且全方位的互动;通过深挖教材内容、拓宽教学视野,化繁为简,化深为浅,以学生易于接受的丰富多样的教学方式解决职业精神教育的兴趣度和接受度问题。职业活动体验,通过模拟车间、模拟工厂给学生提供仿真的工作环境,让学生反复多次地进行岗位练习,并以企业的各项制度和考核目标严格进行角色模拟,形成"上学如上班,上课如上岗"的职业惯性,以使学生提前进入工作的角色,日后更好、更快地进入职业轨道。

#### (一)通过教学实验加强职业精神培育策略

**1. 与专业教学相互渗透的模式**

我国的传统教育理念——"文以载道,文道结合",要求将人的知识培养与人格的完美相结合,这强调了人的精神完美的要求。高职教育要从符合人性发展的高度培养个体适应社会发展的各种能力。走出德育课堂,走进专业课堂,让职业精神教育与专业课教育进行融合,使高职学校育"社会人"的教育目标得到高度实现。这种教学模式,在最终考核时,也不仅仅是以传统的笔试成绩为标准,而且是综合学生的日常表现、实践操作、教师评价、学生互评等多种评价方式。这一过程,让教师和学生全员加入学生职业精神养成,提升了大家对职业精神的认识,强化了专业课教师对学生职业精神养成的责任。在现实教学活动过程中,职业精神的教育与专业课教学相互渗透、相互促进的模式,最符合教学规律的要求,也是最有效的。

**2. 校企合作互动教学模式**

校企合作互动教学模式是职业精神教育最有效、最直接,也最能反映职业教育特点的一种途径。高校职业精神教育始终都是在校企双方共同协商、共同努力、共同合作的基础上进行的。学校职业精神教育总是理想工作状态下对学生的一种教育,受环境、教师观念、教育理念等多方面的影响,其成果到底如何,企业中的现实工作是最好的审查场所,拥有最有力的审查尺度。而校企合作,能将最具现实意义的职业精神价值尺度搬进学校,深入学生的日常学习生活,加速强化学生职业精神养成。校企合作模式可以根据实际情况以多种多样的形式展开。例如,由合作企业派遣专家组亲赴学校参与实际的教育教学工作,成立"企业指导委员会";又如,学校与合作企业人事部门可以建立长期的合作关系等。通过校企合作,可以开展多方面的活动:一是校企双方共同商讨,制定学生的职业精神养成计划、教学内容和课程安排,进一步丰富职业精神教育的形式和内容;二是企业为学生提供实训场所,让学生感知真正的劳动环境,从而促进学生职业精神的养成;三是聘请优秀的具有典型代表意义的一线技术工人作为职业精神教育的辅助教师,用真实的工作经历、生动的职业案例和感人的职业精神教育学生职业精神的养成；四是请技术能手、劳动模范、社会知名人士来校演讲，或是组织学生有序进入企业参观；五是在相互合作中让企业参与学生职业精神评估工作，这种评估结果更具实际指导意义，更易于得到学生的认可和接受。实践证明，这种校企结合开展职业精神教育的模式，更直接、更有效、更具教育意义。

3. 师生互动的教学模式

师生互动是指师生之间发生的一切交互作用和影响，是一种新型的师生关系。这一教学模式是师生充分思考、讨论和交往，积极互动，共同成长和发展的过程。在这一过程中，教师是主导但绝对不是权威和主体，学生才是课堂的主人和主体，双方的相互作用不可忽视。师生课堂互动机会均等，身份、地位、人格平等。教师的主导地位并不是指知识灌输的单向权威性地位，而是教师要扮演好建立和推动师生互动关系模式的角色。建立一个学生广泛参与、充分交换、认知深度碰撞的民主自由的互动模式远比家长制的裁判模式更为重要。师生互动可以分为以下三种类型：第一，通过案例，相互探讨。讲故事、说案例在教学实践中更容易激发学生的兴趣点，吸引学生的注意力，调动学生的学习兴趣和参与热情。第二，多媒体课件是职业精神教育教学非常实用的辅助手段，课件中的视频、漫画、哲理故事、名人名言、动画等，会给学生更多直观的感受，会让课堂更精彩，使学生认知兴趣浓厚，参与热情被调动，接受度提高，往往能够取得事半功倍的效果。第三，随着信息工程的不断发展，网络技术的不断提高和完善，智能手机的普及性应用，以微博、微信为代表的新兴媒体已经逐步渗透到人们生活的各个领域，可以预见的是，这种新型的传播媒介和信息平台将对未来的职业精神教育产生重大的影响和作用。通过微博和微信对以学生为主的粉丝群进行群组式推送，使职业精神教育真正突破教室的方寸空间，实现全天化、即时化和生动化的传播和实践。

（二）立足职业，促进职业精神养成

行业是职业学校教育的出口，加强职业学校与行业的联系，促进教育与行业生产的结合；尊重教育规律，结合行业生产实践，培养学生的职业精神，促进学校教育的发展和学生全面发展。国家通过政策支持、资金扶持，大力发展校企合作，强化学生职业精神，这是一种行之有效的策略。英国哲学家罗素说："选择职业就是选择将来的自己。"可见职业的选择直接关乎一个人的未来。对大学生进行职业精神教育不仅是一种知识的传递，是一种能力、精神品质、价值观和行为方式的教育，而且是教一个人选择有尊严的生活，选择未来。

1. 激发情感，形成自觉职业意识

职业情感是指人们对自己所从事的职业所具有的稳定的态度和体验。职业情感可以驱使从业者从内心深处产生对自己所从事职业的理解和需求，在实际工作中表现出对自己的岗位无限热爱和乐于奉献，并积极影响着职业精神的养成。榜样的力量是无穷尽的，利用工学结合的优势，以合作企业的先进人物的先进事例做示范，以榜样的力量诠释职业

精神，弘扬职业正气。同时，学校可以邀请企业中的劳动模范、优秀员工、操作能手不定期来学校做讲座、座谈等，通过先进事迹的宣传和榜样力量的激励，感召学生确立为人民服务的职业理想、树立端正的职业态度和努力提高职业技能的决心。在不同的专业之间，应选择不同的典型人物和先进事迹有针对性地宣传，这样职业精神教育效果会更好。"干一行，爱一行"，相信"三百六十行，行行出状元"，这是职业情感激发的动力和最终目的。只有全身心的热爱，才会有全身心的付出，才能得到全身心的成就感。企业是职业人才培养成功与否的最终检验场，在教育过程中带着企业的职业精神要求去育人，就如同带着答案解题，更加直观，让人一目了然。同时，企业的诉求，更容易植入学生的职业意识，也利于毕业后学生更好、更快地适应企业的发展。激发学生的学习自觉性、积极性和主动性，仅仅依靠课本内容和案例是不够的，而校企合作能够为学校教育提供更加新鲜的、具有现实意义的教学案例，对课本内容形成有效的补充，以达到更好、更理想的教学效果。

2. 采用多元教学模式

职业学校最终教育成果成功与否以企业的标准为尺度，所以，在学生职业精神教育过程中应开展更有针对性的、体现相关企业要求的具体教学活动。第一，教学方式多元化。首先是教学形式现代化，可借助学校现有资源如多媒体、播放器等形式，有效开展音频、视频结合的教学；其次，根据不同的需求，可在教室、生产现场、报告厅等场合进行教学活动；最后，形式不仅有传统讲授，还有大型讲座、集体讨论、生产现场实操体验等。第二，考核评价多元化。结合笔试、任课老师的评价、实习场地的表现等得出更加综合的考核结果，进一步促进学生自觉培养职业精神和意识。第三，从教人员多元化。职业学校是培养学生职业化的场所，而企业中的专家能手、劳动技术模范等都可以任教，参与学校的教学计划制定和学生的教育活动，使职业教学从教到学的过程全方位、多层次的多元化，以达到学生职业精神养成的最终目标。

3. 案例引入

案例教学是指在教学过程中设立一些与教学内容要求相关的现实生活中的场景，并组织学生有目标、有秩序地参与，通过思考、讨论相关问题并形成解决方案来进行学习的一种教学方法。案例教学法由美国哈佛法学院前院长克里斯托弗·哥伦布·朗代尔首创，后经哈佛企业管理研究所所长郑汉姆推广，传播全世界，被认为是代表未来教育方向的成功教育方法。将案例教学法引入职业学校的职业精神教育，更加突出职业教育服务社会的特点，强化学生对于职业的认知，调动学生职业学习的主动性、积极性，从而更快、更好地提高教学质量，达到教学目的。引入案例教学法进行职业精神教育应注意以下几点：

第一，选择恰当合适的案例。选择恰当合适的案例是案例教学成功与否的基础和前提，选择贴近学生、源于生活又符合教学内容要求的案例是案例教学成功的先决条件。在案例教学过程中，最便捷的案例来源途径有两个：一是学校的就业指导服务中心，二是与学校有合作关系的企业单位。来源于这两个途径的案例最具代表性和典型意义。在案例中引入长期的合作企业,有利于学生提前认识该企业,体验工作环节,用可观、可感、可触的方式培养学生树立职业意志、职业责任感、吃苦耐劳和集体协作精神等,真正促使学生树立行业、企业需要的职业精神。也可多方协调,让学生独当一面,独立担任一定的顶岗操作任务,去感知真实的职业活动和良好职业精神在生产中的重要意义,从而促使学生自觉培养自己的职业习惯。

第二,通过教师和学生的有效总结,提高学生对于职业精神的认识,从而内化职业意志,提高从业品质;外显职业行为,将爱岗敬业真正融入学生的实际行动中。另外,可参照企业对于员工的拓展训练,通过深入实际的体验训练,使学生在亲身参与中得到成长。学校与教师不断的外部督导,帮助学生内化行为习惯,从而养成良好的行为习惯和职业精神。

4. 技能与职业素养并重

职业技能,即指学生将来就业所需的技术和能力。这是学生在职业学校学习的目的和最直观的考核标准,也是企业十分看重的一个方面。学生是否具备良好的职业技能是职业学习和学校教育成功与否的标准。在职业精神培养中,职业技能是从业的硬件要求,其他的职业理想、态度、责任、纪律、良心、信誉和作风都建立在职业技能的基础之上。在学生职业技能训练提高的同时,引导学生学会"做人""做事",继而"成人""成才"。只有通过职业硬件和软件的共同培养,一个完全独立的职业人才能成长起来,职业教育才算是成功的教育。角色模拟是职业技能提升最为有效和主动的手段。当学生进入一个高度仿真的生产实践环境,便会自觉约束自己,以企业规定的标准来严格要求自己。而角色扮演,让学生真正参与实践、增强感知,在工作环境和角色体验中更好地理解行业、企业的生产需要和自身需肩负的职业责任,帮助学生更好地理解职责规范,确立职业技能学习的意志。在这种教育实践中,每一位身在其中的教师应以身作则,为学生垂范,以外化的语言、行为和内在的精神同时对学生进行有效的教育,和学生一起遵章守则,严格考勤;爱护设备,有序生产。仿真的情境实训,使学生在情境模拟中,不断强化自己的职业习惯,继而养成良好的职业精神。这种方法不仅促使学生被动养成良好行为习惯,而且促使学生积极参与,从而形成职业行为内外一致,符合行业、企业要求。

(三)产、工、学结合,多样化职业精神教育方式

工学结合,校企合作,半工半读是我国一直倡导的职业教育人才培养模式。"产"是指产业,"学"是指学校,"产学结合"即产业与学校相互配合,发挥各自优势,集研究、开发、生产于一体,形成最优化的结合,并在实际运行过程中创造最优化的生产结果,体现结合的综合优势。对于学校而言,产学结合是面向社会,发现市场需求,培养社会需要的专业应用型人才的重要途径。产学结合切实从企业生产需要出发,着重培养学生的综合素质和实际能力,使职业教育目标更加具体明确。

职业意志是指人们在职业实践中所表现出来的克服困难的毅力和坚持的精神。职业意志往往是从业者忠于职守、甘于吃苦、乐于奉献的开始,是一个人经得住各种职业考验和磨

砺,克服困难和挫折的基础,是取得职业成功的前提。职业活动中困难和挫折比比皆是,只有职业意志坚强的人,才能积极行动、克服困难,经受住考验和锻炼,在职业活动中取得巨大进步。因此,大学生应该学会锻炼自己的意志,自觉有意识地训练自己的意志品质。

学校在教育实践过程中,也应不断强化,使学生的内在职业意志外化成为学生自觉的职业行为习惯,将学生的职业精神养成与专业及实操课紧密结合起来,做到贴近企业,贴近生产。为了督促学生职业行为习惯的有效养成,学校教育中的科学引导和监督是必不可少的。实践证明,坚持做到学生职业纪律教育与学习纪律教育相结合,职业精神教育与学生行为规范教育相结合是一条有效的教育途径。学校的实习环节模拟的是企业的生产环节,但两者又有很大的区别。学校允许学生犯错、试错,并且以说服教育为主;而在企业生产中,员工犯错是要付出相应代价的,一般体现在劳动报酬中。学校的实习环节不应是与企业实际断开的,更不应该成为可有可无的摆设,它应该成为真正意义上的准职业活动和职业活动的缓冲通路。它必须是一种逼真场景的职业活动预演舞台,提供更为真实的职业体验。因此,在学校实习过程中,教师应制定具体明确的标准和要求,做到有布置、有检查、有评估、有惩罚,将优质劳动换得优质回报和认可的职业理念潜移默化地植于学生思想观念。学生在长期的学习中一旦养成了自觉的职业意志,就能在实践中坚持不断地承担自己的职业责任、完成自己的职业义务,并能据此影响企业的发展。拥有这种坚定果敢的职业意志,是一个职业人职业素质高低的标志。

职业精神的常规实践,是根据职业精神培育的目标和任务开展有效的教育活动,对学生进行有要求、有标准、有计划的实训,在具体的活动中启发、培养学生的思想,帮助学生养成符合社会要求、企业需要的良好的职业行为习惯。实践法重在对学生的意志和行为的锻炼培养,在一次次的情境模拟中,不断重复实践,促进学生行为和习惯达到教育要求并得到有效的固化。实践出真知,有效的实践活动是职业精神培育的有效途径。在教学实践中,可以创设条件带领学生深入企业生产一线,真实参观、参与生产劳动,与工人师傅亲自交流、亲自体会,促进学生在认知的基础上能在入职后迅速融入,这为学生符合企业要求的职业精神的养成奠定了基础。

## 第四节 大学生职业责任

### 一、职业责任内涵

"责任"一词有相当丰富的内涵,在古代汉语中,"责"和"任"没有连用,主要是强调"责",表示"责任、负责",如"若尔三王是有丕子之责于天"(《尚书·周书·金縢》);表示责问、责备,如"使先生自责,乃反自誉"(《汉书·东方朔传》)等。按照《汉语大词典》的解释,(1)责任是使人担当起某种职务和职责分内应做的事;(2)责任是做不好分内应做的事,因而应该承担的过失。责任是哲学、心理学、政治学、伦理学、社会学等多学科共同的研究对象,很难用准确的语言给它下一个统一的定义。许多思想家从不同的角度对责任做出了解释,苏格拉底把责任看作"善良公民"对国家和人民服务所应具备的本领和才能;培根把责任理解为维护整体利益的行为;马克思认为一个人有责任不仅为自己本人,而且为每一个履行自己义务的人要求人权和公民权。① 从中可见,责任是义务和权利的基础;并且责任和义务是不同的,即在责任的基础上产生义务,一个人应根据义务而行动,而且必须为尽义务而行动。马克思指出:作为确定的人,现实的人,你就有使命,就有任务。至于你是否意识到这一点,那是无所谓的。这里,"使命""任务"②指的就是人的责任,这句话的意思是作为一个有胜任能力的人,就有责任。在中国传统思想的概念里,"责任"是指个人主动尽职、效忠及个人对自己行为选择的不良后果负责。

(一)大学生的责任

责任不是平均分配的,同在社会中生活,不同的社会角色决定在社会中承担着不同的责任。它也不是一成不变的,是随着责任主体的发展而不断变化的。大学生责任是基于大学生这一社会角色而带来的责任。作为年轻人中的优秀群体,他们比普通人掌握着更多的知识和技能,具有较高的综合素质,肩负着更多的社会期待。正是因为这些知识和技能,大学生责任才有了它与众不同的内容与意义,社会也同样因此而要求大学生除了承担普通社会成员应尽的责任外,还对社会负有更多特殊的责任。在人类知识的宝库里,在群英荟萃的殿堂中,自由探索、追求真理、迎接挑战、克服困难、实现梦想、回馈社会——这就是大学生的责任。具体来说,大学生的责任可以划分为对自己的责任、对家庭的责任、对他人的责任、对职业的责任、对集体的责任、对社会的责任、对生态的责任、对全球的责任。总的来说,一方面对国家、民族、他人的生存发展和繁荣进步承担职责的使命,另一方面对自我、对自己人生承担职责和使命。

(二)责任意识的内涵

责任意识是指主体在理解一定条件下自身角色和社会要求的基础上,把握自身行为及其结果,使之符合社会要求的情感、意愿,是个体对角色职责的自我意识及自觉程度,是一种自我约束的价值取向,是社会意识的重要范畴。马克思强调一个人只有在其意志完全自由时去行动,他才能对他的这些行为负完全责任。具有责任意识的主体应该是自由自觉的、自主的、自律的,他的思想和行为是自愿的而非被迫的;反之,在丧失个性自由的强权状态下,按照某种要求去行动,并不能被视为具有责任意识。正确认识一定条件下社会的客观要求、自身的角色以及社会对此种角色的行为期待,就能预测行为的各种可能,对自身行为与社会要求的关系有清醒的认识,依据客观规律和价值规范对行为做出理性的判断。责任意识是个体对角色职责的自我意识及自觉程度的显现。"责任"和"责任意识"是两个既紧密联系,又互相区别的概念。责任是客观的范畴,而责任意识是主观的范

---

① 陈培永,赵金英.重思马克思的"公民"和"公民权"概念[J]. 2021(2018-5):47-53.
② 杨利文,侯竹青.从描述性到阶级性:中国共产党"富农"涵义的演变与确定(1922—1933)[J].苏区研究,2022(1):14.

畴。责任意识是社会个体从责任赋予者那里接受责任之后,内化于本人内心世界的一种心理状态,这种心理状态又是个体履行责任行为的精神内驱力。责任意识是个体从接受责任到履行责任的中心环节。在社会生活中,人们承担着各种各样的责任。从责任的性质和内容来看,责任意识主要有政治责任意识、经济责任意识、法律责任意识和道德责任意识等;按责任的客体分,将责任意识划分为四个维度,即国家责任意识、社会责任意识、家庭责任意识和自我责任意识。

(三)职业责任

职业是每个人生命中极为重要的一环,它既是生存的必需,又是人生价值得以实现的主要舞台。职业责任,就是从事一定职业的人们对社会和他人所必须承担的职责和义务。职业责任是一种职业的根本要求,它要求从业者把自己所从事的工作看作出于自身的愿望和意志,并承担相应行为的后果。职业责任意识实际上是社会责任意识的一种体现。职业责任与社会责任之间的关系是特殊与一般、个性与共性的关系。因为社会分工孕育了职业的产生,其发展也决定和制约着职业的发展,职业作为社会关系的一个重要方面,其分工决定了从事不同职业的人们对社会承担着不同的责任。社会的稳定和发展,需要各个行业各个岗位的工作者恪尽职守、兢兢业业,因而,社会责任的承担需要职业责任的自觉履行。高度的职业责任意识能引导人们把职业理想同远大理想结合起来,寻求个人需求、个人能力同社会需求的结合点,使每一个社会成员都能忠实地在自己的岗位上履行对社会、对人民的责任。大学生始终要步入社会,培养他们的职业责任意识,无论是对社会,还是对学生自身都大有裨益。要使学生明确职业责任是一种普遍存在的道德关系和道德要求,从事一种职业就意味着必须承担一定的职责。

## 二、大学生职业责任培养原则

原则,即基本规则,就是在一定条件下,人们观察问题和处理问题时必须遵循的准则。对大学生的职业责任的培养是思想政治教育的重要内容,其原则也是在思想政治教育原则的基础上,针对大学生职业责任存在的问题而提出的更具针对性的指导原则。

(一)以社会主义核心价值观为指导的原则

我国是社会主义国家,国家性质决定了我国的职业责任培养必须坚持社会主义核心价值观为指导原则,而不能一味地照搬照抄国外的观念和手段。各高校必须结合我国的实际情况,有针对性地制定符合我国国情的大学生职业责任培养的方针和方法。在我国新民主主义革命、社会主义革命和社会主义建设的伟大实践中,责任意识培养的内容始终同人民群众和人类社会的解放、社会主义事业的兴旺发达和人民群众的共同富裕联系在一起。在社会主义改革发展的伟大历史时期,责任意识培养的内容应当随着社会的发展变化不断调整,社会主体也应当在不断的社会实践中接受责任教育。当代大学生作为社会的优秀代表,理应承担起社会主义建设的伟大重任,他们所肩负的最为伟大的责任就在于对国家、对人民、对社会主义和共产主义事业的无私奉献。因此,在大学生职业责任培养过程中,始终将社会主义核心价值观贯穿其中,是确保责任教育正确方向,真正实现责任教育目标的重要保障。

(二)学生主体原则

学生主体原则是指在责任教育过程中,教育者应将被教育的大学生视为教育主体,充分尊重他们的主体地位,注意调动其自我教育的积极性,以实现责任教育目的的行为准则。简单来说,就是以学生为本,尊重学生的主体性,这是一切德教育取得实效的保障。这意味着学生不是"知识的容器""道德的容器",而是具有独立人格、自主意志与选择能力的主体,他们不仅是既定道德价值和道德规范的无条件的认同者与遵从者,而且是有理性的道德价值和道德规范的理解者与创造者。道德人格的树立和道德责任的培养是一个主体积极自主的过程,是一个借助自己的智慧努力探索、不断建构从而达到自主、自觉的过程,没有学生主体的自觉自愿的参与,就不可能有真正的道德发展。

(三)贴近现实原则

贴近现实就是融入生活,融入实践。传统道德教育多过分迷恋知识化、科学化、理想化,却遗忘了对道德教育更基础性的东西——现实生活。我国著名教育家陶行知曾讲:"是生活就是教育""不是生活就不是教育"。人的职业责任是在完成一定任务的实践过程中逐渐形成起来的,随着实践活动的变化而变化。古希腊教育家亚里士多德说过:我们做公正的事情,才能成为公正的人;有勇敢的表现,才能成为勇敢的人。

在教育中,一方面,要从大学生学习、生活中的点滴小事抓起,对小事的职业责任是对大事职业责任的基础,抓紧小事不放松,日积月累,养成做事负责任的习惯;另一方面,要根据大学生的特点,开展各项活动,给学生创造承担责任、体验责任的机会,使之在现实实践中不断增强职业责任,从而达到教育的效果。

(四)共同参与原则

将当代大学生职业责任弱化的责任全部归于当前大学教育的失误是不公平的,同样,将职业责任培养的任务全部归于大学教育也是不现实的。责任教育工作者必须充分认识到,只有发挥全社会的力量,全民动员,共同参与,责任教育才能真正取得实效。首先,要保证学校作为责任教育主要承担者的作用。学校应当是一个既培养学生谋生技能,又培养学生完美人格的场所。学校教育工作者应明确自身所承担的对当代大学生实行责任教育的重大责任,不以社会风气不正等理由推卸自身所应履行的义务,是保证责任教育取得进展的首要条件。其次,要实行学校与家庭的联动,由家庭来承担起责任教育的部分责任。家庭教育与学校教育在人生的不同阶段所发挥作用的比重有所不同。就大学阶段来说,学校教育的功能远远超出家庭教育,但不能就此否认家庭教育在责任教育中的重要性。家庭教育在责任教育中的体现,不外乎两个方面:一为言传,二为身教。学校教育工作者,应多与家长沟通,提示家长对子女职业责任培养方面加以正面引导,家长也应主动承担起自己应尽的责任,处处以身示教,做一个负责任的公民,潜移默化地影响子女。最后,社会参与。所谓"积水成潭""集腋成裘",就是说,人人都能以负责任的态度对待周围

的一切,社会也就会成为一个责任社会。一个处处充满职业责任的社会,就是大学生责任教育的良好外部环境。

(五) 循序渐进原则

道德责任本身是有层次性的。它不仅需要在观念上澄清一些基本认识,而且要在实践的过程中不断地付诸行动。主体对道德责任的认识有一个不断深化的过程。因为主体的责任观念与责任认知能力总是处于持续的积累和生成之中,职业责任的形成与发展是趋于深刻的。只有在循序渐进的教育中,才能铸就强烈的职业责任。职业责任是有层次性的,这就要求作为一个负责任的人,最基本的要求就是对自己负责,进而才能谈到对他人负责、对社会负责、对国家负责。以培养学生对自我负责为起点,强化大学生对自己最亲近的人负责,通过培养大学生对自己、对父母、对他人的职业责任,进一步升华为对社会、对民族、对国家的职业责任。

## 三、大学生职业责任培养体系

培养大学生的职业责任不是一蹴而就的,而是一项长期且艰巨的任务,需要全社会各个方面的积极参与,是一项系统工程。

(一) 加强思想教育,是大学生职业责任培养的基础

思想政治理论课是大学生思想政治素质教育的主渠道和主阵地。学校应充分利用这个主战场,积极推进教学改革,以符合大学生思想政治教育的时代性。学校在大学生职业责任培养过程中的专业性、系统性和规范性是其他任何教育形式都无法替代的。一是改革教学内容,要贴近大学生思想特点的实际,一定要在"以学生为本"的理念下,认真开展调查研究,准确了解大学生的思想动态,把握学生的脉搏,更新职业责任培养的内容,充分体现教育内容的民族性、国际性、时代性,充分提高教育的针对性和有效性,改变教育内容滞后的现状。二是改革教育方法,重视学生主体作用。利用情境教学、分组讨论、案例教学等现代化的教学手段提高教学效果。要充分挖掘各科教学中的职业责任资源,准确提炼和寻找学科德育的切入点,发挥职业责任的间接性、渗透性优势。

1. 营造良好校园文化

积极向上、丰富多彩的校园文化能够对培养大学生职业责任起到良好的促进作用,同时,能够为大学生践行责任提供渠道。为此,一方面应通过校园网络、校园广播、校园报刊等媒介加强对职业责任的宣传,并在教学楼、图书馆、学生公寓、学生食堂等学生密集场所通过张贴名人名言等标语标识,让学生感受到职业责任无处不在。另一方面应组织内容、形式多样的学生科研、演讲、辩论等学术活动,调动学生广泛参与,使大学生在接受教育的基础上,通过相互交流对他们应当承担何种责任、如何承担责任各抒己见,以增强大学生践行责任的主观意识。

2. 发挥网络引导作用

网络已经成为大学生生活的一部分,也成为他们了解、关注社会的主要途径,那么创

造性地开展网络职业责任,扩大网络文化的积极影响,必然会对大学生职业责任向更高阶段发展起到最具实效性的作用。第一,要加强校园网络自身建设,完善网络监管机制,有效控制网络不良信息的传播。网络是把"双刃剑",它为网络参与者提供各种信息和资讯的同时,也传播着不良的价值观和文化。如何利用好校园网,有效控制网络不良信息的传播,这直接考验着网络管理者的"智慧"。网络只是一种信息发布渠道,网上的信息还是人来传播的,网络的管理者既不能通过切断发布"路径"的方法限制信息传播者的言论自由,又不能放任自流。这就要求网络管理者具有前瞻性的眼光和高屋建瓴的智慧,制定切实可行的措施和制度,完善对校园网的监督和管理。第二,要重视主题教育网站的建设。开展丰富多彩的网站活动,将大学生责任意识的培养与趣味性融为一体。如果能够通过主题网站的建设,将大学生职业责任题材的内容建设成有吸引力、有趣味性的主题网站,甚至设计有关职业责任的情景小游戏,就会对大学生职业责任的培养起到意想不到的良好效果。第三,要重视校园网各大论坛的建设,培养网络上的教育者,引导大学生责任意识的发展。大学生职业责任一个重要的现状就是发展不稳定,容易受到外界特别是媒体和他人的影响。可以培养一部分专业的网络教育者,以普通学生或者论坛版主的身份,通过发帖、顶帖的方式有意识地引导舆论的方向,创造良好健康的校园网络环境,从而达到引导大学生群体职业责任向更高阶段发展的目的。

3. 对中华传统文化的精髓应采取批判继承、与时俱进的方针

任何一种文化,都是特定历史背景下的产物,是社会存在在社会意识中的反映,当它作为一种历史遗产流传到新的历史时期时,它本身又附着许多局限性。要使中华传统文化中的有益成分在大学生职业责任培养中充分发挥作用,不能局限于对中华传统文化具体内容和形式的沿袭,要给这些思想精髓注入新的活力。在培养大学生职业责任的过程中融入中华优秀传统文化思想,就是将其赋予新的时代内涵,一方面,以此作为教育的理论依据;另一方面,通过向大学生进行传统的思想教育,引导大学生树立起民族自尊心和自豪感,培养大学生对国家和民族的职业责任,并以此来抵制西方不良思潮对大学生思想的侵袭。

(二)优化育人环境,是大学生职业责任培养的保障

1. 优化家庭环境

家庭氛围的熏陶、父母的行为举止和儿时的经历都是影响大学生职业责任形成的重要因素。家庭教育在大学生职业责任培养中有着不可替代的作用。第一,培养子女独立的个性和成人意识,教育子女要对自己的行为负责。只有学会对自己的行为负责,才能逐步发展其他的职业责任。独立并不意味着对子女的放纵,而是培养他们独立处理问题和独自承担责任的能力和习惯。大学生大多已到成年的年龄,家长应该意识到大学生实际上已经是成年人,能够并且应该成为责任的主体,在思想、行为上要有意识地强化他们的成人意识,使他们明确成人应具备的素质、能力和行为责任。家长要在日常生活中注意培养子女的独立意识,引导并鼓励子女勇于承担责任,走出心理上的依赖,勇敢面对成长、走

向社会，帮助他们树立自信，鼓励他们自立、自强，真正负起成年人应该担负的责任。第二，家长以身作则，做好表率。父母是孩子的第一任老师，父母对待生活和工作、他人和社会的态度，以及待人接物和为人处事的言行，无不影响着子女人格的形成和道德的发展。父母负责任的态度，正直公正、宽容善良的言行会被子女模仿、认同、内化，所以，要培养子女的责任感意识，家长必须提高自身的道德修养，以身作则，做好表率。

2. 优化学校环境

教学中，应强调优秀历史人物"先天下之忧而忧，后天下之乐而乐"的崇高社会责任感。通过讲解蕴涵职业责任内容的经典文学作品，增强对大学生的情感陶冶等。

（三）培养高素质的教师队伍

要培养大学生的职业责任，就必须唤醒教师身上的责任感和使命感，不断提高教师自身的修养。教师不仅有"传道、授业、解惑"的职责，而且应该为人师表。心理学研究表明，"学生具有明显的向师性，教师的言行举动都是学生效仿的对象"。教师在承担责任方面的示范是学生最直接、最经常的表率，具有很强的说服力和感召力，对当代大学生职业责任的形成具有潜移默化的影响。只有具有高度责任感的教师，才能培养出具有高度责任感的学生。教师如果否定和推卸自己应当承担的责任，就会对大学生职业责任的培养产生极其恶劣的影响。因此，教师不但要以言立教，而且要以身立教，只有以高尚的人格品质和强烈的责任感感染、教育学生，才能收到良好的教育效果。

（四）发挥中华传统文化精髓理念的引导作用

中华优秀传统文化指的是中国社会在长期发展过程中逐渐形成并支配着大多数人的具有积极意义的价值观念、道德标准和行为规范等因素，是一个蕴含着丰富内容的综合体。博大精深、源远流长的中华传统文化为中华民族的发展提供了宝贵的精神财富，为增强中华民族的自信心、凝聚力和向心力，培养中国人民树立正确的世界观、人生观和价值观奠定了坚实的历史基础。中华传统文化所倡导的"天下兴亡，匹夫有责""先天下之忧而忧，后天下之乐而乐""因民之利而利之""正心、修身、齐家、治国、平天下"等思想精髓为当前我国大学生职业责任培养提供了丰富的理论依据。因此，如何将中华传统文化思想的精华渗透到大学生职业责任领域应把握以下几个方向：

第一，深入发掘中华传统文化中蕴含的科学教育理念。博大精深的中华传统文化蕴含着丰富、深奥的教育理论，为大学生职业责任的开展提供了宝贵的实践依据。例如，孔子是世界上最早运用"因材施教"方法并获得成功的教育家。在长期的教育实践中他创造了从学生实际出发，运用启发诱导的方法，调动学生学习的主动性、积极性，以实现培养目标的教育方法。此外，中华传统文化中所倡导的"克己、修身"观念，突出了大学生在职业责任中的主观能动性。营造一个良好的社会舆论氛围，大力宣传"爱国守法、明礼诚信、团结友善、勤俭自强、敬业奉献"的基本道德规范，使广大学生在无形中受到舆论氛围的熏陶，自觉地承担起应该承担的责任。

第二，健全社会主义民主制度。民主法治是培育公民职业责任的重要条件。大学生作为公民的一员,公民整体职业责任的提高,当然也能促进大学生职业责任的强化。民主就是尊重不同利益,运用公共理性寻求能够最大限度地满足公民愿望和公共利益的政策,因而是一种最优的治理形式。它能够有效回应多元文化社会的某些核心问题,尤其强调对于公共利益的责任,促进公民与政府的相互理解、辨别所有政治意愿,以及支持那些重视所有人需求与利益的具有集体约束力的政策。建立在包容、平等、自由、回应、互信基础上的政策过程有利于消除传统行政高高在上的地位,不断增进公民对政府的认同,养成自愿为公共利益服务并负责的精神品格。同时,民主制度和民主理念使公民通过民主程序与国家之间进行一种持续不断的沟通,使公民在社会生活中表现得更有理智,而不是被动地接受和服从。要积极推进民主建设的进程,不断创新公民参与公共事务的机制和方式,提高公民的职业责任和能力。

(五)深入完善责任评价机制

加强社会舆论、道德风尚习惯等社会道德评价机制对大学生职业责任的影响,建立以责任为中心的道德调控体系,形成一种立体的调控网络。广泛宣传责任理念,一方面,褒扬积极承担责任的正义行为,如见义勇为、舍己救人的行为,要视情节给予保护和奖励,通过社会激励促使社会成员勇于承担责任;另一方面,追究未承担责任的不义举动,把道德的感召力和榜样的吸引力加以放大,形成强制性的价值引导和行为规范的社会力量,创造积极的社会氛围,消除社会变革中不良思想对大学生的影响,同时激发起他们内心的道德责任感。

确立合理的评价体系,不仅可以帮助大学生确立科学的是非观、善恶观,而且具有较强的约束作用。通过对学生责任行为的反馈,迫使学生不断调整自己的行为,以达到自我约束、自我监督的作用。评价时要做到教师评、自己评、集体互评等相结合,做到主观评价与客观评价相结合,提高学生接受职业责任的主动性和自觉性。高校应当将大学生的负责任情况与学生评优、评先、奖学金、就业推荐等相结合,更好地发挥责任评价机制的教育引导作用。在校园里,要营造"负责光荣,失责可耻"的校园舆论氛围。

(六)加强自我教育,是大学生职业责任培养的核心

大学生作为责任主体,首先应提高自身素养,实现自我教育,这是提高大学生自觉承担责任的意识和信念。学校应制定相应的考核、评价、激励、引导机制,充分调动广大师生参加实践活动的积极性。例如,与学生的德智体综合测评成绩、奖学金评定、各类先进评比挂钩,与教师的工作量、职务晋升、年终考核挂钩,与院系工作考评挂钩,对活动表现突出的个人和集体给予表彰奖励等,从而调动学生、教师在活动组织、参与过程中的主动性、积极性,真正发挥实践活动的育人功能。充分利用校园广播、电视和校园网的作用,通过耳濡目染的宣传教育,影响和促进大学生职业责任的提高。大学生职业责任的培养与社会环境的优化是息息相关的。努力营造一个"以尽责为荣,不负责任为耻"的社会舆论氛围,使人们的职业责任得到最大限度的释放。马克思说,人的行动的一切动力,都一定要通过他的头脑,一定要转变为他的愿望的动机,才能使他行动起来。大学生通过自我教

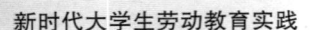

育,将承担责任内化为自己的意识要求,才能真正做到有所承担。首先,大学生自身主动提高自我评价能力。通过正确的自我评价,可以让大学生清晰地把握自身的优点和缺点。明确了优缺点之后,大学生能够主动发扬和保持已经具备的优点,改正自身缺点,进行积极的自我教育;同时,自我评价可以培养谦逊、求实的品德和对自身行为负责的态度。只有正视自己在职业道德责任方面的缺点,才能摆脱自己虚荣心理和逆反心理的限制,主动地改正自身的缺点。其次,调节和控制自身情绪和心态。大学生要多学习和了解心理学的基本知识,正确对待自身的情绪波动和心态的异常。大学生群体处在青少年期,情绪起伏较大,思想情况容易受其他因素影响,不健康的情绪和心态在他们身上有不同的体现。因此,大学生自身要主动提高自身控制情绪的能力、调整心态的能力和缓解压力的能力。心态和情绪的转变不能只依靠学校和家庭教育,它们只起到辅助作用,要从根本上解决大学生心理问题,就只能靠大学生自身的学习和调节,培养积极乐观的人生态度。最后,主动吃苦,自觉锻炼坚忍的意志品质。大多数大学生生活条件比较优越,没有太多的社会经历和人生挫折,容易具有好逸恶劳、贪图享乐的心态,因此,大学生要自己做好吃苦的准备,自觉地磨炼自身的意志,养成吃苦耐劳的优秀品质。

# 第五章　新时代大学生劳动教育的实施

**导入案例**

**劳动最光荣**

——全国"五一劳动奖章"获得者曾国苍

曾国苍，南通万达锅炉有限公司容器制造部手工焊组班长，2019年全国"五一劳动奖章"获得者。

曾国苍是南通万达焊工队伍的优秀代表，是中材节能员工的缩影。他勤学苦练，不断进取，熟练掌握多种焊接方法操作技能，曾获得南通市职工职业技能大赛第一名，第四届全国职工职业大赛第五名，第三届北京"嘉克杯"国际性焊接技能大赛"优秀选手"。他"焊"艺卓绝，在公司技术创新、重大项目难点攻克、关键工序应用研究方面做出了突出贡献，先后荣获"全国技术能手""中央企业青年岗位能手""南通市劳动模范"等荣誉称号。

曾国苍是一名普通焊工，他立足岗位做贡献、扎实工作求发展，在自己的岗位上踏实工作，在平凡的工作中做出了不平凡的业绩。他是千千万万工人的代表，用勤劳的双手描绘了美好的图画，也为无数职业院校学生树立了榜样，从而认识到劳动最光荣，劳动最崇高，劳动最伟大，劳动最美丽。

资料来源：中材节能股份有限公司.中材节能股份有限公司员工曾国苍荣获2019年"全国五一劳动奖章"荣誉称号[EB/OL].搜狐网，https://www.sohu.com/a/311064601_758901.

## 第一节　新时代大学生劳动教育的实施体系

### 一、劳动教育的课程建设

课程是人才培养的核心要素，学生从中受益最直接、最核心、最显效。劳动覆盖了人类生产生活的各个相关领域，劳动既具有广泛性、复杂性、多样性的特点，又具有相对完整的知识体系和逻辑体系，人类在总结规律、创新知识的过程中形成了劳动哲学、劳动伦理

学、劳动文化学、劳动社会学、劳动经济学、劳动法学、劳动关系学、人力资源管理等一系列"劳动+"学科,这些学科经过系统化的研究和梳理,完全具备单独开设专门课程的各种必要条件。同时,教育部高教司发布的《普通高等学校本科专业类教学质量国家标准》强调,"了解与本专业相关的职业和行业的重要法律、法规及方针政策"是学科人才培养的基本要求。比如,劳动哲学、劳动社会学能够深化学生对劳动的多维度认识,劳动关系学、劳动法学可以使学生学到分析并解决劳动问题的本领,劳动伦理学、劳动文化学可以明确劳动伦理,增强劳动观念。目前,高校教育中有些课程融入了劳动教育,这些课程多侧重对学生具体劳动技能的培养,而对学生劳动科学素养全面、系统、科学的培养培育则有所欠缺。因此,开设劳动教育的专门课程,既是所有专业的通识性需要,也是培养造就德智体美劳全面发展的新时代人才的必然要求。

开设专门的劳动教育课程,必须建立和完善劳动教育学科体系、教学体系、教材体系、管理体系,与其他专业课同向同行。在此基础上,组织编写《大中小学劳动教育课程指导纲要》或《全国普通高等学校劳动教育课程指导纲要》,明确课程性质、课程目标、课程设置、课程结构、课程内容与教学方法、课程建设与课程资源的开发、课程评价等内容。例如,编写《劳动科学概论》或《劳动概论》《大学生劳动教育读本》等相关教材,开设"劳动科学概论"等通识课程,努力将劳动教育通识课程打造为具有高阶性、创新性和挑战度的"金课"。

## 二、与思想政治教育相结合

劳动教育与思想政治教育的目标具有相关性,内容具有关联性,在实施路径的方式方法上也可以相互借鉴。一方面,思想政治教育有利于强化劳动教育目标的道德引领和精神塑造,有利于塑造和培养劳动价值观、劳动态度、劳动品德、劳动习惯、劳动知识与技能,进一步实现劳动教育的五个目标任务;另一方面,劳动教育有助于加强思想政治教育的实践性和针对性,有助于提高学生的思想水平、政治觉悟、道德品质、文化素养,有助于学生坚定理想信念、厚植爱国主义情怀、加强品德修养、培养奋斗精神、增强综合素质,促使学生成为德才兼备、全面发展的人才。

扎实推进劳动教育与思想政治教育相结合,要完善融通共建机制,做到学校全员全过程、全方位育人;要利用好思想政治理论课课堂这个主渠道、主阵地,使德育、劳育形成协同效应;要结合学校优势打造特色品牌,弘扬劳模精神、劳动精神和工匠精神。

## 三、与专业教育相结合

劳动教育与专业教育具有内在一致性和统一性。一方面,专业课程学习本身就是一种脑力劳动,学习的过程本质上也是一种劳动教育;另一方面,专业教育的最终目标,也是满足劳动的根本需要:高校通过专业课程的开设,传授专业劳动知识,培育专业劳动技能,培养具有创新精神和实践能力的高级专门人才,输送到相对专业的劳动岗位,发展科学技术文化,促进社会主义现代化建设。特别是在高校的各类专业课程设置中,有不少课程具有丰富的劳动属性和劳动指向,如文科的新闻采访和文稿写作,理科的数量统计和理化实验,工科的机械、电气、建筑、水利等研究应用技术和工艺,都是劳动教育与专业教育相结合的鲜活实践。

扎实推进劳动教育与专业教育相结合,要在专业课程中强化劳动导向,专业知识中融入劳动要素,构建具有本专业特色的劳动教育价值体系;要加强专业教育中的劳动知识的传授和技能的训练,培养培育劳动精神;要挖掘大国工匠、劳动模范等特色资源,开展劳动教育特色专业课程。

### 四、与实习实训相结合

劳动教育与实习实训具有辩证统一、相辅相成、相得益彰、共同促进的关系。与实习实训相结合,劳动教育会做得更加扎实、更加生动。实习实训重在培养学生的劳动态度和专业技能,帮助学生完成从学校到社会、从课堂到企业的角色转变;这一转变中劳动知识与技能的掌握是极为关键的,而这正是劳动教育的重要目标之一。同时,社会是劳动教育的大熔炉,生产一线、劳动一线对劳动教育具有更为直接的促进作用,能够鼓励大学生干一行、爱一行、钻一行,在平凡的工作岗位上做出不平凡的事业,实现实训实习的教育目标,取得实习实训的丰硕成果。

扎实推进劳动教育与实习实训相结合,要注重对学生劳动情怀的培育,不断提升学生的职业精神,学校通过与企业、社区、工厂等开展合作,激励学生参与社会实践,走进工厂、走进基层、走进社会,感受一线劳动的魅力,获得丰富的劳动体验,真正地尊重劳动、热爱劳动;要注重劳动知识和技能的培养,通过实习实训基地和相关单位的精细化统筹安排,拓展劳动知识,提升劳动技能,特别是要充分发挥劳模工匠等优秀劳动者的引领作用,为学生走入社会做好职业准备。

### 五、与社会实践和志愿服务相结合

实践是人们能动地改造客观世界的物质活动,人类历史是由人们的实践活动构成的;劳动是人类特有的社会实践活动,劳动概念是实践概念的具体化。在一定意义上,劳动与实践的最终指向都是作为其主体的人本身。在社会实践和志愿服务中融入劳动教育,既有助于学生形成良好的劳动习惯,提升他们的劳动技能,感受劳动所带来的收获乐趣,形成尊重劳动、热爱劳动的真挚情感;又有助于培养学生的社会实践和志愿服务能力,引导学生"做中学"和"学中做",在实践中不断实现成长进步、能力养成和素质提升。同时,志愿服务是典型的公益劳动,公益性社会实践在志愿服务中强化劳动教育意识,有事半功倍、相得益彰之效。

扎实推进劳动教育与社会实践和志愿服务相结合,要强化社会实践育人的比重,通过工学结合、勤工助学、劳动体验等途径,促使学生积极参与社会实践,锻炼劳动技能;要积极引领学生参与志愿服务,培养培育学生的劳动情怀、责任意识和奉献精神。

### 六、与创新创业教育相结合

创造性劳动区别于重复性劳动,是辛勤劳动、诚实劳动的升华,更是人类社会发展进步的根本力量。劳动教育与创新创业教育相结合,有助于培养、激发学生的创新性和创造性,其目的都是提升学生的创造性劳动水平。创新创业教育是进行创新思维培养和创业能力锻炼的教育,具有创新性、创造性、实践性特征,对于大学生创造性劳动的激发具有明显的促进作用;同时,对劳动教育而言,创造性劳动的培养既是重点也是难点。探索劳动教育与创新创业教育的结合点,打造"双创"教育的劳育大平台,让学生在创新创业实践中发扬创新精神、培养实践能力、实现劳动创造,奋力跑出"双创"教育的"中国加速度",是高校加强和完善劳动教育的有效途径。

扎实推进劳动教育与创新创业教育(又称"双创"教育)相结合,要加强体制机制建设,注重点面结合、强化实践,而完善"双创"教育体系,要注重资源整合,拓展"双创"空间,为大学生提供更多参与"双创"活动的机会;要在"双创"活动中加大鼓励和奖励力度,激发学生主观能动性,提升大学生创造性劳动的培养水准。

### 七、与产教融合相结合

产教融合是实现产业与教学密切结合,形成校企一体共同培养学生的办学模式。劳动教育在产教融合中具有不可忽视的作用。一方面,加强劳动教育,能够在教育层面、经济层面、社会层面以及政策层面,强有力地推进产教融合,最终实现赋能产教融合;另一方面,产教融合对劳动教育具有良好的支撑作用,劳动教育也要倚重产教融合,以产教融合推进劳动教育。

扎实推进劳动教育与产教融合相结合,要完善劳动教育与产教融合协同发展的体制机制,构建劳动教育与产教融合协同发展的生态环境,落实有利于产教融合的劳动教育机制,从教育政策、经济政策和社会福利政策入手,对其进行优化调整;要加强劳动教育与产教融合协同发展的顶层设计,建立相应的指导委员会,由产业部门、人保部门和财政部门多部门参与,统筹协调各方的利益关系;要建立劳动教育实施主体与产业行业对话协调机制,培植劳动教育与产教融合协同发展的新模式,如共建合作机构、共建实体、共建人才基地、共建合作基金或奖励基金等。

### 八、与职业生涯教育及就业指导相结合

职业生涯教育是指促进和引导学生个体规划自我职业生涯并落实实施的教育活动,就业指导则是为大学生提供与就业有关的综合性服务活动,如传递就业信息、培养劳动技能等。职业生涯教育及就业指导对于帮助大学生树立正确的人生观、就业观和择业观具有非常重要的指导作用。在职业生涯教育及就业指导中强调劳动品德、劳动态度、劳动观念,能够更好地推动劳动教育落地生根,有助于帮助学生树立正确的择业观念,实事求是、

脚踏实地地做好职业生涯规划。

扎实推进劳动教育与职业生涯教育及就业指导相结合,要加大职业生涯教育及就业指导力度,帮助学生树立正确的就业观,正确认识新时代劳动的复杂性与多样性;要将劳模精神、劳动精神、工匠精神与师资队伍建设有机结合,着力建设一支具备深厚劳动教育思想理念的高水平职业生涯指导教师队伍。

### 九、与校园文化相结合

校园文化是学校发展的灵魂,是凝聚人心、展示学校形象、提高学校文明程度的重要体现,承担着熏陶和影响学生的重要作用。中共中央、国务院印发的《关于进一步加强和改进新形势下高校宣传思想工作的意见》明确提出,"切实加强校园文化建设"。在校园文化中融入劳动教育,能够潜移默化地使学生在心里种下热爱劳动的种子;充分结合劳动诸要素的校园文化,也是具有中国特色、体现新时代要求的大学文化。

扎实推进劳动教育与校园文化相结合,要通过各种丰富灵活的方式手段,积极营造校园劳动文化景观和氛围;要积极开展劳动教育系列活动,通过各类学术活动和文化文体活动倡扬劳动精神、传递劳动情怀;要积极发挥劳动模范和大国工匠的榜样作用,围绕劳动模范和大国工匠精心策划相关活动,实现劳动模范和大国工匠进校园制度化、经常化、规范化,推动劳模精神、劳动精神和工匠精神在校园落地生根、开花结果。

## 第二节 新时代大学生劳动教育的实施路径

### 一、高校劳动教育课程化

(一)高校劳动教育课程化的基本要求

1. 指导思想

坚持以马克思主义劳动思想为指导。新时代,尤其要坚持以马克思主义劳动思想中国化的最新成果——习近平关于劳动问题的重要论述作为指导思想。习近平相关重要论述立足于新时代,深刻揭示了劳动的创造本质,科学概括出新时代劳动的基本实践形式,高度评价了劳动的重大意义,大力倡扬了劳模精神、劳动精神和工匠精神,提出构建和谐劳动关系的基本要求,以及推动劳动者实现体面劳动、全面发展的价值取向,等等。习近平关于劳动问题的重要论述符合新时代的要求,贴近客观实际,是加强高校劳动教育课程建设最根本的遵循。

2. 教学原则

其一,坚持教育引导原则。高校劳动教育要体现对大学生积极的教育引导作用,使其通过劳动课程的学习,逐步掌握关于劳动的科学理论知识,把握人类劳动实践的发展规

律,从而真正树立尊重劳动、崇尚劳动、热爱劳动的意识。劳动教育重在引导,因此,要摆脱板着面孔说教的窠臼。在教材编写方面,一定要多用引导性语言,以大学生愿意接受的各种形式,循循善诱,说明道理,以提高教材的吸引力、感染力和影响力。

其二,坚持教育深化原则。"熟知并非真知"具有普遍的真理性,依据这一命题,高校劳动教育一定要避免驻足于"熟知"阶段所造成的浅尝辄止,而应当以实现"真知"为努力方向,即达到对劳动问题的本质揭示、科学揭示、系统揭示。要求劳动教育一方面要在理论上将劳动的本质、劳动实践的普遍意义解释清楚;另一方面要将人们通过劳动实践所结成的现实关系给予透彻的分析,强调人的劳动活动作为人的研究对象,已经取得丰硕的研究成果,成为系统化的科学。基于这一思路,应突出劳动的科学性和系统性。

其三,坚持劳动教育从实际出发的原则。高校劳动教育在实施教学实践中,应坚持从实际出发的原则,不要搞"一刀切"。这主要体现在两个方面:一是因"校"制宜。在劳动教育方针指导下,各个高校应以本校相关教学资源、师资队伍、学生实际等客观情况为出发点,制订并实施适合本校实际的劳育教学计划。二是因地制宜。高校劳育必须与当地的实际紧密结合,最大限度地利用本地区劳育资源,科学筹划创建劳育校外实践基地,要同一些生产企业、事业单位、科研院所以及服务业加强联系,使之能为学生进行劳育提供实践场所;同时要加强同当地工会组织之间的联系,并在工会的支持下,开展弘扬劳模精神、厚植工匠文化等活动,使学生在活动中感受到劳模与工匠的优秀品格和高尚精神。

3. 教学目的

高校劳动教育是以大学生作为教育对象,以普及劳动科学理论、基本知识作为教育的主要内容,以讲清劳动道理为教育的着力点,其目的是让高校学生通过对劳动的基本理论学习,深刻认识人类劳动实践的创造本质,深入理解劳动实践对于立德树人的重大意义,深切感悟劳动实践对于人的自由全面发展所具有的重要推动作用,使大学生能够树立起正确的劳动意识,形成科学的劳动观;进一步明确我国工人阶级的劳动实践在实现中华民族伟大复兴中国梦的伟大征程中所发挥的主力军作用,使高校学生真正在思想意识层面切实认识和领会习近平总书记反复强调的"劳动最光荣、劳动最崇高、劳动最伟大、劳动最美丽"的深刻道理及其重大意义,从而真正树立起尊重劳动、尊重知识、尊重人才、尊重创造的意识。

4. 教学方法

高校劳动教育在教学方法上,应利用互联网等现代化的教学手段,结合改革开放四十多年取得的令世界瞩目的劳动成就,通过循循善诱的积极思想引导,达到劳动教育效果。

5. 课时分配

高校劳动教育作为必修课,应给予足够的课时保障。鉴于劳动科学知识点较多的实际,应在大学一年级第一学期安排16周课程,每周不少于2课时,共计32课时。另外,还应该安排2次劳动实践课程,组织学生深入企业生产第一线、科研第一线去体验劳动的感受。劳动教育课作为考试课,可设置2学分。

6. 师资队伍建设

高校劳动教育能否取得满意的教学效果，主要取决于师资队伍的专业水平，因此必须加强师资队伍建设。

其一，师资来源。劳动科学由于涉猎知识面广，具有单一专业背景的教师难以承担劳动科学教学，必须对有志于从事劳动教育的教师进行全面的专业培训。除此以外，相关教师也可以走专兼职结合的路子。

其二，成立劳动教育教研室或劳动教育中心。该机构除了完成教学任务以外，还要不断探索劳动教育教学规律，及时总结劳动教育的经验。

其三，从事劳动教学的专职教师，应在评优、职称评定方面给予一定的保障，激励教师在劳动教育领域尽职尽责，充分调动他们的积极性。

（二）加强高校劳动教育课程化的教材建设

1. 劳动科学总论

揭示劳动科学的内涵。劳动科学是指以人类劳动作为总的研究对象，以劳动者在劳动过程中产生的劳动问题以及与劳动问题相关的一切自然和社会关系及其调整问题作为研究内容，而形成的具有内在联系和分布规律的学科群。劳动科学是不同的具体劳动学科通过内在逻辑联系形成的科学系统的统称，其中每一具体劳动学科都是构筑劳动科学系统的基本要素，而劳动科学作为具体劳动学科形态的统一体，具有劳动学科的"类"的基本特征。通过劳动科学总论的学习，学生可明确劳动的本质规定，掌握劳动科学属于什么性质的科学。劳动科学揭示了劳动的学科性质、意义、研究方法以及学习劳动科学的目的、意义、方法和基本要求等。

2. 劳动哲学层面

以唯物史观的基本立场、观点和方法作为主线，统摄并贯穿教材始终，主要揭示劳动的本质、劳动的作用、劳动的价值、劳动同自然社会及人自身的关系、劳动同科技发展的关系、劳动发展的未来趋向等方面的内容。

3. 人类劳动发展史层面

以历史和逻辑相统一的方法，从纵向上对人类劳动实践的历史回顾，使学生通过学习明确"人们的社会劳动实践是推动社会发展的动力"这一唯物史观的重要思想，认识到劳动实践活动对于推动科技发展、社会文明进步以及人自身的全面发展所起到的重要作用。这一部分应从劳动推动人类社会进步的视角出发，按照人类社会不同发展阶段进行分期，描述与之相应的人类劳动的基本特征，尤其要重点描述第一次产业革命到第四次产业革命的联系与区别，以及给人类社会带来的革命性变革，强调新时代劳动形式的变化对劳动关系的深刻影响，以及构建和谐劳动关系的重大意义及基本实现途径。

4. 劳动科学的主要学科层面

从逻辑上可以并列的学科主要包括劳动经济学、劳动社会学、劳动法学、劳动伦理学、劳动美学、劳动文化学、劳动管理学、劳动教育学、劳动生理学、劳动心理学、劳动关系学、

劳动保护学、社会保障学以及工会学等。上述学科主要涵盖了劳动者在劳动实践中所触及的方方面面的问题,有助于开阔高校学生对劳动认识的眼界,有助于丰富高校学生关于劳动的各个门类的科学知识。诸如,通过劳动经济学的学习,学生可掌握劳动就业、劳动报酬等基本知识,明确作为劳动者所拥有的相关合法权益是受法律保护的;通过劳动关系学的学习,学生可明确劳动关系在整个社会关系系统中的地位、劳动关系的性质、和谐劳动关系构建的重大意义等;通过对劳动法学的学习,学生可掌握必要的有关劳动者依法享有合法权益的知识,明确《劳动合同法》《就业促进法》《劳动争议处理条例》等法律法规对实现劳动者权益的法律保障作用;通过劳动伦理学的学习,学生可明确劳动的伦理规则,即如何劳动才能符合伦理要求;通过劳动保护学的学习,学生可明确安全生产对于实现劳动者的健康权、安全权的重要意义。

在高校劳动教育课程化的实现过程中,还应注意澄清两种模糊认识:一是劳动教育替代论。这种观点轻视劳动教育的作用,提出可以用其他课程取代劳动教育,不懂得劳动教育课程是一门独立的、不可替代的学问,劳动教育对于学生端正劳动态度、深刻理解劳动的意义具有重大的推动作用。二是将劳动教育等同于劳动锻炼。这是对劳动教育的狭隘理解,是劳动教育认识上的局限。诚然,单纯的劳动锻炼会加深对劳动创造价值的理解,但是要全面深入理解和掌握劳动科学知识,必须通过劳动教育课程化的过程。

## 二、新时代高校劳动教育与专业教育相结合

(一)劳动教育与专业教育相结合,首先要规划好高等教育人才培养顶层设计

1. 坚持党的领导,开展人才培养设计

我国是中国共产党领导的社会主义国家,这就决定了我们的教育必须把培养社会主义建设的接班人作为根本任务,培养一代又一代拥护中国共产党领导和我国社会主义制度、立志为中国特色社会主义奋斗终生的有用人才。劳动教育要紧密围绕国家培养什么人的要求,将弘扬中国特色社会主义下的劳动价值观根植于理想信念培养中,融入教育教学全过程,引导学生崇尚劳动、尊重劳动,懂得劳动最光荣、劳动最崇高、劳动最伟大、劳动最美丽的道理,在劳动教育中深刻理解个人命运与国家发展的紧密联系,能够身体力行主动地进行辛勤劳动、诚实劳动、创造性劳动,为国家发展、社会进步建功立业。

2. 服务社会经济发展,开展人才培养设计

统筹推进中国特色社会主义事业"五位一体"的总体布局和协调推进"四个全面"的战略布局,实施深化供给侧结构性改革、加快建设创新型国家、实施乡村振兴战略、实施区域协调发展战略、加快完善社会主义市场经济体制、推动形成全面开放新格局等建设现代化经济体系的六大任务。这对高等教育的人才培养提出了新任务新要求,劳动教育要顺应新时代社会经济社会发展的需求,要顺应新时代本科教育改革发展的背景,以服务需求为导向,将散落在不同一级学科之下的劳动哲学、劳动文化学、劳动经济学、劳动管理学、劳动法学、劳动关系、人力资源管理、劳动与社会保障、社会工作、劳动安全工程、职业卫生等

一系列与劳动高度关联的学科提炼出来,打破学科、专业的界限,构建出以培养懂专业知识、会劳动技能、能劳动创造的高素质复合型人才的教育体系。

3. 遵循当代大学生发展特点,开展人才培养设计

"新时代高校40条"从学生、教师、学校和教育四个层面提出要全面坚持"四个回归",谋划和推动全面振兴本科教育。回归的首要任务是真正让学生刻苦读书学习,劳动教育应全面了解当代大学生的身心发展特点,遵循当代大学生崇尚自由、追求自主的发展愿望,优化教学资源配置,科学合理设置教学活动,创新劳动教育形式,以学生喜欢的、接受的方式,吸引学生回归学校,端正学习态度,激发学生的学习兴趣和潜能,引导学生崇尚劳动、尊重劳动、热爱劳动。按照构建中国特色、世界一流的卓越拔尖人才培养体系的"六卓越一拔尖"计划2.0和培养"新工科、新医科、新农科、新文科"的需要,制定适应精英型人才和应用型人才培养的劳动教育体系,针对不同学生的个性化特点和需求,丰富劳动教育多元化人才培养模式,让劳动教育深入人心,实现教育目标。

(二)科学确定劳动教育与专业教育相结合的实施路径

1. 拓展专业视角,扎实推进劳动教育与不同专业的融合

劳动教育与专业学习具有内在一致性和统一性。一方面,专业学习本身就是一种脑力劳动,学习的过程本质上也是一种劳动教育;另一方面,专业学习的最终目标也是劳动的根本需要。高校根据专业发展开设课程,传授专业劳动知识,培育专业劳动技能,培养具有创新精神和实践能力的高级专门人才,输送到相对专门的劳动岗位,发展科学技术文化,促进社会主义现代化建设。

在高校的各类专业设置中,有不少具有丰富的劳动属性和劳动指向。在自然科学领域,真实的科学研究,如理科的物理实验、化学实验、数量统计则成为真正的劳动,天文观测、地质勘探等也具有鲜明的劳动特点,工科中机械、电气、建筑、水利等研究应用技术和工艺,都是劳动教育与专业相结合的鲜活实践。在社会科学领域,毛泽东同志早年在湖南考察农民运动、社会学家费孝通所做的田野调查也具有劳动的性质。这种劳动,是认识"真"的劳动,其中包含"美",被称为探索性劳动。在艺术领域,美术创作、设计专业和音乐专业等,绘画、设计和音乐创作需要动手,需要动脑,需要进行创造性劳动。新闻采访和文稿写作、社会工作等专业,都是劳动教育与专业发展相结合的鲜活实践。

2. 调整高校人才培养方案,将劳动教育融入人才培养的全过程

高校人才培养方案是根据社会对人才的需求加上高校自身办学的理念来制订的。在制订各专业人才培养方案时,高校应科学定位各专业人才培养目标,人才培养方案对培养目标形成有效支撑,紧密结合社会需要,从行业、企业需求出发,综合毕业生就业情况与培养反馈,优化设计培养环节、课程体系和教学内容,创新教学方式方法,不断提高人才培养质量。通过设置劳动课程大纲,分层次设置劳动类型(劳动讲座、公益劳动、专业学习、志愿服务等);明确劳动课程的教育内容(包括劳动理论讲座、专业劳动技能知识的学习等)和劳动目标(劳动观念、劳动习惯、劳动技能的养成等),为劳动课程设置相应的学时和学

分(如讲座学时和学分、专业学习学时和学分、公益劳动学时和学分等),配备专业教师队伍(具有良好政治素质、具备劳动技能),将劳动课程学分化,在培养方案中设置2~4分的劳动学分,即在大学期间完成一定的劳动任务,合格后大四可以顺利得到劳动学分。

充分认识实验实践教学在人才培养中的重要性,各专业人才培养方案中要增加实践学分(重点增加创新创业、志愿服务、社会实践等)的比例,强化社会实践育人,通过增加实验实践教学课时,鼓励参加创业创新项目、志愿服务,工学结合,开展毕业实习等多种途径让学生感受劳动带来的收获,促进形成更尊重劳动、热爱劳动的真挚情感。

3. 抓好课堂教学知识传授的主渠道,在潜移默化中达到劳动教育融入的效果

课堂教学是高等教育中知识与技能传授的主要方式,劳动教育应抓好课堂教学主渠道,将劳动意识、劳动人权、劳动伦理、劳动关系、劳动条件、就业平等、社会保障、职工福利、职场安全与卫生、劳动法及劳动职业生涯发展教育等相关内容融入专业教学中,为学生提供完整且具系统性的劳动教育。首先把劳动人权、劳动伦理、劳动关系等基础概念先行扎根,通过劳动伦理建立劳动教育的基础态度,之后在实务基础上开展劳动职业生涯、劳动条件、职业安全与卫生、就业平等、社会保障、职工福利等教育,为大学生开展劳动教育项目,让学生能够系统了解劳动的权利、内涵及精神,进而维护劳动权益,促进劳资关系和谐,营造尊严劳动的环境。

高校的劳动教育内容可以根据专业的不同,与专业教学紧密结合,并利用课外时间、双休日、寒暑假组织实施,以达到用劳动教育促专业教学的目的。一是要求学生积极主动地参与,学生通常在教学过程中处于中心地位。这是保证学生实践能力真实成长的不可缺少的前提条件。二是一般以案例、问题、项目为中心组织教学,从而使课堂教学更贴近学生将来必然面临的真实问题。如课程类型多种多样,有演讲课、讨论课、个案研究、模拟法庭、项目研究等,以发现需要解决的真实问题。

4. 围绕专业教育中各关键点,把握好与劳动教育的融入

辛勤劳动、诚实劳动、创造性劳动,是习近平总书记对新时代劳动的基本要求。人才培养中专业教育的各关键点,如日常学习、考试、实习、毕业论文写作等环节,均需要把握好与辛勤劳动、诚实劳动、创造性劳动的融合。

大学生的第一职业是学生,学习即为大学生第一重要的劳动过程,这与其他年龄阶段的学生的劳动过程具有一致性,即通过学习来体现自己的劳动价值。学生作为教育劳动的接受方,其劳动价值是通过学习提升自我劳动能力,满足社会生产力发展等需求来体现的。学生在学习劳动的过程中,通过辛勤劳动,使劳动潜能转化为劳动价值,而对知识吸收理解的过程则成为对劳动价值的提升,使自身可以胜任更加复杂或高科技的工作,呼应社会需求。

在大学生群体中,还要提倡诚实劳动。诚实劳动和工作,是当代大学生争取美好生活的一条坦荡大道。诚实劳动,应从培养学生诚信考试做起。辛勤劳动、诚实劳动和创造性劳动是统一的。因此,新时代高校劳动教育要在辛勤劳动、诚实劳动的基础上强调创造性

劳动。要让大学生深刻理解新时代的劳动者"不仅要有力量,还要有智慧、有技术,能发明、会创新"的道理,努力营造"劳动光荣、技能宝贵、创造伟大的时代风尚"。创造性劳动,可以从学生的实习实践和毕业论文写作中体现。针对目前实习实践环节的形式化问题,加大对实习实践的过程监督与管理,充分利用各学校已签约的较稳定的实习实践基地资源,逐渐推广集中实习。加大对毕业论文的查重力度,并逐步加强对学生日常作业、考试考察的论文、学年论文、实践报告等的查重力度。

5.教师言传身教,做好劳动教育的榜样

无声的"身教"要比有声的"言教"影响力更大。教育是培养人的活动。教育活动的这一本质特点,决定了教师的劳动必然带有强烈的示范性。教师的劳动之所以具有示范性,是因为模仿是大学生的一个重要的学习方式。

教师劳动的示范性,表现在教育活动的各个方面。在教学工作中,教师对学生提出要求时,如有必要,都会事先做示范,以增强学生学习的直观性和规范性。教师的个人品质对学生也具有重要的示范作用。

教师劳动的创造性比一般劳动的创造性更具有灵活性。要注重在学生的学习过程中培养其职业素养。教师在学生的行为习惯养成中扮演着十分重要的角色。首先作为教师,在课堂内外需时时刻刻严格要求自己,认真备课和组织课堂教学,认真指导学生学年论文和毕业论文写作等,为学生起到表率作用,树立榜样,榜样的力量是无穷的。其次,通过实习实践重视对学生的技能训练,刻苦钻研,培养过硬的专业技能,提高自己的职业素养。

6.适应信息化时代和未来的人工智能时代对劳动教育提出的新要求和新挑战

在信息化时代和未来的人工智能时代,"劳动"的内涵,特别是在教育中的新内涵,可能逐渐向"实践"概念靠拢。新时代的劳动将具有两个核心因素:第一,劳动,必须将动手和动脑紧密结合。第二,劳动,必须面对真实的现象、真实的世界而非幻想世界。适应新时代的要求和挑战,高校应借鉴国内外先进经验,精准灵活运用网络信息技术、亲身现场体验、模拟仿真试验、人工智能等形式拓展专业劳育方式;要注重利用"慕课"、在线课堂、翻转课堂、手机课堂、微课堂等方式讲好专业劳育课程,打造新时代专业劳育的"金课",给劳动教育增强互动性、即时性、趣味性。

## 三、新时代高校劳动教育与实习实训相结合

(一)优化实习实训(含实验)教学体系,加强劳动教育融合

劳动教育是激发学生认真学习、培养创造力的源泉。加强劳动教育与实习实训的融合,首先要在教学体系构建时加强劳动教育,明确劳动教育的目标、教学体系和教学任务。一是要建立科学的实习实训(含实验)课程体系,根据相关专业教学质量国家标准及培养要求,融合相关行业企业对专业人才的岗位标准,开设具有行业特点与创新创业和就业密切相关的多学科课程,通过课程教育着重提升学生创业知识和专业知识技能。二是要做

好实习实训(含实验)的物质保障,加强校内实验教学资源整合,推进智慧实验室建设,构建功能集约、资源共享、开放充分、运作高效的实验教学平台;综合运用校内外资源,大力推动与行业部门、企业协同合作,建设满足实践教学需要的实验实习实训平台,通过实习实训(含实验)教学将理论知识和科学实践相结合,既培养大学生分析、解决实际问题的能力,又启迪学生勇于提出问题的探索创新精神。

(二)加强实习实训(含实验)过程管理,确保劳动教育落实

实行科学管理,完善各项规章制度,建立一整套严格的科学管理体系,是达成劳动教育成效的重要保障。一是要建立实习实训标准,强调学生创新精神、创业意识和创新创业能力的培养;健全实习实训管理制度,包括校企合作教学实习基地管理制度、校企合作教学实习基地工作指南、校企合作教学实习基地考勤制度、校企合作教学实习基地教学质量和效果评价、工作日志制度、基地兼职导师管理等。二是要强调教师的指导作用。实习实训主要是在教师的指导下进行的,教师的指导和传授,可以使学生的学习避免反复探索的曲折道路,能够在较短的时间内取得更有效的学习效果。三是要规范学生实习实训的目标与任务,让学生能够有目的地学,能够在学习过程中发现问题、思考问题、解决问题。

以中国劳动关系学院工会学院社会工作专业集中实习为例,该专业在大三下学期组织学生利用每周三天的时间开展实习活动。为保证实习效果,学校制定专业实习的教学大纲,明确实习的目标、任务及要求,指导实习各环节工作的开展。在实习前,实习指导教师组织学生开展实习动员,让学生认识实习的重要性,明确实习期间的工作任务和考核方式,同时联系实习单位,落实实习相关事宜。在实习期间,学生每周都需要撰写实习日志,记录每周三天的工作内容、进展及完成情况和下周工作安排,校内指导教师会不定期与学生进行交流,掌握学生实习状况,指导学生解决实习中遇到的各类问题,同时企业的实践导师会给予悉心的指导。在实习结束后,学生提交实习报告及实习单位评定意见,对学生实习情况进行综合评价。通过这种专业对口性强、目标明确的实习,学生能够更多地运用所学的劳动知识技能处理实际问题,提高劳动能力,更好地适应未来职场需要。

(三)完善实习实训(含实验)考评体系,强化劳动教育地位

教师和学生是高等教育中"教"与"学"的主体,要想做好劳动教育,发挥劳动教育育人功能,关键是调动教师与学生的主动性、积极性,这就需要有一套具有激励效应的考评体系。对于教师,学校应将劳动教育的实施情况和效果纳入教师的考评中,要求教师结合学生的心理发展特征和学习特点,深入研究专业知识技能教学中的劳动教育内涵,并将这种内涵以学生喜闻乐见的方式有目的、有设计地融入实习实训(含实验)专业教学中,让学生更乐于接受,引发学生更深入的思考,使其能够更准确地认识劳动的本质与价值,能够尊重劳动、热爱劳动,自觉自愿地参与劳动,在劳动实践中实现个人的发展;同时强调教师在劳动教育中"言传身教"的作用,在教学以及师生日常接触中,始终表现出对劳动的尊重与热爱,表现出不畏艰辛、辛勤劳动、诚实劳动、创造性劳动的品质,以良好的形象做出表率,感染学生,引导学生做一名尊敬劳动、热爱劳动的好学生。对于学生,学校应将参与劳动

纳入学分管理,将劳动态度、劳动行为纳入学生实践教学课程考核、综合素质考评等评价中,激励学生更重视劳动,更积极地参与劳动,更认真地从事劳动,让学生在被动的参与中感悟劳动的快乐与意义,进而形成主动参与劳动的意识。如在加强大学生创新创业教育方面,中国人民大学将创新创业项目纳入学分管理、纳入考研加分项,直接与考研保送资格审核挂钩,在很大程度上激励学生积极参与创新创业项目,同样会激励学生重视劳动教育、参与劳动教育。

(四)发挥校企合作协同育人的作用,巩固劳动教育效果

校企合作是适应社会用人需求、培养应用型人才的有效路径。学生到企业或行业部门实习是校企合作的主要方式之一。大学生正处于价值观、人生观形成的关键时期,易受环境影响,在实习期间加强企业或行业部门的劳动教育,同样具有重要的意义。一是要运用企业文化育人,选择文化底蕴丰厚、拥有正确的价值观、劳动观念和劳动态度的企业或行业部门开展实习合作,杜绝与不尊重劳动过程、片面追求劳动效益的企业开展合作办学,杜绝与存在产品质量、劳动纠纷、信用缺失等劳动价值观缺位的企业开展合作办学,实现用文化熏陶人、用文化感染人,让学生在真正步入社会前,形成正确的企业劳动意识,拥有坚定的自信,免受不良社会风气的影响。如阿里巴巴集团制定的六项关于如何经营业务、招揽人才、考核员工以及决定员工报酬的内容,其中两项为"诚信",即诚实劳动和"敬业",也就是专业执着、精益求精的劳动态度。正是这些价值观、企业文化造就了阿里巴巴集团的辉煌,培养出大量互联网优秀人才。二是要发挥企业人育人作用,加强兼职实践导师队伍建设,聘请专业技术精通、指导经验丰富、责任感强的企业或行业部门技术人员或专家担任实践指导教师,采取"一对一"指导、能力培训等措施。例如,中国劳动关系学院法学专业每学期均会邀请相关实践部门专家4～5人次深入课堂参与实习实训教学,将课堂延伸到社会实际中,搭建理论知识与实践运用的桥梁,同时从实务部门聘请高水平的实务专家担任兼职实践导师,对学生专业知识技能进行直接指导,并且以导师的人格魅力影响学生,在导师的言行举止中弘扬劳模精神、劳动精神、工匠精神,让学生不仅学习到专业的劳动知识技能,而且能在潜移默化的影响下,形成正确的劳动价值观,养成良好的劳动习惯,做到辛勤劳动、诚实劳动、创造性劳动。

## 四、新时代高校劳动教育与创新创业教育相结合

(一)培养创新精神,树立创业意识,激发劳动创造力

创新精神、创业意识是当前大学生必须具备的一种重要的个人素质,通过劳动教育的价值引导,有助于大学生树立正确的创新创业意识。个人意识支配个人行为,个人行为同时反映个人意识,如果没有劳动意识的引导,创新创业活动就会失去劳动根基。如果大学生具备实现自我价值的强烈的创新创业意识,就更能促进他们通过劳动实现人生价值的动力,激发其劳动创造力。

大学生作为受教育程度较高、思维活跃、接受新鲜事物能力较强的社会群体,富有极

强的创造性和创新精神,有较强的主体性、自觉性、能动性和敏锐性,有巨大的潜力和强烈的创新创业的愿望,通过劳动教育的融入,更能选定适合自己的行之有效的学习方案。因此,创新创业教育离不开劳动教育的正确引导,它能激发大学生通过创新思维正确认识自己,培育创业意识从而发掘自我潜能,提升创新创业能力,从而创造出劳动价值、个人价值、社会价值。

（二）丰富创新人才培养方案,使人才培养更具活力

要将劳动教育与创新创业教育的融合贯穿于人才培养的整个过程,融入校园文化当中,教育对象是全体学生。高校在设置人才培养方案时,要将劳动创新能力、劳动创业意识的培育作为教育的目标之一。将劳动教育融入创新创业教育是一项复杂的系统性工程,要引导学生关注社会新动态,高校内部各部门要整合、出台相应的配套措施,做到定期沟通,与时俱进,同各职能部门协调联动,同时,更要发挥高校与家庭、社会、政府协同育人的新优势,"加强劳动和实践育人。构建学科教学和校园文化相融合、家庭和社会相衔接的综合劳动、实践育人机制"。协同培养创新创业型人才,发挥各个育人环节的资源优势,实现协同育人作用最大化。

除此之外,在培养目标上,必须面向全体大学生坚持渗透劳动教育观念,在教学课堂和校园特色文化的双重影响下,形成学习实践双向互动的教学模式,构建劳动教育融入创新创业教育的高校人才培养体系,使课程更有针对性,培养过程更具活力,激发学生的无限潜能。

（三）完善"创新创业＋劳动教育"的课程设置,提升学生实践能力

劳动情怀是对劳动饱含的深厚感情,培育学生感受"劳动最光荣、劳动最崇高、劳动最伟大、劳动最美丽"的情感是劳动教育中不可或缺的重要内容。在创新创业教育中,一方面,需要引导大学生努力学习科学文化知识;另一方面,需要教育他们坚定理想信念、培育劳动情怀,自觉把人生理想、家庭幸福融入国家富强、民族复兴的伟业中。课程是育人的基本途径,在劳动教育与创新创业教育的融合过程中,课程设置关系到如何培养学生,学生应具备哪些知识结构,融合课程除了要提高学生劳动意识、根植学生的劳动情怀外,更要有的放矢地通过"创新创业＋劳动教育"体系,提升高校学生的实践能力。

学校的"创新创业＋劳动教育"体系涵盖大学生素质教育、能力培养两个层面。以课程为载体,以英国的创新创业教育为例,其突出特点就是"从做中学",这要求师生走出传统课堂教育模式,加强学生劳动实践能力的培育,以经验性学习为手段,以培养全面发展的人为目标,最终实现加强劳动创新型人才培养目标,强化课程和实践环节。一则结合专业的课程,在专业中融入"创新创业＋劳动教育",以知识体系的学习让学生深刻认识在"尊重知识、尊重老师、尊重创造"的过程中"尊重劳动"。二则创新特色课程,培养劳动价值观,培育劳动意识,以鲜活的劳模、大国工匠等素材充分阐释新时代劳模精神的丰富内涵。

（四）围绕创新创业实践活动,促进学生全面发展的内生动力

劳动教育的内容具有实践性特点,而创新创业教育从根本上说是劳动实践。在创新

创业实践过程中,通过课内教学实践、课外活动实践、校外实习实践三种形式,培养学生创新精神、创业意识和创新创业能力,增强学生劳动意识,提升劳动能力。一是课内教学实践。引导教师和学生重视并有效地利用实验实践教学课时,加强实操实训等体现劳动技能的课堂教学活动。加大立足"劳动+"的学生创新创业类科研立项,提高立项率。二是课外活动实践。鼓励学生通过各种课外活动来提高劳动意识,获得劳动能力,让学生尊重劳动者、理解劳动平等。在深入开展大学生创新创业工作中,扩大学生劳动参与面。鼓励学生参与社会劳动实践,在寒暑假和实践周让学生下基层参与生产劳动、参观实训基地,利用专业特点,参与讲述劳动者的故事,弘扬劳动精神。学校开展各类创新、创业训练计划等实践活动,使学生在实践中体验劳动带来的收获。学校还可成立学生创新创业相关社团,举办创新创业讲座沙龙、路演等活动,培养学生的劳动观念。三是校外实习实践。通过鼓励学生参加创新创业项目、志愿服务、暑期社会等实践活动,培养学生"真抓实干、埋头苦干"的劳动习惯。

(五)搭建创新创业与劳动教育融合平台,推动多方协同合力

高校建设创新创业项目的孵化基地是大学生劳动实践和劳动创造的实践平台,对于各类创新创业项目的孵化和成长,以及学生获得真实的创业体验和劳动体验起着积极的推动作用。很多高校建立了大学生创业园,聘请了校内外创新创业导师。首先,面向全校范围遴选项目团队,提供免费使用创业园区办公场所和公共设施,甚至可获得数目可观的创业基金,为创新创业项目搭建指导服务平台,建立具有劳动精神的服务团队,实行全程指导和服务。其次是充分利用社会资源。美国高等院校创新创业教育起步早,其获得成功的原因之一就是积极推动企业进校园,充分发挥企业家的作用。

在创新创业教育与劳动教育相融合的过程中,要加强高校与企业、劳模共同育人的模式,建立融合平台。首先,促进高校与企业的产学研结合,引导企业将研究机构设立在高校,为学生提供劳动实践机会,将劳动教育融入其中;其次,发挥企业中劳模作为创业导师的优势,凭借其丰富的人生经验和工作经历,为在校大学生开设劳动教育课程,树立榜样形象;最后,利用劳模所在企业与高校共同搭建的平台资源,将教学实践场所延伸到校外,结合社会需求开展劳动创新创业项目的实践活动等,更好地发挥多方协同合力,实现实践育人。

(六)加强培育"双师型"教师队伍,提高对学生创新劳动的指导力

"双师型"教师是高职教育教师队伍建设的特点和重点,但随着高校创新创业教育与劳动教育融合的需要,大力加强"双师型"教师队伍建设已成为社会和教育界的共同呼声。"双师型"教师指的是"双素质型"教师,即教师既具备理论教学的素质,也具备实践教学、指导学生实践的素质。这就要求教师既要有良好的职业道德,教书育人,又能通过劳动实践经验,将劳动教育与创新创业教育融合,对学生进行专业的、有针对性的指导,能够按照市场调查、市场分析、行业分析、职业及职业岗位群分析,调整和改进培养目标、教学内容、教学方法,通过劳动教育,加强对学生创新创业的知识传授及实践技能培养,进行专业的

开发和改造等。

加强"双师型"教师队伍建设,一方面,要加强教师劳动教育与创新创业教育结合的理论、知识培训,建立指导教师培训机制。同时,组织教师到企业挂职锻炼,鼓励教师参与社会行业的劳动及创新创业实践。美国高校往往鼓励众多教师投身社会服务,包括担任总统顾问、联邦储备局董事主席、国家经济委员会主任等,让教师与社会和社区保持良好的关系。对我国高校而言,这其实就是让教师投入社会劳动过程,或者聘请具有劳动经验的社会人士作为教师,在高校建立劳动教育与创新创业教育相结合的综合性师资队伍。稳定的创新创业教育和创业指导专职教师用专业水平树立标杆,引导学生崇尚劳动价值。培养"双师型"教师队伍,组织任课教师及辅导员队伍,参加旨在提升创新创业教师的教学指导服务能力的各类培训,可以为学生的劳动教育奠定基础。学校可以在二级学院专门组成以院长为组长、分管创新创业的副院长为副组长的创新创业教育工作领导小组,聘请学校各系专业教师作为创业导师。

另一方面,积极聘请优秀企业家和优秀创业者等担任兼职创新创业导师,聘请全国劳模担任德育导师,开展大国工匠面对面等活动,探索形成具有可持续、可示范、可引领、可辐射、可推广意义的先进经验和典型做法,在创新创业指导中发挥劳动教育的榜样引领作用。此举既能让社会劳动教育与高校创新创业意识相结合,培养学生的劳动能力,又能让学生更好地汲取社会经验,培养外界需要的创新型高素质应用型人才。

## 五、新时代高校劳动教育与产教融合相结合

产教融合是高等教育内涵发展和产业升级、技术进步的有力支撑。在中国特色社会主义进入新时代的今天,坚持劳动教育不是新中国成立初期劳动教育的简单"回归",不是对过去"教育与生产劳动相结合"方针的机械重复,而是满足产业发展与经济转型的必然要求,是将劳动教育体系建立在产业链、需求链之上。

产教融合是一个多主体、多维度的概念,涉及政府、行业企业、学校、社会组织。2017年发布的《国务院办公厅关于深化产教融合的若干意见》明确提出要充分发挥政府、企业、教育、社会组织在产教融合中的重要作用,搭建"四位一体"架构,充分发挥各自的职能和优势,协同推动产教深度融合。

推动高校劳动教育与产教融合相结合,核心在于通过推进产教协同育人,真正实现教育与生产实践的结合。从教育实践的角度来看,推动高校劳动教育与产教融合的结合,对于促进高校人才培养供给侧和产业需求侧结构要素全方位融合,实现教育服务社会的功能,为经济发展和产业升级培养大批勤于劳动、善于劳动、热爱劳动的高素质劳动者具有重要意义。

(一)政府要发挥政策引导和支持作用,构建劳动教育与产教融合相结合的生态环境

影响产教融合的外部因素众多,产教融合不仅是教育制度的一部分,而且是经济制度、产业制度的组成部分。劳动教育作为重要的外部因素,可以促进产教融合的发展,在

一定条件下推动产教融合的开展与深化。

对劳动教育优化调整,以促进产教融合,不仅涉及教育主管部门,而且与社会众多方面紧密相关,这需要相关机构着力构建有利于推动劳动教育与产教融合相结合的"生态环境"。具体来看,它包括五个方面:

一是加强劳动教育与产教融合相结合的顶层设计。找准劳动教育与产教融合的结合点,统筹协调供需双方("教"与"产")利益关系,构建可操作的系统的政策体系,对劳动教育促进产教融合的实施主体、管理主体职能精准定位。

二是劳动教育应从配合产教融合的需求侧入手,针对劳动者所应具备的专业知识及技能,提供教育服务,使劳动者在就业过程中不断地学习和吸收新知,旨在最终满足经济发展及产业升级的需要。

三是劳动教育应着力于建立和谐劳动关系,使劳动者对于相关政策、法令有所了解、认识,同时对于劳资关系及工会组织树立正确的观念以促进产业发展的需要。

四是基于推进产教融合的目的,政策的施力点都应放在营造外部环境,落实有利于产教融合的劳动教育的机制上,从教育政策、经济政策和社会福利政策入手,对其优化调整。

五是完善和理顺经费保证机制。因为劳动教育不同于产教融合中其他的"教",无法让企业直观地见"效果",见"利润",所以很难调动企业投资的积极性。但是,劳动教育对于经济发展的作用不言而喻,因此,应当明确劳动教育的产品性质(比如,是否为"准"公共产品),从而明确公共财政投入的主体机制。

(二)行业要发挥协调指导作用,加强平台载体建设,建立行业协调对话机制

行业是产业的载体,是具有高度相似性和竞争性的企业组成的群体,在产教融合中处于承上启下的中观层面,要发挥其协调指导作用,就要加强产教融合、校企合作的指导、评价和服务作用。随着云计算、大数据等信息技术的快速发展,加强平台载体建设可推动劳动教育与产教融合的深度结合。具体来看,它包括三个方面:

一是打造产教融合综合信息服务平台,汇聚人才供需、校企合作、项目研发、技术服务等各类信息,向各类主体提供精准化信息发布、检索、推荐和其他相关服务。

二是建立产教融合统计评价体系,组织第三方开展产教融合效能评价,以评价结果作为绩效考核、投入引导、试点选择、表彰激励的重要依据。

三是加强公共实训基地建设,支持龙头企业、学校、社会培训机构共同建设独立运作的公共实训基地,为当地学生提供基于真实生产项目和生产岗位的培训实践场所。

此外,从机构建设角度来看,可在国家教育主管部门层面设立劳动教育管理机构,或在已有相关部门增设劳动教育管理职责;成立行业劳动教育指导委员会,负责行业与劳动教育实施主体的交流和指导。就劳动教育与产业行业对话协同而言,可采取的形式是以行业教育管理部门与劳动教育指导委员会为责任主体,开设劳动教育与产教融合交流平台或高峰论坛等,涉及的内容包括劳动意识、劳动权利、劳动伦理、劳动关系、劳动条件、劳动安全与保障和劳动职业生涯发展教育等。另外,还要建立各类行业协会与劳动教育实

施主体的经常性对话协商机制。

(三)高校要积极推进产教协同育人,真正实现教育与生产实践相结合

劳动是人的本质活动,劳动是实现人的全面发展的重要途径,教育与生产劳动相结合是社会主义教育的根本原则。教育与生产劳动的融合,一方面可以提升劳动者的科学文化水平和素质,提高社会的生产效率,促进生产力的发展;另一方面教育与生产活动的融合,是实现人的解放和全面自由发展的根本途径,"使社会的每一个成员都完全自由地发展和发挥他的全部才能和力量"。因此劳动教育的核心内涵即是教育与生产活动相结合,教育中有劳动,劳动中有教育,二者相互渗透、相互融合。通过产教、校企协同育人,例如,推动校企合作共建专业、共编教材、共设工学结合一体化课程及联合搭建实践平台,推行面向企业真实生产环境的任务式培养模式,开展学校与企业、专业与企业、班级与企业等多层次合作办学等,一方面可以有效地解决劳动教育"纸上谈兵"的困境,另一方面可以解决高校人才培养的供给与产业、企业发展需求相背离的问题。通过产教协同育人,真正实现教育与生产活动相结合,从而达到劳动教育的根本目的。

(四)企业要发挥在劳动教育与产教融合相结合中的重要主体作用

企业工厂场所的教育是产教融合最本质的特征,不重视企业人力资源的开发,产教融合、校企合作不可能有效实施。只有树立企业是重要教育资源的理念,重视培育企业教育资源的开发能力,发挥其工作场所教育的作用,产教融合才能有效实施。因此在加强劳动教育与产教融合相结合的过程中,还需要积极发挥企业重要主体作用,让企业在这一过程中尝到甜头,有动力参与到产教融合中,改变过去流于形式的产教融合模式,实现高质量的深度融合。例如,通过制定"产教融合型"企业评定标准和奖励办法,将人才培养、产教研合作取得显著成效的企业认定为"产教融合型"企业,各级经济和信息化部门在技术改造补助、企业技术中心认定等方面予以优先支持,科技、发展改革部门在企业创新平台建设上予以优先支持。通过"引企入教",支持引导企业深度参与高校教育教学改革,以多种方式参与学校专业规划、教材开发、课程设置、实习实训等,让企业的需求更好地融入人才培养环节。

(五)通过劳动教育打造产教融合利益共同体

产教融合是一个由粗浅到成熟、由松散到紧密的过程,浅层次合作是由学校主导、靠感情联络为主的形式合作;中层次合作是院校为企业提供咨询、培训等服务,建立横向联合体,形成多元投资主体的合作;深层合作是学校与企业互相渗透,形成利益共享关系的合作。

校企利益共同体是产教融合深层次合作的表现形式。通过劳动教育打造产教融合利益共同体是推动劳动教育与产教融合相结合的关键。在校企合作中,学校的目标是培养符合企业需要的人才,学校各专业与行业、企业建立直接联系,了解和掌握行业发展趋势和需要,改革专业教学,加强劳动教育,为企业培养需要的人才。而企业是以获取更大经济利益作为价值追求,在产教融合中,企业可以便捷、高效地选择学校培养的人才加入企业,对职工进行继续教育,通过对教育支持,起到宣传效应,树立企业形象;借助学校资源和政府政策的支持,节约成本,进行新产品研发、新技术引进、设备技术改造等,提高整体效益。因此,通过推动劳动教育与产教融合相结合,有利于建立校企双方利益共同体,共享和优化产学资源配置,培养高素质创新人才,助力产业建设。

### 六、新时代高校劳动教育与校园文化相结合

高校校园文化是在高校校园内部长期的教育、学习和生活中所形成的一种价值观念、精神支柱、学校传统、行为准则、道德规范的总和,包括高校的物质文化、精神文化、制度文化三部分。可以说,高校校园文化是时代精神在高校的客观反映,是社会主义办学方向和指导思想在高校的集中体现。

校园文化像和煦春风一样,飘散在校园的各个角落,渗透在教师、学生、员工的观念、言行、举止中,渗透在他们的教学、科研、学习、做事的态度和情感中。实现劳动教育与校园文化相结合,将劳动观、劳动精神融入师生员工的学习、工作和生活,是高校加强劳动教育的有效途径。

(一)让高校精神载体成为劳动教育的思想引领

高校精神载体主要包括校史、校训、校歌等。

任何一所高校在长期的办学历史中,都经历了一代又一代开拓者、建设者、改革者的不懈努力。在开展劳动教育的过程中,着重挖掘校史中关于开拓创新、奋力拼搏、自强不息的典型人物和故事,并用图片、话剧、视频等手段还原历史,让师生员工深刻领会劳动创造历史、劳动开创未来的道理。如中国新型高等教育开拓者吴玉章为创建中国人民大学,以逾古稀之年,殚精竭虑、历尽艰辛,在短时期内顺利完成学校筹备工作,并在治校17年间为新中国教育事业做出了不可磨灭的重大贡献。在中国人民大学建校80周年时,该校话剧团创作了话剧《吴玉章》,在全校师生中引起了强烈反响。

校训短小精悍、言简意赅、便于记忆,是高校教育理念、人文精神、历史文化积淀的高度凝练,在高校开展劳动教育的过程中具有灵魂和航标的作用。在入选一流大学建设的36所高校中,共有16所高校在校训中体现了劳动教育的内容。其中,重庆大学直接把"耐苦劳"写入校训,北京理工大学等5所高校将"勤奋"写入校训;南京大学和西北工业大学在校训中都以"诚"字提出了"诚实劳动"的要求;浙江大学等9所高校在校训中突出了"创新",是对创造性劳动要求的直接体现。

校歌以情感人,易于传唱,一直是广大校友情之所系,每次吟唱,总能忆起校史中的难忘岁月,也见证了一代代校园人拼搏奋斗的美好时光。北京大学校歌气势恢宏,激励人心,体现了代代北大人拼搏奋斗的精神;南开大学校歌歌颂了智勇真纯、日新月异的南开精神;中山大学校歌体现了代代师生的奋斗历程和雄伟壮志。融入劳动思想、弘扬劳动精神的校歌,在传唱中自然于无形中加强了劳动教育。

(二)让高校教职员工成为劳动教育的先锋示范

高校是人才培养的摇篮,教师是人才的培养者。高校教师不仅要"传道、授业、解惑",

而且要做到"行为世范",通过自己的言传身教,引导学生树立正确的价值观。吉林大学教授黄大年与时间赛跑,带领团队创造了多项"中国第一",为深地资源探测和国防安全建设做出了不朽贡献。他不仅是优秀教师,是时代楷模,是劳动模范,而且是学生辛勤劳动、诚实劳动、创造性劳动的最好示范。高校要在加强师德师风建设上下功夫,将劳模精神、劳动精神、工匠精神纳入师德师风的内涵,将师德师风建设与思想政治工作、教学科研工作同研究、同部署、同落实;在深化新时代教育体制改革、建立科学的教育评价导向上下功夫,用劳动教育的内涵丰富高等教育理念,着力建设为人师表、治学严谨、认真负责、耐心细致、开拓进取的高水平教师队伍和热爱劳动科学,具有劳动精神、工匠精神的科研队伍;在宣传引导上下功夫,重视模范教师的选树工作,广泛宣传优秀教师崇尚劳动、勤于劳动、以身作则、率先垂范的先进事迹,以教师高尚的人格魅力和模范的言行举止为学生做示范。

(三)让高校身边榜样成为劳动教育的时尚表率

任何时候,高校校园都不缺乏向上向善的动人故事,总有艰苦奋斗的励志传奇,还有刻苦努力的勤奋典范。这些榜样就在大学生中间。成立身边榜样事迹采编队伍,开展身边榜样选树活动,挖掘普通学生中勤奋刻苦、诚实守信、勇于创新的点滴,整理学生党员中信念坚定、攻坚克难、默默奉献、奋力拼搏的典型,采访各届校友中自强不息、勤于钻研、苦干实干、创新创业的故事,并以他们的成长经历引导大学生正确认识劳动,积极参与劳动。

(四)让高校文化活动成为劳动教育的有力抓手

采取丰富多彩的教育形式和喜闻乐见的活动方式,打造以"弘扬劳动精神、培养劳动情怀"为主题的"劳动教育"系列活动,让形式多样的校园文化活动有组织导向,让积极参与其中的大学生有努力方向。在新生入学教育中融入劳动教育内容,让大学生在知校爱校的同时,深刻领会劳动和劳动精神的内涵;在毕业生离校时,选拔学校形象代言人,鼓励毕业生用"干劲、闯劲、钻劲"在各自工作岗位上为实现个人梦想、为国家创新发展不懈努力;开展创新创业系列讲座、创新创业作品设计大赛,开辟大学生创新创业园区,鼓励大学生积极参与创新创业,在劳动中成就未来;以"探寻劳模成长历程"为主题组织社会实践活动,带领大学生深入劳模工作单位,感受一线劳动的魅力;引领学生参与志愿服务,在服务他人的同时,收获劳动的快乐。同时,充分发挥高校的科研优势,引导师生申请劳动教育研究课题、举办劳动精神专题论坛,邀请专家学者、劳模代表、优秀校友进行主题讲座,为开展劳动教育、传播劳动精神提供智力支持和理论支撑。

(五)让高校新媒体平台成为劳动教育的重要阵地

要在用好橱窗、海报、标语、报纸等传统媒体的同时,抢占新媒体阵地,充分运用网络、微信、微博等新媒体平台的优势,进行全媒体传播,制作推广更多轻量化的,可视性高、互动性强的新媒体宣传作品,实现更好的传播效果;把握网络传播的特点,根据"网络原住民"的媒体接触习惯,用平视的角度、平和的态度、平等的互动实现有效传播、推动劳动教育。打造"身边劳模""我身边的最美劳动者""青年劳动之声"等师生喜闻乐见的多媒体产品,提升劳动教育的丰富性;开设"人物志""榜样的力量"等栏目,增强劳动教育的吸引力和感染力;通过微直播、微寄语等板块,鼓励师生参与劳动教育话题,分享劳动教育感悟,提出劳动教育建议,增强劳动教育的互动性。这些方式能让劳动教育"活起来""实起来""酷起来",可以增强劳模精神的时代感和感染力,提升劳动教育的实际效果。

(六)让高校物质制度环境成为劳动教育的肥沃土壤

打造劳动教育文化墙,在文化广场、运动场等人员较为集中的地区,集中展示劳动理念、劳动标语、劳动模范、劳模事迹等劳动教育内容,增强师生员工的思想认同感。重视校园楼宇文化建设,在教学楼、办公楼、图书馆、宿舍、食堂等师生工作、学习、生活的主要场所,以图片、实物、文字、视频等多种形式展示我国各行各业劳动模范和大国工匠的成长故事、非凡业绩,使劳模精神融入师生日常学习生活,生动自然地传播劳模精神、工匠精神,引导大学生摒弃精致利己主义思想,树立"崇尚一技之长,不唯学历凭能力"的新时代劳动价值观。建立劳动教育课程标准审核和教案评价制度,健全师资队伍劳动教育考核机制,制订劳动教育相关奖学金和荣誉评选实施细则。努力让这些不会"说话"的物质环境、制度环境成为劳动教育的肥沃土壤,形成浓厚的劳动教育氛围,激发师生员工开拓进取精神,涵养深厚劳动情怀。

## 第三节 新时代大学生劳动教育的实践保障

### 一、师资队伍

新时代高校加强劳动教育,需要多渠道建设一支执着于教书育人、有热爱教育定力、带干劲闯劲钻劲的高水平劳动教育师资队伍。

(一)以服务国家战略需求为导向,多措并举地推进高校劳动教育师资队伍多元化

当前,我国经济发展正处在由高速度发展向高质量发展转型的关键时期,高校肩负着培养德智体美劳全面发展的社会主义建设者和接班人的重大任务,培养的人才应该有着正确的世界观、人生观、价值观、事业观、审美观和劳动观,建设一支综合素质过硬、教学水平高超的高校劳动教育师资队伍是关键的一环。

1. 着力培养一支劳动教育专业师资队伍

劳动教育作为一门课程,需要配备专业从事劳动教育的教师。教师的培养需要构建科学的劳动教育理论体系和学科体系。目前,国家师范类人才培养尚未对从事劳动教育教学的师资队伍建设制定专门的人才培养方案,很少有高校开设专门的劳动教育专业课程。新时代培养一批劳动教育专业教师队伍,要从建立并完善中国特色劳动科学理论体

系和学科体系着手,切实加强劳动哲学、劳动文化学、劳动经济学、劳动管理学、劳动法学、劳动关系、人力资源管理、劳动与社会保障、社会工作、劳动安全工程、职工卫生等一系列与劳动问题高度关联的学科建设,强化擅长劳动教育专业的师范类人才培养,为劳动教育专业化奠定基础,逐步形成"劳动学科建设→劳动师范人才培养→劳动教育专业师资队伍建设"的良性循环,为劳动教育的开展持续输送专业教师。

2. 着力打造一支劳动教育复合型师资队伍

劳动教育可以与高校专业课、思政课等德育、智育、体育、美育课程有机结合,充分拓展劳育对其他教育的促进作用。为此,高校要在培养劳动教育复合型教师上下功夫,鼓励支持教师积极参加基层实践,使理论知识与生产实践紧密结合,及时总结心得和经验,将劳动的元素融入各类教材的编写,将劳动的精髓融入各类人才培养方案,潜移默化地强化劳动教育对教育教学各个环节的影响,着力守好一段渠、种好责任田,营造各类课程都讲劳动教育的浓厚氛围。比如,教授法学课程的教师可以给学生讲述怎样克服困难"送法下乡",服务村民;教授市场营销的教师可以给学生讲述怎样深入一线调研,获得客户消费偏好资料;等等。

3. 着力构建一支"双师型"师资队伍

与传统高校教师不同,"双师型"教师不仅具有一般教师的特质——能够传道、授业、解惑,而且具备对学生进行实践技能培养的能力。"双师型"教师在传授大学生专业技能的同时,还强化对其具体劳动实践的指导,通过理论与实践的结合,增强他们对劳动的责任感、使命感和荣誉感,切身感悟劳动带来的尊严感、崇高感和幸福感,为引导其树立正确的劳动价值观奠定基础。高校可以通过挂职、进修等方式鼓励教师参加与其专业研究领域相关的基层社会实践,提升实践技能,不断壮大"双师型"教师队伍。

4. 着力凝聚一支社会型劳动教育师资队伍

教育的价值体现于其培养的人才能够为推动社会发展贡献力量。高校可以充分利用社会资源,聘请优秀社会人士,比如,科学家、劳动模范、大国工匠等成为劳动教育的传道者。他们讲述创新故事、劳模故事,展示精湛匠艺,分享工匠情怀,让劳模精神、劳动精神、工匠精神入脑入心,切实增强劳动教育的感染力。高校还可以利用家长对大学生劳动教育的影响,强化正确的家庭劳动教育对大学生劳动习惯的影响力。

(二)以师德师风建设为根本,强化理想信念的思想引领作用

评价教师队伍素质的第一标准是师德师风。新时代高校加强劳动教育师资队伍建设是劳动教育取得实效的根本保障。要把师德师风建设与劳动教育师资队伍建设有机结合,根据劳动教育师资多元化情况,把握特点,分类施策。强化师德师风制度建设,将师德师风建设纳入高校劳动教育师资队伍考核评价体系,建立正确的教育评价导向和反馈机制,对师德师风实行"一票否决制";强化正向引领,选树一批劳动教育教师楷模,分享他们的劳动教育成果,形成可复制、可推广的劳动教育经验,着力建设一批有理想信念、有道德情操、有扎实学识、有仁爱之心的高校劳动教育师资队伍。

（三）以创新体制机制为抓手，强化高校劳动教育师资队伍的科学规范化

劳动教育是内涵式教育。劳动教育的目标是引导大学生树立正确的劳动价值观，使其在走上社会后能够勤奋劳动、诚实劳动、创造性劳动。高校加强劳动教育师资队伍建设不能好高骛远，要结合自身实际，以现有平台为基础，坚持目标导向，充分发掘影响新时代高校劳动教育师资队伍建设的短板，深入分析问题产生的体制机制原因。加强对国家宏观劳动教育形势的研判，精准分析高校自身发展定位，遵循教师成长发展规律，在创新体制机制上下功夫，打破固有的编制束缚和薪酬约束，运用科学的人事管理方法，管活管好多元化的劳动教育师资队伍。建立劳动教育师资激励机制，鼓励更多教师有志于成为劳动教育的专业教师，让更多教师把劳动教育的理念带进课堂，使更多优秀教师成长为"双师型"教师，让更多社会精英走进校园传播劳动故事。

## 二、条件保障

（一）组织保障

把全面从严治党要求落实到每个高校工作人员，把党的政治建设摆在首位，用习近平新时代中国特色社会主义思想武装头脑，充分发挥党对教育事业的监督管理和宣传引导凝聚师生的战斗堡垒作用。

除了党对劳动教育的重视外，各高校也需要贯彻党和国家的方针，做好劳动教育工作，制定符合校情的中长期发展规划，确立短期、中长期发展目标及具体实施步骤，把劳动教育列入年度工作计划当中。成立专门的学科建设、管理小组，把劳动教育的建设发展摆到整个学院发展的突出位置，结合学科发展建设、专业建设和现有人员的具体情况，制定符合劳动教育发展的学科、科研、师资队伍建设规划，并组织重点实施。另外，为劳动教育发展提供坚实的组织保障也不仅仅来自高校内部建设，而且要发挥业界、学界的学术团体、行业协会的优势，组建学术委员会，建立有效的评估机制，定期对学校劳动教学的组织、实施进行有效的评估，不断完善与优化学科发展和育人体系。

（二）投入保障

提升软硬件水平是保障劳动教育发展的根本保障，高校应该加大对劳动教育的投入比重，努力完善劳动教育发展的投入保障措施。就目前我国高校劳动教育开展的实际情况来看，投入保障主要包括三个部分，即人、财、物的保障。

首先，师资队伍的投入是劳动教育发展的核心保障。通过"走出去，请进来"的方式打造"双师型"的高精尖的师资队伍。一是在校内遴选具有一定背景的教师担任劳动教育课程教师；二是加大对教师队伍教学能力的培训；三是聘请具有一定实践经验和职业素养较高的劳模、企业家、杰出校友等，建立学校劳动教育的专家库，以提高人才培养质量。

其次，经费是开展劳动教育的基础保障，为此，高校应加大对劳动教育的资金投入，做到资金的合理高效使用。将劳动教育相关的活动列入每年的经费预算当中，设立专门的教学科研经费和专项经费，以确保劳动教育的有效开展。同时，应积极拓宽教育资金的筹

措渠道,比如联合政府、行业企业、知名校友等组织,要吸引企业社会团体的捐赠,建立持续投入和经费单列的运行机制,为劳动教学设施设备的日常更新保养和维护提供保障。

最后,物质保障也是劳动教育发展的重要保障。其内容包括为学科发展提供相应的教学设施、器材、设备、场地,为教师、学生等提供充足的相关书籍资料和音像资料,为教师提供相应的短期培训以及劳动教育科学研究支持等。

### (三)时间保障

开展教育的过程就是一个学习的过程,以时间和空间为纽带,实现师生之间的教学相长。发展劳动教育,面临的首要问题就是时间问题。在过去的发展中,我们不难发现,劳动教育作为一门特色教育,很多学校对于其发展的重视远远不够,从时间保障上来看,存在课程安排总量较少、课程时间较短、时间的有效利用率不高等问题。

开展劳动特色教育,必须在有限的时间中实现课程创新发展。一方面,学校要加强对劳动教育的学科体系建设,从课程安排和课程设计上与其他专业课同向同行,规划相应课时与学分,保障每学期教师有32课时以上的授课时间,就每周的授课安排来说,搭建线上学习交流平台,确保教师和学生有一定的时间可以了解关注劳动教育内容。另一方面,在尽量保障课程时间的同时,将劳动教育充分纳入通识课体系的建设中,开展劳动教育第二课堂,把通识课内容和第二课堂教育纳入教师教学工作量的统计范围中,把劳动相关课程纳入学生期末的综合考评中。此外,充分发挥学校劳动教育的顶层设计、规划、指导作用,鼓励教师利用寒暑假时间开展劳动教育的特色小学期和劳动特色实践学习,开展多样化教学,引导学生主动参与讨论和实践,创造复合时间价值,将课堂从教师单向度地传授知识转变为学生多向度地主动获取知识。

### (四)空间保障

高校要贯彻落实新时代德智体美劳全面发展的教育方针,就要根据高等教育人才培养的特点,努力构建更加全面的人才培养体系。要探索更加有效的途径方式,就要实现教育空间的不断升级与拓展。

在信息化背景下,多功能、信息化教室开始出现,学生学习的场所也不再局限于课堂,教学的空间已经从教室内延伸到教室外、从实体空间延伸到虚拟空间。具体到劳动教育上,其空间保障主要包括学习办公场所保障、实践教学平台与学习基地建设、网络平台的延伸、交流空间的拓展。

首先,在校内建立劳动教育研究基地,为专题调研、历史研究、开展研讨提供保障。其次,鼓励劳动教育走出校园,大力推动学校与行业部门、企业、社会共建育人基地,为教师提供实践教学平台、实验教学中心,为学生提供实习基地、实践基地。再次,劳动教育是一门抽象化的学科教育,将教学空间延伸至网络空间,有助于教师通过情景模拟的方式吸引学生的关注度,进而激发学生的学习兴趣。最后,拓宽交流空间,每年选定一批优秀教师和学生代表到国内外高校进行访学交流,为教师、学生的发展从物质空间和精神空间上提高层次和保障,实现产学研合作教育和嵌入式协同育人。

### （五）技术保障

技术保障是开展劳动教育的一个重要组成部分，旨在为促进劳动教育现代化，为教学和科研提供技术支撑，因此，做好技术保障工作对于学科发展有着极其重要的作用。当前劳动教育技术保障内容主要包括建设劳动教育师资资源库、数字化教学资源建设、网络教学环境的建设、多媒体设备管理等。

一方面，运用现代信息技术，创建区域性高校共享型劳动教育教师资源库，构筑开放式资源环境，搭建开放型、共享型公共服务平台，整合区域院校劳动教育教师资源以及各种社会人才资源，为教师更新知识结构、丰富教学经验、增强业务能力提供有力支撑。另一方面，无论是数字化教学资源还是网络教学环境的建设，都需要依托成熟的网络平台，通过网络技术解决当前教育发展中面临的诸多问题，比如实现教学资源共享化、实现师生在线一对一或者一对多互动、实现学生个性化学习、延伸课堂内容等。保障多媒体设备的正常运行也是技术保障的重要内容之一。

上述五个方面基本涵盖了劳动教育发展所需要的基本内容。劳动教育发展的三大使命是立足于问题研究、着眼于学科发展、致力于实践服务。当前我们的劳动教育也需要适应时代发展的要求，着眼于不同学校劳动教育发展的具体情况，具体问题具体分析，为劳动教育的开展提供长效保障机制。

## 三、评价体系

高校劳动教育承载着培养社会主义事业建设者和接班人的重要使命，怎样对高校开展劳动教育的情况进行评价，提出反馈意见，及时采取有效措施，纠正劳动教育实际与既定目标之间的偏差，构建科学的高校劳动教育监测评价体系成为破题的关键。

### （一）科学研判形势，细化制定目标

高校要充分把握高等教育发展规律，明确自身所处的发展阶段，深入分析开展劳动教育面临的内、外部环境，结合自身发展规划和战略目标，充分把握机遇、直面挑战，制定切实可行的劳动教育规划，并将其纳入学校发展总体规划之中。要紧紧围绕劳动教育规划，着力分阶段多维度构建各领域的劳动教育各项目标。比如，在阶段划分上，可以以 5 年为一个总体目标，分别设定 5 年内每一年度的目标；在维度上可以从劳动教育培养目标与培养效果的达成度、劳动教育定位和人才培养目标与国家和地方经济社会发展需求的适应度、劳动教育教师与教学资源条件的保障度、劳动教育教学和质量保障体系运行的有效度、学生在劳动方面的表现与社会用人单位的满意度五个方面分别设定目标。

### （二）围绕既定目标，准确设计指标

高校根据已制定的劳动教育规划和各阶段各维度的具体目标，设定各阶段目标的考核指标。为方便后续监测，评价指标的设定要在质化明确描述的基础上，以量化为主。比如，在劳动教育教师和教学资源条件的保障度方面，质化指标可以表述为劳动教育教师队伍不断壮大，量化指标可以设定为劳动教育专业教师人数比上一年度增加 2 人；在学生和

社会用人单位的满意度评价指标设定方面,质化指标可以表述为用人单位对毕业生在劳动方面的表现满意度逐年上升,量化指标可以设定为在收回的用人单位对毕业生工作中劳动表现的问卷中,用人单位满意度持续保持在90%以上等。各项评价指标不是一成不变的,要与学校整体发展规划相匹配,定期进行更新。

(三)持续跟踪评价,及时发现偏差

高校要将劳动教育实施情况的跟踪评价纳入学校教学质量评价体系,确保有专门的机构、专业的教育管理人员对劳动教育具体实施情况进行跟踪监测,及时发现实施过程中偏离具体目标的情况,综合分析问题产生的原因。同时,不断丰富跟踪评价方法,通过与教师的深入座谈,了解劳动教育目标实施过程中存在的实际困难;运用现代化智能手段,通过手机App发放问卷等方式,第一时间收集大学生对劳动教育实施的意见等,全方位多渠道挖掘劳动教育实施过程中可能导致偏离既定目标的情况。

(四)有效进行反馈,确保落实举措

高校不仅要重视劳动教育实施过程中存在的问题,而且要根据问题本身,深入探究导致问题产生的体制机制原因,从根本上提出解决问题的办法。要建立健全劳动教育实施监测过程中发现问题的解决机制。相关部门要通过正常渠道将发现的问题及时反馈给负责劳动教育实施的责任归口部门,对常规性的问题提出解决建议,并督促有关部门具体落实;对重大问题,向学校决策机构进行反馈,待明确举措后,推动落实。高校要将劳动教育实施问题清单和问题解决举措一一对标,在不断发现问题、不断解决问题中确保劳动教育各项目标和劳动教育规划的实现。

## 四、社会支持

劳动教育是协同教育。劳动教育活动不外乎来自四个方面,即受教育主体的自我劳动教育、家庭劳动教育、学校劳动教育和社会劳动教育,与此相对应,也形成四个劳动教育系统,即自我劳动教育系统、家庭劳动教育系统、学校劳动教育系统和社会劳动教育系统。这四大教育系统各具不同的教育功能,释放不同的作用,同时交叉影响、共同构成劳动教育协同化、社会化的基本格局。劳动教育协同化、社会化的落地措施就是要打造全社会共同关心、支持劳动教育的新格局。这首先要明确共同点和一致性,就是要加强对高校大学生的劳动教育,使他们成为合格的社会主义建设者和接班人;其次就是要着力协同性,社会各方面都要发挥各自的优势,心往一处想、劲往一处使、互相协调、取长补短,通过有效机制的联系与整合,达到最好的劳动教育效果。

(一)重视和实施家庭劳动教育

重视和实施家庭劳动教育,家庭特别是家长要承担第一责任。家长的思想和言行对于良好劳动家风的形成及对子女的劳动意识、劳动观念、劳动行为的塑造至关重要。当前在一些大学生中出现的不想劳动、不会劳动、不珍惜劳动成果、不尊重体力劳动者的"四不"现象,究其原因,除社会影响外,在很大程度上与家长望子成龙、出人头地、轻视劳动教育和对独生子女的过分溺爱有很大关系。抓家庭劳动教育,首先要抓家长劳动教育。为此,各级党政、教育行政和群团组织都要重视和关心家长劳动教育工作,党员干部更应该带头。要建立健全家校一体化育人机制,以提升学生家长综合素质为目标,使劳动教育体系更加完善有效。工会、共青团、妇联等群团组织要运用各自优势,协同学校开展对学生家长的劳动教育相关知识培训及家庭劳动教育的相关指导。要鼓励家庭、家长积极参与和实施家庭劳动教育,引导他们主动担起责任,学习和改进教育孩子的方法,自觉纠正各种错误思想和做法,努力使尊重劳动、热爱劳动成为"好家风""好门风",彻底摒弃"拼爹""啃老"的不良社会风气。对实施劳动教育效果显著的家庭、家长要给予表彰。

(二)加强党对劳动教育工作的领导

党对劳动教育工作的领导是支持学校、协同各方开展劳动教育的根本保障。各级党委都要提高政治站位,把劳动教育列入培养合格的党和国家未来建设者和接班人的大事来抓,高度重视、关心和支持劳动教育工作,把劳动教育纳入教育改革发展的重要内容。党政主要负责同志要熟悉劳动教育、关心劳动教育、研究劳动教育,切实为搞好劳动教育办实事、解难事。要积极推动家庭、学校、社会三大劳动教育系统的融合,建立健全联系和运作机制,搭建交流互动协作平台。

要运用现代传媒手段,大力宣传劳动精神、劳模精神、工匠精神,树立先进典型,引导劳动最光荣、劳动最伟大、劳动最崇高、劳动最美丽的社会风尚,形成良好、强劲的有利于劳动教育的社会氛围和鲜明的劳动导向。要重视劳动教育立法和政策制定工作,使之有法有规可依,保障劳动教育行进在法治轨道。要在劳动就业、收入分配、职工福利、社会保障、人才培养等方面坚持公平原则和保障劳动者利益,提升劳动者的社会地位,使全社会,特别是大学生看到做劳动者的自豪。

(三)发挥工会、共青团、妇联等群团组织在推动实施劳动教育中的独特作用

工会是职工群众组织,它和劳动、劳动者联系最紧密,在协同实施劳动教育上有着丰富资源和独特优势。工会必须从全局高度,抓住契机,在推动全社会的劳动教育上发挥积极作用。工会要在教育领域强化劳动教育中发挥积极作用。要充分利用工会自身联系劳模、大国工匠和先进人物的优势,积极推进劳模、大国工匠和先进人物进校园,用现身说法的典型教育,弘扬劳动精神、劳模精神、工匠精神,力求对学校教职工和学生产生虹吸效应,形成强大氛围。要利用工会联系企业、社会的优势,积极为学校教师、学生参加劳动生产实践打造适合的基地。要配合学校党政方面抓好教师队伍建设,实现教人者先受教。工会要在社会领域强化劳动教育中发挥积极作用。要按照习近平总书记关于"全社会都应该尊敬劳动模范、弘扬劳模精神,让诚实劳动、勤勉工作蔚然成风"的要求,积极推进全社会的劳动教育工作,其主要内容是:积极参与国家有关立法、修法和政策制定活动,提出有关劳动和劳动教育的建议,使劳动和劳动教育的法律依据更加坚实;利用新媒体等多种现代传播平台和手段,在全社会大力宣传劳动精神、劳模精神和工匠精神及有关先进典型事迹,积极营造先进劳动文化;敢于对社会上那种鄙视、轻视劳动和普通劳动者的错误

倾向发出抵制和纠正之声，使之没有市场；教育引导职工搞好家庭劳动教育，形成爱劳动的良好家风，并以此为基础形成社区、社会热爱劳动的良好社会风气；积极创造、开拓社会公益劳动的新途径。

共青团是先进青年的群众性组织，是党的后备军。共青团具有和青年联系的天然优势，组织资源、阵地资源、活动资源丰富，教育青年既是责任更是传统。在新时代，共青团要充分利用这些优势，协同学校、家庭和有关方面，大力开展青年学生的劳动教育，要把它列入社会主义核心价值观教育的重要内容，积极开展适合青年特点的、多种形式的劳动教育；要把它列入学校教育教学的内容，积极配合学校实施劳动教育、组织劳动和社会实践；要主动联系学生家庭，积极协助开展好家庭劳动教育；要组织学生开展有益于社会的各种公益活动。

妇联是妇女群众组织，在联系广大妇女方面优势独特。妇女在家庭和社会中都起着"半边天"的重要作用，尤其是在家庭教育和学生教育方面更具关键作用。妇女既要参加工作、服务社会，又要承担建设家庭、教育孩子的重任，十分辛苦。各级妇联要积极主动关心女职工、帮助女职工。在劳动教育方面，要通过多种方式进行女职工家长培训，使她们提升劳动教育意识、增加劳动教育知识、掌握劳动教育方法，以形成良好劳动家风为重点，搞好对家庭成员，特别是孩子的劳动教育，夯实学校和社会劳动教育的基础。

（四）争取企事业单位的广泛参与

实施劳动教育，企事业单位要积极承担其社会责任。企事业单位中许多是企业和科研院所，它们是直接生产或科研的单位，是劳动的第一现场，也是青年学生校外的最好实践基地。企业和科研院所要利用自身优势和方便条件，积极开展产学研结合，创新创业结合，以及实习实训与职业生涯教育结合。要发挥资金优势，为劳动教育提供力所能及的资金支持；要发挥人才优势，充分利用科技人才、大国工匠、劳动模范、先进人物以及老工人、老干部、老科技工作者，搞好对青年学生的现身说法和传帮带；要发挥项目优势，通过一系列的生产、科研和工程项目优势，使大学生学到本领、受到锻炼、找到正确的职业生涯，树立起远大理想；要发挥企事业单位的文化优势，使大学生通过进企事业单位参与科研和生产劳动，深刻感受到企事业单位浓厚的劳动文化氛围，通过劳动文化的熏陶，增强对劳动的热爱和对劳动人民的感情。总之，企事业单位要通过协同学校，为青年大学生提供丰富生动的现场劳动教育，使他们通过劳动现场的切身感受理解劳动和劳动者的意义和伟大，在敬佩中树立起正确的劳动价值观和幸福生活靠奋斗的牢固思想，为以后走向社会、成为合格乃至优秀的劳动者奠定坚实基础。

（五）营造宣传劳动伟大的舆论氛围

对青少年的劳动教育离不开强有力的社会舆论氛围，这既是劳动教育的一种方式，也是劳动教育的重要内容，因此，理论宣传工作部门承担着重要的使命和责任。要根据党中央的要求、新时代社会变化的特点和青年学生的需求进一步加大劳动宣传的力度，在传播内容上，以弘扬新时代的劳动精神、劳模精神和工匠精神为核心，同时广泛传播劳动科学和劳动技能,培育广大青年的劳动观念、增长劳动才干、崇尚劳动英雄;在传播方式上,把传统宣传手段和现代传媒紧密结合起来,充分运用融媒体的优势和传播快、传播广、传播形式新颖的特点,以生动活泼、接地气的方式,讲好劳动、劳动者、劳模和工匠故事,以营造尊重劳动的良好社会氛围,深刻影响下一代;在传播体制机制上,形成宣传部门、教育部门、各大宣传媒体、工会等群团组织,以及社会各有关方面协同配合共同参与的劳动教育社会传播体制机制,把对劳动的宣传稳定化、持久化,以收到潜移默化的效果。

(六)文艺界要唱响劳动者之歌

文艺界作为社会主义先进文化的创造者和传播者,在实施劳动教育、培育劳动教育社会氛围方面作用重大。文艺界要通过创作出更多更好地反映新时代劳动和劳动者崭新风貌的优秀作品,大力讴歌劳动精神、劳模精神和工匠精神,讴歌新时代的劳动者,并使之成为社会的主旋律。要通过这些优秀文艺作品,引导青年学生懂得只有劳动才是真善美,好逸恶劳只能是堕落,没有前途。新时代对文艺界提出了新要求,文艺界应当以更多更好地反映劳动和劳动者精神风貌的优秀作品,把新时代的劳动号角吹得更加嘹亮,鼓舞青年学子以辛勤劳动、诚实劳动和创造性劳动去创造更加美好的新生活。

### 五、新时代大学生劳动教育的实践安全保障

如何在新形势下对学生进行切合实际的劳动安全教育,培养他们良好的劳动习惯,增强在劳动教育与实践中的安全意识,更是值得好好探讨的问题。

(一)做好劳动安全教育,增强劳动安全意识

在当前社会不断发展的过程中,劳动安全教育是高职院校教育教学的重点内容,也是大学生知识体系不可缺少的组成之一。积极对大学生进行劳动安全教育,能够促进其健康心理的形成,对大学生发展也有着十分重要的意义。

高职院校教育担负着培养人才的重任,也肩负着培养学生安全自卫、自救的特殊使命。大学生劳动安全问题心系千家万户,同时关系着社会的和谐发展,与国家未来发展有着十分密切的联系。目前我国各大高校频繁发生各种触动人心的劳动安全事故,直接反映了对大学生进行劳动安全教育的迫切性。由于当前教学体系和教学方式存在的弊端,大学生普遍存在劳动安全意识较弱的问题,因此,高职院校需要积极开展劳动安全教育工作。

1. 学校应高度重视劳动教育课安全

大学生群体思想积极向上,充满热情和朝气,乐于助人,是兼具危机感与使命感的特殊群体。但是由于地域、家庭、社会等环境差异,高职院校学生有着以下几点特征:

(1)文化课基础薄弱,学习兴趣较低。

高职学生文化课程基础普遍较为薄弱,对基础课程学习兴趣较低,很多学生不愿参加基础课程学习,进而影响其学习积极性和学习效果。基于高职院校专业特征,报考此类院校的学生通常对技能型专业课程学习感兴趣,对技能型课程自我学习和探索能力以及课

堂表现都高于基础课程。

(2) 集体观念薄弱,组织纪律性较差。

在新时代高校中,大学生个性普遍较强且喜欢自由,对新鲜事物的接受能力、好奇心都十分强烈,但是这一阶段的学生不够独立,很多时候以自我为中心,不重视他人感受。他们对自己喜欢的事物会积极探索和研究,对不感兴趣的事情则呈现出消极态度,缺乏主动性。另外,他们对集体活动和公益活动都缺少参与热情,旷课、违反纪律的问题经常发生,院校虽然也做出了相应处理,但他们通常都是不以为然。

(3) 情绪控制力较弱,应变能力差。

当前大部分大学生是家里的独生子女,长期娇生惯养,在遇到问题和困难时,都是家里父母出面解决,他们独立面对问题、分析问题、解决问题的能力较弱。因此,他们在遇到问题之后的自我判断能力和分析处理问题能力都较低。大学生社会经验相对较少,遇事激动,自我情绪管控较弱,容易相信别人,这是为其自身安全带来隐患的重要因素。

2. 劳动安全是开设劳动教育课的重要保障

(1) 设立全员参与的联动机制。

院校劳动安全教育是一项系统性工程,在实施过程中需要学校、家庭以及社会共同合作完成,各自担负相应职责。学校在其中起着重要作用,它既要明确院领导、保卫人员、心理咨询教师、辅导员以及班主任等人的工作职责和任务,还需要承担建立学校、家庭以及社会联动的工作机制。通过细心观察和交流等方式了解学生们的想法和动态,经常向家长反馈学生在校表现,如果出现劳动安全风险或已经发生劳动安全事故,就需要积极做好心理辅导和相关善后工作,及时与学生家长和相关部门联系,共同面对危机。

(2) 构建畅通的信息快速反馈体系。

将劳动安全事故控制在萌芽状态,或者为已经发生的劳动安全事故赢得黄金处理时间,在这一过程中,构建畅通的信息快速反馈体系十分重要。首先需要重视校园劳动安全问题,不断加大安全投入,建设多重联防机制,从人防、物防、技防等多方面着手,将传统防卫体系与现代化防卫体系融合,借助信息技术与大数据技术构建校园劳动安全管理机制,进而保障大学生的人身安全。其次需要构建校际突发事件应急协作体系,及时开展突发事件的应急处理,使得大学生在不良行为发生时快速获取信息,快速了解事态情况,以便及时得到教育和援助。

(3) 树立学生的劳动安全意识。

当前高校大学生劳动安全问题频频发生,与自身劳动安全意识薄弱有着极大的关系。由于年龄、文化程度以及家庭背景等多重影响,高职院校学生劳动安全意识薄弱的主要表现为自控能力弱、缺乏责任意识等多个方面。想要有效减少院校劳动安全事故的发生率,就需要学生通过感知和思维以及想象等对劳动安全建立准确的认识,对外在安全事物状态进行科学判断,同时对自己的行为进行控制,避免自己受到伤害。另外,高职院校辅导员与班主任还可以从学生做人、做事等细节方面开展劳动安全教育,从不同角度加强学生的自我防范能力和自我保护能力。在做人方面,要教育学生理性分析自己的为人做事,不贪图便宜,要踏踏实实;在做事方面,要认真分析哪些事情可以做,哪些事情不可以做,加强学生们的法律意识,让其学会用法律武器保护自己,以免受到不必要的伤害。如果发生劳动安全事故,则要学会冷静面对,及时寻找有效的解决对策或寻求帮助,尽量将事故损失降到最低。

3. 保证劳动安全是所有参与者的重要责任

劳动教育课对于学生来讲,虽然只有为期一周的学习实践时间,但是这期间的劳动安全教育也很重要。

(1) 学校是学生劳动安全的责任人。

教育部《学生伤害事故处理办法》第十一条规定,"学校安排学生参加活动,因提供场地、设备、交通工具、食品及其他消费与服务的经营者,或者学校以外的活动组织者的过错造成的学生伤害事故,有过错的当事人应当依法承担相应的责任"。劳动安全课是学校安排的一项教学活动,学校是提供场地及设备者,学校应对实习学生承担一定的管理和保护的义务,如果学校没有尽到相应的义务而导致学生出现安全事故,造成学生的人身损害,学校就应在其过错范围内承担相应的责任。

(2) 学生也是劳动期间的责任人。

学生在劳动期间也要对自己的劳动安全负有一定的责任,要特别重视劳动技术知识的学习。任何一种稍繁杂的劳动,都有个方法、技巧问题,学生在劳动中要学得一定的技术、技巧,发现各种劳动活动中的独特规律,从而长知识,增本领。要严格遵守学校的劳动纪律及操作规范,尽量规避各种风险。

(二) 严密组织劳动实践,落实劳动安全责任

1. 组织劳动教育安全理论课

劳动教育课课程为大学生一年级思想品德公共必修课,由劳动教育理论教学和劳动实践(周)两部分组成。采用理论教学和劳动实践为主的方法,组织教学与实践活动。每位学生必须修完全部课程,并经理论考试及格以上和劳动实践考核评定合格以上,获得课程成绩60分及以上计2个学分方能毕业。

劳动安全教育在理论授课时,教师要因势利导地多讲解一些典型案例以及与学生身心安全密切相关的案例,利用学校多媒体投影设备进行生动直观的教学,使课堂教学效果得到加深。

2. 劳动实践中的安全注意事项

劳动实践是这门课的侧重点,约占总学时的90%。学生在劳动过程中通常会有一些抵触心理,怎样调动这些学生的劳动积极性是指导教师需要解决的一道难题。通过一段时间的教学实践,在组织校园劳动时,教师要做到以下五点:

(1) 分工明确,责任到人。

在安排劳动量的时候,要能使每个学生有具体的事干,不至于学生稀里糊涂,老师得

过且过,最后完不成劳动任务,也找不到负责人,致使实践环节不了了之。

(2) 妥当布置,知人善任。

在布置任务时要对具体人安排适当的活干,避免使劲小的学生做重活,小马拉大车。对每一名学生要做到心中有数,给予他们乐于去做的事做,充分调动其劳动的积极性和创造性,吸引那些逃避劳动的人自觉参加劳动。

(3) 勤巡回检查,遇到问题及时纠正。

要求指导教师及时深入学生劳动实践中检查任务完成情况,对没有达标的工作,责其返工,并检查返工的结果,直到合格为止,以达到端正学生劳动敷衍了事态度的教育目的。

(4) 奖罚分明,开展劳动竞赛,充分调动其积极性。

大学生有争强好胜的自尊心理,还有较为深刻的思考能力,抓住这些心理开展劳动竞赛,掌握尺度,实施明确的加分和奖、罚分制度,对其有很大的激励作用。

(5) 注重劳动中的安全教育。

这是劳动实践的重点,学生在劳动时要注意使用工具的安全,注意工间休息的人身安全,注意劳动保护和安全教育相互配合。

(三) 完善劳动安全预案,确保劳动安全有序

1. 熟悉预案

要熟悉劳动课安全预案。安全工作是重中之重,应放在首位,千万马虎不得,在加强日常安全教育与督查的基础上,应做好事故应急的准备,一旦发生事故,应果断地采取有效措施,尽量把事故产生的危害降低到最低程度。具体方案如下所述:

(1) 事故发生时的应急措施。

① 快速行动,果断处理。

当参加劳动实践的学生突然出现安全事故时,作为辅导员或班主任一旦接到信息,就应立即行动。如伤者还在事故现场,马上在第一时间赶到事故现场,根据事故性质的大小、伤者的伤势情况采取果断措施,伤者严重的要马上送医院救治;如伤者已在医院,辅导员或班主任接到消息后,要马上赶往医院,看望伤者,同时做好安慰学生、家长的工作,尽量取得学生与家长的谅解。

② 及时汇报。

接到安全事故信息时,应尽快向学校汇报,快速采取对策,为学校在以后事故处理时争取主动地位。

③ 在事故基本得到控制后,及时向保险公司报案。

报告学生安全事故的发生经过,记录报案时间和报案编码。

(2) 事故发生后分析事故原因。

① 辅导员或班主任亲临现场,详细了解事故发生的经过。

② 根据事故的性质,学校派出相关人员对现象进行拍照,采访知情者,并作详细记录。

③ 分析事故发生的原因是人为原因,还是其他客观原因;是意外突发事故,还是由于学生自己操作不规范或其他安全隐患所引起的。

④ 辅导员或班主任写好事故分析报告,及时上交学校,并提出合理化建议。

⑤ 认真总结事故教训,加强安全防范。

(3) 稳妥处理事故的善后工作。

① 受伤学生住院期间,校领导要常去看望伤者,帮助学生解决各方面的困难,避免学生家长对学校产生不满的情绪。

② 根据事故的大小,若有必要的,则向学校申请派出专门的事故处理小组,与有关部门一起协调处理善后工作。

③ 积极帮助受害学生办理人身保险的报销工作。

④ 如学生确实比较困难,应主动做好给患者捐资的组织工作。

2. 必要时及时启动预案

当今社会不断发展,各种危机频发、高发,加强危机管理,是摆在学校面前的一项重要的任务。危机虽然不可避免,但是可以管理。师生具备危机意识和自救互救能力,可以减少危机的发生,积极的危机应对则可将危机造成的损失降到最低。

(1) 应急预案和应急演练一定要突出"简明实用"。

① 预案编制和修订要简明实用。

突发事件应急预案是应对突发事件和开展应急管理工作的重要指导文件,关系着突发事件应急处置的成败。

一方面,突发事件应急预案编制和修订的重点要放在"简明实用"这个定位上,编制简明实用手册。另一方面,各级领导干部、部门工作人员要认真学习、熟悉掌握应急预案,特别是与自己有关的应急预案,把预案的主要内容装在脑子里,确保一旦发生突发事件就能快速有效地应对。

② "平战结合",狠抓应急演练,通过演练提升应急实战能力。

应急演练是检验应急预案是否管用和提升突发事件应对能力的重要保证。所以,要加大日常的突发事件应急预案演练力度,通过经常演练来熟悉应对突发事件的各项处置流程,及时发现问题和不足,致力于改进和完善预案,确保一旦出事,就能拉得出、用得上、打得赢。

(2) 务必加强应急值守和信息报送。

① 建立健全应急值守值班体系,做到岗责一体、有急能应。

在具体建设上,要建立健全应急值守值班制度,做到领导带班,专人值守,平战结合,反应灵敏;要完善值守值班工作流程,确保有急能应,万无一失;要建立健全延伸到基层人员的应急值守值班体系,确保一旦发生突发事件,就能第一时间做出反应,成为应对突发事件的第一信号站。

② 狠抓应急信息报送工作,做到主动上报、及时上报。

突发事件具有突发性、紧迫性、破坏性,报送要突出"快"和"准",二者是一体两面,缺

一不可。在紧急情况下，可以先电话报告，然后补文字材料，并做好续报工作。

③ 对突发事件的应急处置要做到及时、妥善、有力、有效。突发事件应急处置与救援，是应急管理工作的核心环节。

在具体工作上，对以下八个环节要引起重视并切实抓好：

第一，必须及时报告信息。突发事件发生之后，要第一时间上报，为学校和领导应对处置赢得时间和主动。

第二，必须做好先期处置。突发事件发生后，遵循属地原则，事发地要不等不靠，及时做好上报信息工作，积极主动地进行先期处置，尽力防止事件扩大、蔓延或升级，等待和协助上级有关方面的驰援救助。

第三，及时启动应急预案。及时启动相应类别、级别的应急预案，组织、动员和协调一切力量和应急资源，迅速展开处置与救援行动。

第四，相关领导要及时到场。领导到现场，对于受伤学生是一种精神安慰。负责处置事件的领导、相关负责人要迅速赶到现场，负责现场的指挥调度、综合协调、组织管理、应急保障，有序、有力、有效地指挥处置，防止现场出现混乱。

第五，形成合力。各相关部门和有关方面必须各司其职、各负其责，服从调度指挥，做到既做好本职工作，又加强联合行动，形成工作合力，提高应急处置效率和救援效率。

第六，应急保障要有力、不惜代价。突发事件一旦发生，就需要保障部门迅速到位，涉及的人、财、物、设施设备以及救援所需相关物资，一定要及时保障到位，调动一切可以调动的资源和力量，保证应急和救援的需要。

第七，充分听取意见、建议。即听取行业专家、应急救援与处置专家和一线专业人员的意见、建议。

第八，善后处理要稳妥。统揽全局，坚持以人为本的原则，全方位考虑，切实维护和保障学生的根本利益，做好学生伤后生活救助、救抚、安置、补偿、理赔等后续工作。

# 第六章 新时代大学生学校与家庭劳动实践

> **导入案例**
>
> **雷锋精神永放光芒**
>
> 郭明义,出生于1958年12月,辽宁鞍山人,于1977年参军,1980年入党,1992年复员到齐大山铁矿工作。多年来,先后获部队学雷锋标兵、鞍钢劳动模范、鞍山市特等劳动模范、中央企业优秀共产党员、全国"五一劳动奖章"、全国无偿献血奉献奖金奖等荣誉称号,当选鞍山市无偿献血形象代言人,中共十八届中央候补委员,中华全国总工会兼职副主席,被中央精神文明建设指导委员会授予"当代雷锋"荣誉称号。
>
> 郭明义从身边的点滴小事做起,从服务社区开始,让志愿服务成为一种习惯、一份责任、一种担当,让雷锋精神融入血脉,成为发自内心的思想自觉。郭明义积极参与社会公益事业,被人民群众亲切地誉为"爱心使者"和"雷锋传人"。
>
> 习近平总书记在收到爱心团队汇报"跟着郭明义学雷锋"的主要成果和心得体会的来信后,给他们写了回信,希望大家从"赠人玫瑰、手有余香"中感受善的力量,以实际行动书写新时代的雷锋故事,为实现中国梦有一分热发一分光。
>
> 资料来源:周静圆.郭明义:把践行雷锋精神作为自己的人生选择[EB/OL].人民网,http://society.people.com.cn/n1/2022/0808/c1008-32497260.html.

## 第一节 学校劳动实践

### 一、学校教育的特点

学校教育自产生时起,就区别于社会教育和家庭教育,其特点概括起来主要有如下几个方面。

（一）职能的专门性

学校教育职能是专门培养人,学校是专门教育人的场所。学校教育同社会教育、家庭教育相比,其不同之处首要的便是学校教育的专门性。学校教育的专门性特点主要表现在任

务的专一。学校唯一的使命是培养人,其他任务都是围绕着培养人来实现的。学校教育有专门的教育者——教师,他们都是经过严格选拔并经过专门训练培养出来的。这样的教育者不仅学识广博、品德高尚,而且懂得教育规律,掌握有效的教育方法。学校教育还有专门的教育教学设备,拥有专门进行教育的手段。这一切都充分保证了学校教育的有效性。

(二)组织的严密性

教育的特点在于对人的影响有目的性、有组织性、有计划性。学校教育正是体现了教育的特点。学校教育的目的性和计划性集中体现在严密组织性上。学校教育是制度化的教育。学校教育具有严密的组织结构和制度。从宏观上说,学校有各级各类、多种多样的体系结构;从微观上说,学校内有专设的领导岗位和教育教学组织,有专司思想、政治、教学、总务后勤、文体活动的专门组织机构,还有一系列的严密的教育教学制度。这些都是社会教育和家庭教育形态所不具备的。

(三)作用的全面性

学校教育对人的发展作用是全面的。社会教育和家庭教育对人的成长影响多少都带有一定的偶然性,影响的范围往往只侧重在某些方面。而学校教育是全面培养人的活动,它不仅要关心教育对象的知识和智力的增长,而且要关心学生思想品德的形成,还要照顾受教育者的身体健康成长。培养塑造全面完整的社会人,是学校教育的特有职责。而这一职责也只有学校教育才能承担。

(四)内容的系统性

学校教育适应培养、造就全面完整社会人的需要,其教育内容特别注重内在连续性和系统性,而社会教育和家庭教育在教育内容上一般具有片段性。即使是有计划性的社会教育,往往也是阶段性的,就其知识总体来说具有片段性。因为学校教育既注意知识体系,又要符合认识规律,所以学校教育是系统的、完整的。教育内容的完整性和系统性是学校教育的一个重要特点。

(五)手段的有效性

学校具有从事教育的完备的教育设施和专门的教学设备。例如,声像影视等直观教具、实验实习基地等,都是学校教育的有效手段。这些都是保证教学顺利进行的不可或缺的物质条件,这是社会教育和家庭教育所无法全面提供的。

(六)形式的稳定性

学校教育形态比较稳定。它有稳定的教育场所、教育者、教育对象、教育内容及教育秩序等。学校教育的这种稳定性,更有利于个人的发展。当然,稳定是相对而言的,它也要有相应的改革变化。稳定不是僵化,如果把相对稳定视作墨守成规,那就必然要走向反面。总之,学校教育具有其他教育形态所不具备的独特特点,而且正是这些特点保证了学校教育的高度有效性,使它在各种教育形态中占据主导地位。

总之,学校教育是人一生中所受教育最重要的组成部分,个人在学校里接受学校教育计划性的指导,系统地学习文化知识、社会规范、道德准则和价值观念。学校教育从某种意义上讲,决定着个人社会化的水平和性质,是个人社会化的重要基地。知识经济时代要求社会尊师重教,学校教育越来越受重视,在社会中起着举足轻重的作用。

## 二、校园清洁和环保行动

（一）校园清洁

在一个优美、整洁、干净、卫生的生活环境中学习,可以让我们养成良好的卫生习惯,培养劳动观念,增强我们的公德意识,提高文明水准。我们要共同努力,使我们的校园达到"清洁、整齐、文明、有序"的标准。

学校校园清洁的范围一般包括教室、楼道、走廊、图书馆、宿舍、会议室等,这些地方的清洁需要师生共同的努力。保持校园清洁需从细节做起。

1. 公共场所和环境卫生规范

校园的公共场所卫生一般由学校的专职卫生保洁员负责,除此之外,还需要我们每个人的努力。校园公共场所的卫生我们可以按照以下规范去做：

（1）楼道、楼梯,做到地面清洁,无痰迹、无垃圾、无污水。

（2）洗手间、厕所,做到地面清洁,无积污水,墙面干净,上下水畅通、无跑冒滴漏,水池内外干净无污物,大小便池干净无便迹、无异味。

（3）公共门窗玻璃、窗台窗框,做到干净、完好、无积尘。

（4）楼内墙壁顶棚,做到无积尘、无蛛网。

（5）爱护公物,节约水电,所用卫生工具等要妥善保管、谨慎使用,尽可能修旧利废。

（6）垃圾要倒入垃圾桶（箱）内,不能随处乱倒,杜绝焚烧垃圾、树叶等污染环境现象发生。

（7）爱护环卫设施,养成良好的卫生习惯,不在各种建筑物、各种设施及树木上刻画、张贴。

2. 个人卫生和宿舍内务卫生规范

做好个人卫生有利于形成良好的个人生活习惯。宿舍是我们每天生活的场所,良好的宿舍卫生有利于我们的身心健康。我们在保持好个人卫生的同时,要和舍友一起维护好宿舍卫生,具体规范如下：

（1）养成良好的个人卫生习惯,要勤洗澡、勤洗衣,个人床铺要整洁、卫生。

（2）不随地吐痰,不乱扔废纸、白色垃圾、果皮等,不向窗外倒水和乱扔杂物。

（3）宿舍的地面、墙壁、门窗,做到整洁干净,保证无灰尘、痰迹、蛛网等。

（4）室内空气要新鲜无异味,无蚊蝇、蟑螂。

（5）床、桌、凳、书架等家具要摆放整齐、干净。

（6）灯具、墙壁、顶棚、暖气设备要无尘土,无蛛网。

3. 文明就餐

我们一日三餐离不开食堂,食堂是大家生活的重要组成部分,营造清洁舒适的就餐环

境,不仅关系着我们的生活,而且直接体现了我们的整体形象。文明用餐是个人素质的体现,我们要从自身做起,从点滴做起,从身边做起,共同营造良好的就餐环境。文明就餐我们要做到以下几点:

(1) 爱惜粮食,杜绝浪费。节约粮食是尊重他人劳动的表现,也是我们每个人高尚人格的体现。

(2) 保持良好的就餐秩序,排队就餐,讲文明、讲礼貌、守公德,言语文明、举止得体。

(3) 自觉回收餐具。吃完饭后就把餐具和杂物带到餐具回收处,既减轻了餐厅人员的工作任务,又方便了其他同学。

(4) 不要随地吐痰、乱扔餐巾纸和食物残渣,注意自己的仪表、穿着和行为。

(5) 爱护餐厅的设施,不蹬踏桌凳,不乱涂,不乱刻,不损坏电器照明等设备,维护公共卫生安全。

(6) 尊重餐厅工作人员,不侮辱甚至谩骂工作人员,发现问题,不吵不闹,逐级反映,妥善解决。

4. 清洁的基本操作流程

(1) 室内保洁的基本操作流程

① 进行检查处理。

进入室内,先查看是否有异常现象、有无损坏的物品。如发现异常,则应先向学校有关部门或老师报告后再进行保洁作业。

② 进行推尘处理。

推尘要按照先里后外、先上后下、先窗后门、先桌面后地面的顺序,先清扫天花板、墙角上的蜘蛛网和灰尘,接着抹窗户玻璃门面的灰尘,实验器材等设备挪动后要原位摆好。

③ 进行擦抹处理。

擦抹应从门口开始,由左至右或由右至左,依次擦抹室内桌椅、柜子、讲台和墙壁等。抹布应拧干,擦拭每一件物品时,应由高到低、先里后外。擦墙壁时,重点擦拭门窗、窗台等。操作时,先将湿润的涂水器毛头(干净的)装在伸缩杆顶部,沿顶部平行湿润玻璃,然后以垂直上落法湿润其他部分的玻璃。再用干净的抹布擦干净窗框及窗台,最后用干燥的无毛的棉布擦干净玻璃四周和中间的水珠。大幅墙面、天花板等的清洁为定期清除(如每周清洁一次)。

④ 进行整理归置。

讲台、桌面、实验台上的主要用品,如粉笔盒、粉笔擦、实验器具等抹净后按照原位摆放整齐。

⑤ 垃圾清倒处理。

按照垃圾分类方法收集垃圾,并清倒室内的垃圾桶,及时更换垃圾袋。

⑥ 清洁结束后的处理。

参与保洁的人员退至门口,环视室内,确认清扫质量,然后关窗、关电、锁门。

(2) 休闲空间和走廊保洁的基本操作流程

① 进行检查处理。

进入各种休闲空间后,先查看是否有异常现象、有无已损坏的物品。如发现异常,就应先向有关部门或老师报告,再进行保洁作业。

② 进行清扫处理。

先扫去纸屑、灰尘等,再用扫把对地面进行清洁。

③ 进行擦抹处理。

从门口开始,由左至右或由右至左,依次擦抹室内桌椅、柜子、讲台和墙壁等。抹布应拧干。擦抹每一件物品时,应由高到低,先里后外。擦墙壁时,重点擦拭门窗、窗台等。操作时,同室内保洁的操作流程。大幅墙面、天花板等的清洁为定期清除(如每周清理一次)。

④ 进行整理归置。

桌椅、柜子等抹净后,按照原位摆放整齐。

⑤ 垃圾清倒处理。

按照垃圾分类方法收集垃圾,及时更换垃圾袋。

⑥ 进行推尘处理。

用拖把清洁地面,按照先里后外,先边角、桌下,后地面进行推尘作业。清洁结束后把桌椅、柜子等设备恢复原位摆好。

(3) 公共卫生间保洁的基本操作流程

① 天花板的清理。

用长柄扫把清扫天花板、墙面、墙角等的蜘蛛网和灰尘。

② 门窗玻璃门面及墙面的清理。

用干湿抹布清洁玻璃、镜面和墙面上的污迹。

③ 蹲便池和小便池的清理。

先用夹子夹出大、小便器里的杂物,然后冲水,再倒入洁厕剂泡一会儿。蹲便池、小便池内四周表面及外部表面均要清洗,检查冲水是否正常,有没有堵塞。

④ 洗手盆的清理。

用清洁剂和百洁布擦洗洗手盆。从左到右抹干净台面,用不掉毛的毛巾从上到下擦拭干净镜子,水龙头也要清洗干净、保持光亮。

⑤ 更换垃圾袋。

按照垃圾分类方法收集垃圾并及时更换垃圾袋。

(4) 机动车道和人行路保洁的基本操作流程

主要清洁内容:清扫各种垃圾、树叶;清捡树枝和废弃物;清拔路沿石缝杂草;清除人行道边上绿化带的树叶杂草;清扫人行道和道路上的灰尘等。具体如下:

① 首先进行分组,然后分路段、分区域明确清扫范围,合理安排清理垃圾、树叶等

任务。

② 每天采取分时段收集沿路垃圾，做到定时清扫、及时堆放、及时运送，做到不慢收、漏收。

③ 参与保洁的学生利用竹扫把，对校园道路进行全面清扫，要做到"六不""三净"。"六不"：不花扫、漏扫；不见积水（无法排除的积水除外）；不见树叶、纸屑等；不漏收堆；不乱倒垃圾；不随便焚烧垃圾。"三净"为路面净、路尾干净、人行道净。

④ 进行路面清扫保洁时，垃圾收集应及时且严禁将垃圾倒在道路两侧绿化带里或随便乱倒，严禁焚烧垃圾。

⑤ 校园路面清扫保洁要做到：晴天与雨天一个样；主干道与人行道一个样；检查与不检查一个样。

（5）广场、操场、台阶、水沟等保洁的基本操作流程

主要清洁内容：清扫各种类垃圾、树叶；清除各种杂草、树枝；清扫或者清洗灰尘；清理明水沟内各种垃圾和杂草。具体如下：

① 对广场、操场、停车场、台阶和楼房周边的水沟进行检查，先用扫把或垃圾夹清理面上的垃圾、树枝、树叶等。

② 对广场、操场、台阶周边的杂草进行清除。

③ 用小扫把对广场、操场、停车场、台阶地面进行清尘处理。

④ 清理垃圾，运送到学校的垃圾中转站。

⑤ 不能把垃圾和树叶倒在道路两边的绿化带，更不能就地焚烧。

备注：清扫要有次序，如清扫操场应该先洒水再扫地，有风的时候应该顺风扫，楼梯应该从上往下扫。

（二）环境美化

1. 绿色校园的卫生维护和能源节约

《全国环境宣传教育行动纲要》首次提出了"绿色校园"概念，它将环保意识和行动贯穿于学校的管理、教育、教学和建设的整体性活动中，引导教师、学生关注环境问题，让青少年在受教育、学知识、长身体的同时，树立热爱大自然、保护地球家园的高尚情操和对环境负责任的精神；掌握基本的环境科学知识，懂得人与自然要和谐相处的基本理念；学会如何从自己开始，从身边的小事做起，积极参与保护环境的行动，在头脑中孕育可持续发展思想；让学校里所有的师生从关心学校环境到关心周围、关心社会、关心国家、关心世界，并在教育和学习中学会创新和积极实践。它不仅成为我国学校实施素质教育的重要载体，而且逐渐成为新形势下环境教育的一种有效方式。

"空气清新，环境整洁，楼房林立，绿树环抱"，这种良好的校园环境是实现环境育人的关键。优美整洁的学习和生活环境的创造，需要通过师生多方面的共同努力。所以要不断增强师生对校园环境的保护意识，树立"校园是我家，卫生靠大家"的思想意识，同时加强各项卫生制度的落实，做好平时卫生保持工作，促进大家自觉维护校园环境卫生，爱护

校园公共设施,能自觉做到不乱扔、乱倒、乱吐、乱画、乱张贴。营造人人爱绿化、讲卫生、人人爱校园的良好氛围,创造宜人环境,创建一个卫生、绿色的校园需要我们每个人从身边的小事做起。

2. 精神美化

环境美化既包括物质的美化,例如,校园建筑的设计、绿植的栽培等,也包括精神的美化,即通过文化的建设来美化校园环境。以下主要介绍宿舍文化和班级文化。

(1) 宿舍文化

宿舍文化是指依附于宿舍这个载体来反映和传播的各种文化现象的总和。它既包括校园中的物质文化、制度文化,也包括师生的价值观念、群体心态、校园舆论等。它以宿舍成员共同的价值观为核心,由涉及宿舍生活的各方面的价值准则、群体意识、行为规范、公共行为和学习生活习惯所组成,是由宿舍成员共同建立和长期形成的、潜移默化的氛围和影响力。

宿舍文化是在宿舍这一特定的环境里,宿舍全体成员依据宿舍的客观条件,在从事各种可能的活动中所形成的物质环境和文化氛围。它包括宿舍的室内设施、整体布局、卫生状况、规章制度、宿舍成员的人际关系、道德水准、学识智能、审美情趣、价值取向、行为方式等。

① 保持宿舍卫生干净整洁。

干净整洁的宿舍会给我们创造一个良好的生活环境,有利于我们的身心健康。每位同学都要把宿舍当成自己家,在宿舍不乱扔垃圾,认真做好值日,保持个人卫生,不给他人带来麻烦。

② 共同打造宿舍文化。

宿舍成员共同设计宿舍名字、宿舍舍徽,根据各自宿舍的特点布置宿舍,对宿舍进行美化,让宿舍成为温馨的家园。

(2) 班级文化

班级文化是"班级群体文化"的简称。班级文化是作为社会群体的班级所有成员或部分成员共有的信念、价值观、态度的复合体。班级成员的言行倾向、班级人际环境、班级风气等为其主体标识,班级的墙报、黑板报、活动角及教室内外环境布置等则为其物化反映。

班级文化可分为"硬文化"和"软文化"。所谓硬文化,是一种显性文化,是可以摸得着、看得见的环境文化,也就是物质文化。比如,教室墙壁上的名言警句字幅、英雄人物或世界名人的画像,摆成马蹄形、矩形、椭圆形的桌椅,展示我们书画艺术的书画长廊,激发我们探索未知世界的科普长廊,表露爱心的"小小地球村",悬挂在教室前面的班训、班风等醒目图案和标语等,都属于硬文化。而软文化,则是一种隐性文化,包括制度文化、观念文化和行为文化。制度文化包括各种班级规约。它构成一个制度化的法制文化环境。观念文化是关于班级、社会、人生、世界、价值的种种观念,这些观念弥漫在班级的各个角落,潜移默化地影响着我们。行为文化是因制度和观念等引发出来的,是从我们身上表现出

来的言谈举止和精神面貌。

① 硬文化的建设。

苏霍姆林斯基曾经说过,要使教室的每一面墙壁都具有教育的作用。可见,对于教育而言,一切都可以成为它有利的素材,有效地运用空间资源,创设具有教育性、开放性、生动性且安全性的硬文化环境,对于陶冶我们的情操、激活我们的思维、融合师生的情感有着积极的作用。建设班级硬文化环境的法则是:力求朴素、大方,适合学生,突出班级特点。

要注重教室的卫生。干净的教室不是打扫出来的,而是保持出来的。要主动捡起地上的纸屑,把课桌椅摆放整齐,小黑板、扫帚、水桶整理齐整等。每个人都需树立主人翁意识——教室就是我的家。

要重视教室的布置。两侧的墙壁可以贴一些字画、人物等(由学生自己选出);可以把教室的四角安排成自然角、科技角、书法角等;后面的黑板报应经常更换,由学生自己排版、策划;教室前面黑板的上方可以挑选一句整个班级的座右铭。教室的布置不能乱,应使各个部分都和谐统一起来。

② 软文化的建设。

建设好班级硬文化环境,只是给这个班级做了一件好看的外衣,班级真正的精神体现还要看班级软文化环境的建设。班级软文化环境是班级文化环境的核心,是最能体现班级个性的。班级整体形象的优劣最终将取决于班级软文化环境是否健康。在班级软文化的建设中,首先可以考虑设计班歌、班徽、班旗等。班级的特色标志,可以使学生增强对班级的认同感和自豪感。其次是班风的建设。这是班级软文化环境建设的重头戏,也是整个文化环境建设的核心部分。良好的班风是无声的命令,是不成规章的准则,它能使学生自觉地约束自己的思想言行,抵制和排除不符合班级利益的各种行为。班风的激励作用,还能使班级中的每个人精神振作、身心愉悦,人与人之间紧密团结、高度信任,人际关系和谐,班集体由此焕发出无穷的力量和生机。

(三) 垃圾分类

垃圾分类,一般是指按一定规定或标准将垃圾分类储存、投放和搬运,从而转变成公共资源的一系列活动的总称。垃圾分类的目的是提高垃圾的资源价值和经济价值,力争物尽其用。

1. 垃圾分类的背景

随着社会经济发展和物质消费水平的大幅度提高,我国每年的垃圾产生量迅速增长,年仅生活垃圾总量就增至 4 亿吨以上,这些垃圾不仅造成了环境的安全隐患,还造成资源浪费,成为人民群众反映强烈的突出问题,成为社会经济持续健康发展的制约因素。实行垃圾分类,关系广大人民群众生活环境,关系节约使用资源,也是社会文明水平的一个重要体现。

2. 垃圾种类

从国内外各城市对生活垃圾分类的方法来看,大致是根据垃圾的成分构成、产生量,结合本地垃圾的资源利用和处理方式来分类的。

(1) 可回收物

可回收物主要包括废纸、塑料、玻璃、金属物和布料五大类。

废纸主要包括报纸、期刊、图书、各种包装纸等。但是,要注意纸巾和厕所用纸由于水溶性太强不可回收。

塑料包括各种塑料袋、塑料泡沫、塑料包装、一次性塑料餐盒餐具、硬塑料、塑料牙刷、塑料杯子、矿泉水瓶等。

玻璃主要包括各种玻璃瓶、碎玻璃片、镜子、暖瓶等。

金属物主要包括易拉罐、罐头盒等。

布料主要包括废弃衣服、桌布、洗脸巾、书包、鞋等。

这些垃圾通过综合处理回收利用,可以减少污染、节省资源。如每回收1吨废纸可造好纸850千克,节省木材300千克,比等量生产减少污染74%;每回收1吨塑料饮料瓶可获得0.7吨二级原料;每回收1吨废钢铁可炼好钢0.9吨,比用矿石冶炼节约成本47%,减少空气污染75%,减少97%的水污染和固体废物。

(2) 厨余垃圾

厨余垃圾是有机垃圾的一种,包括剩菜、剩饭、菜叶、果皮、蛋壳、茶渣、骨、贝壳等,泛指家庭生活饮食中所需用的来源生料及成品(熟食)或残留物。厨余垃圾经生物技术就地处理堆肥,每吨可生产0.6~0.7吨有机肥料。

(3) 有害垃圾

有害垃圾是指含有对人体健康有害的重金属、有毒的物质、对环境造成现实危害或者潜在危害的废弃物,包括电池、荧光灯管、灯泡、水银温度计、油漆桶、部分家电、过期药品、过期化妆品等。这些垃圾一般单独回收或填埋处理。

(4) 其他垃圾

其他垃圾主要包括砖瓦陶瓷、渣土、卫生间废纸、瓷器碎片等难以回收的废弃物,其他垃圾危害较小,但无再次利用价值,是除可回收垃圾、厨余垃圾、有害垃圾之外剩余下来的一种垃圾。一般采取填埋、焚烧、卫生分解等方法,部分还可以使用生物降解。

3. 学校的垃圾分类

垃圾分类是学校创建文明、生态校园的需要。

(1) 分类模式

根据学校实际情况,按照当地所在省市规定的可回收物、厨余垃圾、有害垃圾、其他垃圾四种类别进行生活垃圾分类。校园施工产生的建筑垃圾、绿化垃圾以及实验室危险废弃物垃圾等,按照相关规定进行处置,严禁混入生活垃圾投放。

(2) 分类与收集流程

应当按照规定的时间、地点,用符合要求的垃圾袋或者容器分类投放生活垃圾,不得随意抛弃、倾倒、堆放生活垃圾。

① 学生宿舍垃圾分类收集流程

将宿舍的厨余垃圾滤出水分后装袋投放至室外厨余垃圾桶，不得混入贝壳类、木竹类、废餐具等不利于后期处理的杂质；其他类别垃圾分类装入相应垃圾袋中，并就近投放到室外相对应的分类垃圾桶内。后勤负责将厨余垃圾桶内的垃圾在规定时间运至固定的垃圾集中装运点，对接市政厨余垃圾收运车清运；其他种类的垃圾由后勤安排车辆分类收集清运。

② 教学楼垃圾分类收集流程

所属各学院自备符合当地标准的垃圾分类桶。所属学院劳动周安排学生清扫，按类分别投放到固定的垃圾桶中。

（3）校园公共区域及学院垃圾分类收集流程

公共区域按片区划分，由负责日常打扫的学生将垃圾收集并让保洁员将果皮箱中的其他垃圾、可回收物及有害垃圾通过分类收集车进行分类统一收集、运送到固定垃圾堆放点进行分类投放。后勤安排车辆分类清运。分类收集车辆上需张贴相应分类标识。各单位楼栋内垃圾需由保洁人员运送到就近的固定垃圾堆放点进行分类投放，后勤安排车辆分类清运。

## 三、义务劳动和勤工助学

（一）义务劳动概述

1. 义务劳动概念

义务劳动，也称志愿劳动，是指不计定额、不要报酬、自觉自愿地为社会劳动。义务劳动，虽然只比"劳动"多了"义务"二字，但蕴含了更大的能量与意义。《中华人民共和国劳动法》第六条首句是："国家提倡劳动者参加社会义务劳动。"《现代汉语词典》对"义务劳动"一词的解释是："自愿参加的无报酬的劳动。"而"社会义务劳动"是指社会公益活动，具体就是有关卫生环境、抢险救灾、帮贫扶弱等群众性福利事业的义务劳动。这种劳动是完全建立在劳动者的主动性、自觉性的基础上，体现的是劳动者崇高的社会责任感和高尚的品德。它与劳动者在劳动关系范围内的法定劳动义务不同。对于社会义务劳动，《中华人民共和国劳动法》在其规定中也只是提倡，并没有强制性要求。作为劳动者，可以参加，也可以不参加，这取决于劳动者本人的思想境界的高低，是属于道德范畴的问题。

2. 义务劳动的意义

义务劳动涉及方方面面，大至国家，小至家庭。实现中华民族伟大复兴的中国梦需要奉献精神；新时代目标的实现需要奉献精神；社会和经济发展需要全体人民发扬奉献精神；做一个品德高尚的人需要奉献精神。义务劳动，是一种精神文化的行为表现，它不可能像物质财富那样通过简单的购买和继承的方式来获得，具有不可转让性。

（1）提升劳动素质

面对日趋激烈的国际竞争，一个国家发展能否抢占先机、赢得主动，越来越取决于国民素质，特别是广大劳动者的素质。素质是立身之基，技能是立业之本。参加义务劳动，可以提高大学生文明素质和道德水平,培育"民生在勤,勤则不匮"的精神和责任意识,引导大学生树立正确的人生观、价值观和世界观,从而促进其全面发展。义务劳动是一个知行合一的过程。

(2) 促进个人全面发展

义务劳动能使我们的肌体充满活力,促进我们的身体发育;义务劳动,不论是体力劳动还是脑力劳动,都要做出努力、耗费精力,要取得劳动成果,需要有顽强的意志和毅力,因而可以培养人们的自信心、责任心、情感和意志力等;人们能从义务劳动中培养出尊重劳动、热爱劳动、尊重劳动人民的品质,认识到劳动没有贵贱之分,从而养成劳动光荣、不劳为耻的思想品德;义务劳动有利于培养人们的创造意识和创新精神,人们在义务劳动中既要动手,又要动脑,是一种创造性活动。

总之,义务劳动能促进人们的体力发展和智力发展,培养人们的创新精神和实践能力,培养尊重劳动的意识。

(二) 义务劳动的类型和要求

当今时代是创新的时代,新的知识、新的技术,不是凭空想出来的,而是在艰苦的劳动中创造出来的。义务劳动创造财富,创造新的思维,并且促进人类进步。

培养学生热爱劳动、尊重劳动、劳动光荣的意识十分有必要。

1. 让义务劳动教育成为一种价值召唤

在观念层面,大力提倡义务劳动要凸显综合性与统领性。义务劳动是基于志愿服务、体力劳动与物质生产劳动的实践活动。义务劳动教育不是社会、学校或家庭单方面的事情,而是这三个教育渠道相互配合、密切联系、各司其职的整体性教育。

学校的义务劳动可分为劳动课和校内及校外的适量的义务劳动,如义务家教,义务打扫卫生,义务植树,服务老弱病残人员,协助交警之类的劳动。

2. 让义务劳动成为一种积极的生存方式

在实践层面,要强化激励性与基础性,让义务劳动成为一种积极的生存方式。义务劳动不是刻意、强制的行为,而是依存于自觉意识、自觉追求的行为。因此,我们应该把义务劳动的理念渗透到生活、学习、工作的各个环节中,使之成为一种生存方式。

3. 义务劳动是学生德育实践的主要形式之一

学校是培养社会主义建设者和接班人的殿堂。劳动是财富的源泉、幸福的源泉。勤于劳动、善于创造是中华民族的伟大品格。当代大学生应积极参加义务劳动并在实践中提升自己,学校也应大力宣传义务劳动事迹,营造良好的氛围。学校开展义务劳动有利于增强学生的劳动观念、集体主义观念,有利于培养学生爱护公共财产意识,有利于促进班风、校园文明建设。

(三) 勤工助学

1. 勤工助学概念

勤工助学是指学生在学校的组织下利用课余时间,通过劳动取得合法报酬,用于改善

学习和生活条件的社会实践活动。在我国,勤工助学是贯彻教育与生产劳动相结合的一种教育经济活动,勤工助学对于推动学生素质教育,构建新的人才培养模式,促进学生成长成才有着重要意义。

2. 勤工助学的内涵

勤工助学源于"济困"。随着社会进步和对人才需求标准的提升,我国中高职学校和本科院校的勤工助学工作已由"济困"为主的阶段过渡到"济困与成才相结合的"社会实践阶段,越来越多的学生把勤工助学作为主动适应社会、参与社会实践、提升自身综合素质和能力的有效手段。勤工助学的内涵也越来越丰富、充实,完成了从纯粹"经济功能"到"人的全面发展教育功能"的转化。

(1) 功能上由单纯解困向助困育人发展

如今,随着市场经济的发展和高等教育体制的改革,社会对复合型人才的需求不断扩大,学生价值观念和社会取向也在发生变化,成才意识日渐增强。勤工助学活动作为一项特殊的社会实践活动,其功能、内涵和作用不断得以拓展和延伸,育人功能更加突出。

(2) 对象上由家庭贫困学生向全体学生发展

随着勤工助学活动的深入发展,学生们对勤工助学活动的多重功能有了更深入的理解,并且广泛认同这种助学活动。一些非贫困学生从实践锻炼的角度出发,主动加入勤工助学活动。因此,参加勤工助学的学生群体逐渐由贫困学生和非贫困学生共同组成。

(3) 类型上由普通型向专业型发展

学校在开展勤工助学活动的过程中,更加注重开发学生智力,发挥专业特色和优势,提高人才培养质量。学生参加勤工助学由主要从事劳务型、服务型、事务型工作岗位逐渐向从事专业型、技术型、管理型工作岗位转变,实现了专业学习、能力培养和经济资助三者的有机统一。

(4) 形式上由个体自发向集体组织发展

过去学生参加勤工助学往往呈现自发性、分散性特点,存在一定的安全隐患,合法权益容易受到侵害。目前学校普遍建立了统一的管理和服务机构,制定了详细的管理规定和运行机制,同时注重勤工助学基地建设,积极拓展勤工助学市场,使勤工助学有了更加广阔的发展空间,为学生创造了良好的勤工助学环境。

3. 勤工助学的意义

(1) 勤工助学实现了"济困"的功能

目前学校在学校中的很大一部分时间是由其自己自由支配的,勤工助学能够让学生在业余时间展示其价值,通过自己的劳动来获取报酬,缓解经济压力。

(2) 勤工助学锻炼了当代学生的意志品格

勤工助学能够让学生感受到生活的艰辛,懂得什么是责任和担当,明白什么是感恩和奉献,有利于他们树立自信心,形成劳动光荣的观念,有利于他们树立正确的人生观、世界观和价值观。在团队中,他们学会了如何面对激烈的竞争,提高了心理承受能力,培养了危机意识。同时,勤工助学实践中培养的自我约束力、劳动意识和职业道德,都将成为他们以后人生路上的宝贵财富。

(3) 勤工助学提高了学生综合能力和素质

通过勤工助学实践活动,学生的学习能力、社交能力及内省能力都得到了进一步的提高。从校内岗位到校外岗位,从懵懂跟从到独立选择,从忐忑上岗到独当一面,学生们的实践能力、创新意识和独立分析问题、解决问题等能力明显提升。学生提前接触社会,了解社会规则,调整自己的预期,改进自身不足,契合社会需求,团队意识、自律能力、心理素质明显提升,社会适应能力显著提高。另外,通过勤工助学,学生的学习能力和专业素质也得到了增强,学生把学到的专业知识很好地运用到实践中去,边学习边实践,不仅可以让自己的专业知识更扎实与稳健,而且可以从专业出发去扩展专业相应的特长,增加个人能力。

(4) 勤工助学增强了学生创新创业能力

勤工助学引导带动学生从课堂到课外、从学校到企业、从学生到职员、从兼职到就业创业,开阔了视野。学生在自己熟悉的领域经过长期实践已趋于理性,从创新的角度重新审视身边的各种资源,寻求资源的更佳配置,谋求更大的发展。学生在勤工助学过程中容易迸发出创新想法和创业激情,结合团队管理、项目运作、人际管理、目标管理等,进入一个融会贯通、将所学所思转化为所想所为的新境界,创新创业能力将大大提升。

(5) 勤工助学促进了学生就业

勤工助学能够不断提升学生的管理组织能力和待人处事能力,使学生的职业素质和职业能力全方位提升,帮助他们储备优质就业和自主创业所需要的身心素质和技能。

(四) 勤工助学的岗位要求

1. 勤工助学实现了劳务型与智力型的结合

要促进勤工助学劳务型与智力型的结合,实现内容的多层次化。结合学生的年级和专业特点,充分发挥学生的知识和技能,开拓智力型勤工岗位;还可以与老师的科研工作相结合,这既有利于老师科研课题的完成,又有利于学生巩固知识,锻炼能力,特别是实验类型的科研项目,更能增加学生的兴趣,培养科研态度和科研能力。实地调研结果表明,目前各高校的勤工助学工作的主要内容是图书馆书籍整理、实验室仪器清洗维护、办公室卫生打扫、宿管科日常值班、教室座椅的摆放等。此外,勤工岗位可以向服务型方向发展,对于不同阶段、不同需求的学生进行协调安排。因为相对智力型的工作而言,基层的服务型工作不仅一样可以培养学生待人接物的能力,学会人际沟通,而且有助于他们更好地了解社会、适应社会,排除在学生中存在的眼高手低的问题,且这类工作一般要求较低,有较大需求量,适合广大困难学生。

2. 勤工助学岗位的设置及要求

校内岗位包括学校各类机构的办公室助理、技术助理、图书馆工作人员、校内会议临时工作人员以及一些学生机构的岗位。校外岗位主要包括展会翻译、员工培训、商场导购

等。《高等学校学生勤工助学管理办法》要求勤工助学活动必须坚持"立足校园、服务社会"的原则，勤工助学要达到既向学生提供经济资助，又锻炼学生实践能力的目标。

勤工助学模式由传统型向创业型转变，是高校资助工作的内在要求和必然趋势。创业型勤工助学模式是指学校提供资金、场地支持，专业教师提供指导，通过校企合作，创建以学生为主体，由学生自主经营管理的勤工助学实体。学生既能通过创造性的劳动获取一定的报酬，还能通过参加专业实习和创业实践活动，提升专业技能和综合实践能力。创业型勤工助学让学生潜移默化地接受创新创业教育，形成"学生主导、教师指导、学生参与"的勤工助学与创业实践相结合的运行模式，推动资助形式的多样化发展，形成"资助→自助→助人"的良性循环，实现高校勤工助学的育人功能。

勤工助学的主要目的是帮助学生顺利完成学习任务，故而在完成勤工助学任务的时间安排上，更倾向于利用学生的课外休息时间。这样的安排基本不会耽误学生在学校的学习生活，不妨碍学生课堂理论知识学习、实践专业技能掌握等方面的技能形成，同时能培养学生的办公能力、人际交往能力和合理规划时间能力。勤工助学的"奖、助、贷、勤、补、减（免）"体系，最大的特点就在于有偿性，主要是学生依靠自己的双手和辛勤的劳动获得相应的报酬。

3. 勤工助学岗位应聘技巧

勤工助学岗位应聘应该做好充分准备，根据岗位说明书准备佐证材料。递交书面申请后及时询问，确认面试时间。面试中涉及的常见问题有：大学期间的学习情况，如专业排名、获得奖学金等；家教、兼职经历；学习紧张程度、空余时间等具体问题。要根据这些基本问题做好充分的准备，对评委的提问尽量回答，对于自己应聘的岗位阐述自己的认知。在着装和文明礼貌方面也要精心准备，增加印象分。在语言表达方面，不要使用口头禅。在自我介绍时尽量让自己有特点。

## 四、专业服务和创新劳动

(一) 专业服务概述

1. 专业服务概念

专业服务，是指某个组织或个人，应用某些方面的专业知识，按照客户的需求，为客户在某一领域内提供特殊服务，其知识含量和科技含量都很高。

2. 专业服务类型

专业服务一般可以分为生产者专业服务和消费者专业服务，具体包括法律服务，会计、审计和簿记服务，税收服务，咨询服务，管理服务，与计算机相关联的服务，生产技术服务，工程设计服务，集中工程服务，风景建筑服务，城市规划服务，旅游机构服务，公共关系服务，广告设计和媒体代理服务，人才猎头服务，市场调查服务，美容美发服务和其他。

根据世界贸易组织的分类，专业服务归纳在职业服务的范畴内，包括法律服务，会计、审计和簿记服务，税收服务，建筑服务，工程服务，集中工程服务，城市规划和风景建筑服务,医疗和牙医服务,兽医服务,助产士、护士、理疗家和护理员提供的服务等。

3. 专业服务的特征

(1)专业服务由组织或个人应用某些专业知识或者大量的实践经验来为客户提供某一领域的特殊服务。

(2)专业服务是知识和科技含量很高的服务,是少数专业人士提供的特殊服务。专业服务来自组织和组织之间、个体和个体之间的直接接触。专业服务所提供的服务是与消费同时进行的。供方和收方同时在供应和消费中得到新的利益。许多专业服务提供者与专业服务消费者需要在同时同地完成服务交易。

(3)专业服务具有技术化、知识化的特征,使高素质的人士成为国际竞争的核心。专业服务在提供服务方和接受服务方之间都会形成一种委托代理关系。这种委托代理关系以契约或签订服务协议的方式固定下来。因此,专业服务是以契约为纽带提供的服务,对法律的依赖程度相当高。

(二)科技活动

1. 科技活动概念

科技活动是指所有与各科学技术领域(自然科学、工程和技术学、医学、农业科学、社会科学及人文科学)中科技知识的产生、发展、传播和应用密切相关的系统的活动。它包含两个方面的含义:一是科学技术活动的性质,即这些活动必须集中于或密切关系到科技知识的产生、发展、传播和应用;二是所涉及的领域,即这些活动是在自然科学、工程与技术学、医学、农业科学、社会科学及人文科学领域内进行的。

我们要积极参与科技活动,培养自身科技创新精神和创新能力,培养主动学习、不断追求新知识的精神,养成善于独立思考问题、科学思维的习惯,提高勇于实践、勇于创新的能力。

2. 科技活动分类

科技活动分为三类:研究与试验发展、研究与试验发展成果应用、技术推广与科技服务。

(1)研究与试验发展

研究与试验发展指为增加知识的总量(包括人类、文化和社会方面的知识),以及运用这些知识去创造新的应用而进行的系统的、创造性的工作。研究与试验发展的基本要素包含以下四点:① 具有创造性;② 具有新颖性;③ 运用科学方法;④ 产生新的知识或创造新的应用。

只有同时具备这四个条件,才是研究与试验发展。

在上述条件中,创造性和新颖性是研究与试验发展的决定因素,产生新的知识或创造新的应用是创造性的具体体现,运用科学方法则是所有科学技术活动的基本特点。

(2)研究与试验发展成果应用

研究与试验发展成果应用是指为使试验发展阶段产生的新产品、材料和装置,建立的

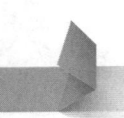

新工艺、系统和服务及做实质性改进后的上述各项能够投入生产或在实际中运用,解决所存在的技术问题而进行的系统的活动。它不具有创新成分。研究与试验发展成果应用这一分类只用于自然科学、工程和技术学、医学和农业科学领域。其特点主要有:① 为使试验发展的成果用于实际解决有关技术问题;② 运用已有知识和技术,不具有创新成分;③ 成果形式是可供生产和实际使用的带有技术、工艺参数规范的图纸、技术标准、操作规范等。

研究与试验发展成果应用不包括建筑、邮电、线路等方面的常规性设计工作,但包括为达到生产目的而进行的定型设计和试制以及为扩大新产品的生产规模和新工艺、新方法、新技术的应用领域而进行的适应性试验。

(3) 技术推广与科技服务

技术推广与科技服务是指与科学研究与试验发展(Research and Development,R&D,常简称研发)活动相关并有助于科学技术知识的产生、传播和应用的活动,包括为扩大科技成果的适用范围而进行的示范推广工作,为用户提供信息和文献服务的系统性工作,为用户提供可行性报告、技术方案、建议及进行技术论证等的技术咨询工作,自然、生物现象的日常观测、监测,资源的考察和勘探,有关社会、人文、经济现象的通用资料的收集及这些资料的常规分析与整理,对社会和公众的科学普及,为社会和公众提供的测试、标准化、计量、质量控制和专利服务,但不包括企业为进行正常生产而开展的这类活动。

3. 学校的科技活动

科技活动是科技教育的一种重要形式,是每一个学生都应该体验和经历的学习方式,是打通学科界限,让学生运用所学知识解决问题的最好实践机会,是学生的知识存贮方式得以发生变化的最好方式。它面向全体学生,让所有学生都参与科技活动,动手动口又动脑,能够更好地激发和培养学生们的科技创新意识。学校的科技活动主要分为三个层面:(1) 国家级的竞赛项目。(2) 省、市、县一级的竞赛项目。(3) 学校的科技活动。

学校的科技活动内容丰富、形式多样、具有个性化,可以为我们提供更多展示才能的机会。

学校科技活动的场所主要包括课堂和课外活动场所。由于空间的局限性,教室很难为学生创新思维的发展提供足够的创造空间和材料,因此学生要重视学校组织的有目的的科技活动,如"走进科技馆、走进企业、走进高新技术基地"等科技活动,积极进行探索或创造活动。

(三) 创新创业劳动

1. 创新的概述

(1) 创新

创新是指以现有的思维模式提出有别于常规或常人思路的见解为导向,利用现有的知识和物质,在特定的环境中,本着理想化需要或为满足社会需求,而改进或创造新的事物、方法、元素、路径、环境,并能获得一定有益效果的行为。

（2）创新思维

创新思维是指以新颖独创的方法解决问题的思维过程,通过这种思维能突破常规思维的界限,以超常规甚至反常规的方法、视角去思考问题,提出与众不同的解决方案,从而产生新颖的、独到的、有社会意义的思维成果。

2. 创造和创新创业

（1）创造的概念

创造是指将两个或两个以上概念或事物按一定方式联系起来,主观地制造客观上能被人普遍接受的事物,以达到某种目的的行为。简言之,创造就是把以前没有的事物产生或制作出来。因此,创造的一个最大特点是有意识地对世界进行探索性劳动。

（2）创新创业的概念

创新创业是指基于技术创新、产品创新、品牌创新、服务创新、商业模式创新、管理创新、组织创新、市场创新、渠道创新等方面的某一点或几点创新而进行的创业活动。创新是创新创业的特质,创业是创新创业的目标。创新强调的是开拓性与原创性,而创业强调的是通过实际行动获取利益的行为。因此,在创新创业这一概念中,创新是创业的基础和前提,创业是创新的体现和延伸。

（3）常见的创业模式

① 网络创业,即有效利用现成的网络资源进行创业。网络创业主要有网上开店和网上加盟两种形式。网上开店,是指在网上注册成立网络商店;网上加盟,是指以某个电子商务网站门店的形式经营,利用母体网站的货源和销售渠道。

② 加盟创业,即分享品牌金矿、经营诀窍、资源支持,采取直营、委托加盟、特许加盟等形式连锁加盟,投资金额根据商品种类、店铺要求、加盟方式、技术设备的不同而不同。

③ 兼职创业,即在工作之余再创业。教师、培训师可选择兼职培训顾问;业务员可兼职代理其他产品销售;设计师可自己开设工作室;编辑、撰稿人可朝媒体、创作方面发展;会计、财务顾问可代理做账理财;翻译可兼职口译、笔译;律师可兼职法律顾问和开办事务所;策划师可兼职广告、品牌、营销、公关等咨询,还可以选择特许经营加盟等。

④ 内部创业,即在企业公司的支持下,有创业想法的员工承担公司内部的部分项目或业务,并且和企业共同分享劳动成果。这种创业模式的优势就是创业者无须投资就可获得很广的资源,这种树大好乘凉的优势成为很多创业者所青睐的方式。

⑤ 团队创业,即具有互补性或者有共同兴趣的成员组成团队进行创业。如今,创业已非纯粹追求个人英雄主义的行为,团队创业成功的概率要远高于个人独自创业。一个由研发、技术、市场融资等各方面组成的优势互补的创业团队,是创业成功的法宝,对高科技创业企业来说更是如此。

⑥ 大赛创业,即利用各种商业创业大赛,获得资金与平台,如雅虎(Yahoo)、网景(Netscape)等企业都是从商业竞赛中脱颖而出的。因此创业大赛也被形象地称为创业孵化器。

⑦ 概念创业,即凭借创意、点子、想法创业。当然,这些创业概念必须标新立异,至少在打算进入的行业或领域是个创举,只有这样才能抢占市场先机,才能吸引风险投资商的眼球。同时,这些超常规的想法还必须具有可操作性,而非天方夜谭。

3. 创新创业劳动的价值

(1) 创新精神和创新能力深受现代企业推崇,被赋予极高的价值

创新在现代企业未来的发展中起着至关重要的作用。企业的经营离不开创新,管理也需要创新。好的创意不仅可以使企业起死回生,而且会使企业兴旺发达。那些具有创新精神和创新能力的企业,比如华为、腾讯、小米、吉利等,都是通过不断的创新,获得了更高的投资利润。

当今世界已经进入知识经济时代,先进的科学知识成为一个国家经济增长的主要支柱,只有掌握足够多的先进技术、保持较高的技术水平,才能走在世界发展的前列,才能在竞争中立于不败之地。我们知道,一个人的创新能力不是与生俱来的,而是在后天的不断学习和训练中逐步提高和增强的,因此我们应通过积极参与创新创业劳动培养自己的创新意识和能力。

(2) 培养创新精神,树立创业意识,激发劳动创造力

创新精神、创业意识是当代学生必须具备的重要个人素质。通过树立实现自我价值的强烈的创新创业意识,用劳动实现人生价值,激发劳动创造力。学生要通过创新思维正确认识自己,培养创业意识来激发自我潜能,提升创业能力,从而创造出劳动价值、个人价值和社会价值。

(3) 培养创新创业实践能力和分析解决问题的能力

"大众创业、万众创新"是指导国民进行创新创业、引领时代潮流变革的重要方针,是新时代中国特色社会主义对人才培养的基本要求。学生在学习期间可积极参加各种创新创业劳动,立足未来岗位,不断地学习新知识、新技能,充分发挥自己的聪明才智,利用掌握的知识在劳动中多搞技术革新和创新,增强劳动本领。通过创新创业劳动提高劳动效率,把自己从繁重的体力劳动中解放出来。

# 第二节　家庭劳动实践

## 一、自我服务劳动

(一) 自我服务劳动概述

1. 概念

自我服务劳动是学生料理个人生活的各种劳动,如为自己整理床铺、打扫房间、洗衣补袜、洗碗筷、抹桌椅等。它是最简单的一种日常劳动,日后不管我们每个人从事何种生

产劳动,自我服务劳动都将伴随我们。

中国宋代朱熹就主张蒙学阶段训练儿童洒扫、清洁等生活习惯。现代教育则普遍重视培养个人生活自理能力。

爱劳动首先要从自我服务开始。培养热爱劳动的态度,需要从小做起,从个人做起,从小事做起。

2. 自我服务劳动技能

自我服务劳动技能是人人必须具备的技能。自我服务劳动技能包括洗手、洗脸、刷牙、洗脚、剪指甲、洗头、梳头、洗澡、穿脱衣服、系鞋带、铺床、叠被、洗小件衣物、洗碗筷、洗茶杯、钉纽扣、缝补衣物、晒被褥、洗外衣、叠放衣服、收拾书包、修补图书和整理学习用品等。

这类劳动项目重在养成学生自己动手的良好习惯,从而认识到劳动光荣,为从事其他劳动打下基础。自我服务劳动技能可促进个人充分的自我服务,更加独立、自主地规划自身的生活,解决学习生活中遇到的各种困难。

(二) 自我服务劳动意识建立的意义

劳动意识是当代中国学生发展核心素养的一个不可或缺的要素,它是学生全面发展、全人成长的必要条件和必然要求。一个人,先要学会料理自己的生活,这是基本的生存技能。自我服务劳动则是培养个人劳动意识和技能的必要手段和基本途径,为未来成长为合格公民而诚实合法劳动、创造成功生活奠基。

1. 重视自我服务劳动有利于劳动意识和能力的培养

劳动意识,即爱劳动,主动参与承担劳动的思想观念。劳动能力,即会劳动,掌握劳动的基本技能技巧。热爱劳动一直是中华民族的传统美德。高职阶段虽然不是义务教育,但是高职阶段对于很多学生来说是全日制在校学习的最后阶段,是高职生成长的关键时期,在这一时期高职学生的自我服务劳动意识就是衣食住行等"自理"的思想观念。

积极参与各种自我服务劳动教育,克服自身懒惰毛病。现代戏剧之父易卜生告诉后人:"你的最大责任就是把你这块材料铸造成器。"正如人们经常听到的一句话,一个人会生活才会工作。

现在很多学生是独生子女,从小娇生惯养,所以导致一些学生"四体不勤",懒惰成性,既没有劳动意识也缺乏劳动的技能,连个人必备的自我服务劳动能力都没有,这些都直接影响了个人的身心发展。

2. 自我服务劳动是提升个人觉悟、发展自身智力的需要

有教育家说过,个人的才能和天赋的起源在自己的指尖上。形象地说,从我们的手指淌出涓涓细流,汇成创造思想的源泉。换句话说,不动手不利于动脑。

3. 自我服务劳动有利于培养珍惜劳动成果的思想感情

一个人只有付出了辛勤劳动,才能懂得珍惜劳动成果。一个人在穿自己洗的衣服时一般会格外小心在意,在用自己修补的图书时会小心翼翼,在用自己整理的学习用品时会

以免弄乱。

4. 自我服务劳动有助于促进个人意志品质的形成

劳动习惯的形成过程也是意志形成的过程。例如,每天早晨起来自己叠被并打扫宿舍,没有坚持的意志力是不可能实现的。再如,自己洗衣服、洗鞋子、倒垃圾等劳动,没有不怕脏、不怕累的品德是不行的。这些劳动不仅锻炼了我们的动手能力,而且可以帮助我们养成良好的意志品质。

(三)自我服务劳动能力提升的途径和方法

提升自我服务劳动能力是提高我们自身生存能力、竞争能力和自我发展能力的基础。虽然随着年龄的增长,人们的生活自理能力会有所提高,但自理能力不是自发产生的,它需要人们有意识地加以培养。

自我服务劳动能力需要循序渐进地形成,而不能一蹴而就。

1. 从情感上真尊重

中华传统美德是劳动最光荣,要从情感上尊重任何职业的劳动者。

2. 从行动上要肯动手

在自我服务劳动中,要多学多做,不能由父母或家人包办,摒弃"学习就已经够累的了,只要学习好就行了"的错误观点。要改变自己对劳动的错误态度,做一些力所能及的事。

3. 从提高上讲渐进

在老师和家长的帮助下制订科学的自我服务劳动培养计划,计划要根据自己的年龄提出不同的自我劳动要求,逐渐提高自己能够独立完成的自我服务劳动事项。

4. 勤训练

有意识安排一份劳动任务,如铺床、做饭、洗小件衣物等,让自己反复训练,循序渐进。并多参与社会实践以此锻炼自我劳动服务能力。

5. 巧学习

主动学习正确的生活自理方法。一方面在学校认真学习老师设计好的生活讲座或观看单项劳动视频;另一方面在家里要主动跟家长学习一些关于自我服务劳动的方法,要求家长多给予指导。

遇到自我服务劳动方面的问题,要学会"三步走"。第一步,自己想办法解决,锻炼自己处理事务和应对突发情况的能力;第二步,与同学交流,锻炼人际交往能力;第三步,向师长求助。

## 二、日常生活劳动

(一)家庭照护

家庭照护指对患有严重疾病综合征、身体功能失调、慢性精神功能障碍等患者提供的照护。家庭照护是老年人照护的首要形式,它的服务内容包括基本的医疗护理服务、个人照料、情感和社会支持等。

1. 照顾老年人

孝与感恩是中华民族传统美德的基本元素,是中国人传统美德形成的基础,也是政治道德、社会公德、职业道德、家庭美德、个人品德建设的基本元素。我国孝道文化包括敬养父母、生育后代、推恩及人、忠孝两全、缅怀先祖等,是一个由个体到整体,修身、齐家、治国、平天下的延展的多元文化体系。它强调幼敬长、下尊上,要求晚辈尊敬老人,子女孝敬父母,爱护、照顾、赡养老人,使老人们颐养天年,享受天伦之乐。

(1) 老年人的需要

为了更好地照料家中的老年人,我们需要了解老年人的基本需要。

① 食物的需要

注意老年人的膳食营养,为不能自理的家中老年人喂食和喂水。

② 排泄的需要

帮助不能自理的老年人进行排便、排尿,及时清除排泄物。

③ 舒适的需要

营造安静、清洁、温度适宜的休养环境。

④ 活动和休息的需要

帮助老年人适当活动,并尽可能促进老年人的正常睡眠。

⑤ 安全的需要

防止老年人跌倒、噎食、误吸、损伤,保持皮肤的完整性。

⑥ 爱和归属的需要

营造良好的休养环境和人际环境,促进老年人的人际交往,帮助老年人及时与家人联系、沟通,并给予精神上的关心。

⑦ 尊重的需要

运用沟通技巧,维护老年人的自尊,保护老年人的隐私。

⑧ 审美的需要

协助老年人的容貌、衣着修饰,使其保持良好的精神状态。

(2) 老年人生活照料服务

在协助满足老年人的基本需要时,我们需要为老年人提供生活照料服务。

老年人生活照料服务内容有:个人清洁卫生服务、衣着服务、修饰服务、饮食服务、如厕服务、口腔清洁服务、皮肤清洁服务、压疮预防服务、便溺护理服务等。

① 个人清洁卫生服务

它包括洗脸、洗手、洗头(包括床上洗头)、洗脚,协助整理个人物品,清洁平整床铺,更换床单等。

② 衣着服务

它包括协助穿脱衣裤、帮助扣扣子、更换衣裤、整理衣物等。

③ 修饰服务

它包括梳头、化妆、剪指甲、协助理发和修面等。

④ 饮食服务

它包括协助用膳、饮水、管饲等。

⑤ 如厕服务

它包括定时提醒老年人如厕、协助如厕,使用便盆、尿壶等。

⑥ 口腔清洁服务

它包括刷牙、漱口,协助清洁口腔、假牙的清洁保养等。

⑦ 皮肤清洁服务

它包括擦浴、沐浴等。

⑧ 压疮预防服务

它包括保持床单干燥、清洁、平整;定时翻身更换卧位,防局部受压过久,受压部位按摩增进血液循环;保持皮肤干燥、清洁,预防皮肤受损等。

⑨ 便溺护理服务

它包括清洗、更换尿布等。

2. 家人住院陪护

家人生病需要住院,作为学生的我们可以提供一些力所能及的服务为家人分忧解难,如承担部分陪护工作。若想成为一名合格的陪护者,则需要了解一些基本的陪护常识和日常起居照料内容:

(1) 现在医院一般会提供住宿的常用物品,如床单、被褥、热水瓶等,病人和陪伴家属只需准备个人用品即可。建议携带以下用品:衣物、水杯、洗漱用品(肥皂、牙刷、牙膏、脸盆、毛巾)、日常餐具、纸巾、拖鞋。

(2) 先到门诊或病房开住院证,然后交一定的费用。凭住院证,到所住科室的护理站办理住院病历,测量体温、脉搏、呼吸、血压等,听取护士介绍病区情况及住院注意事项,并领取住院所用物品,交纳物品押金。

(3) 了解所住科室和医院的基本情况。要熟悉住院药房、交费处、查账处、洗澡间、消防通道等位置的布局。同时,要知道自己家人的管床医生、护士以及主管教授,并同他们建立联系。

(4) 医院属于公共场所,人员很杂,一定要妥善保管好贵重物品和金钱。

(5) 每家医院都有属于自己的一套"入院须知",应仔细浏览。

(二) 家庭护理

1. 生命体征测量

生命体征包括体温、脉搏、呼吸、血压,它是标志生命活动存在与质量的重要征象,是评估身体的重要项目之一。我们可以掌握基础的生命体征测量方法。

（1）测量体温

协助被测家人解开衣物，有汗应擦干腋下，将体温计水银端放置于其腋窝深处贴紧皮肤、屈臂过胸夹紧，过 15 分钟以后取出体温计。

（2）测量脉搏

协助被测家人手臂放松，要求其手臂向上，然后我们将自己的食指、中指、无名指的指端放在其桡动脉表面，计数 30 秒。正常成人 60～100 次/分钟，老年人可慢至 55～75 次/分钟。

（3）测量呼吸

在测量脉搏后可仍然把手按在被测家人的手腕上，观察其腹部或胸部的起伏，一呼一吸为一次，计数为 30 秒。

2. 换药

换药是指对创伤手术后的伤口及其他伤口进行敷料更换，促使伤口愈合和防止并发症的方法，主要目的是清除或引流伤口分泌物，除去坏死组织，促进伤口愈合。换药步骤如下：

（1）进行无菌操作，原则上要戴口罩、帽子，用肥皂及流水洗净双手。

（2）区分所需换药伤口的种类，准备所用物品。

（3）采取合适的体位，铺治疗巾。

（4）去除伤口原有的敷料。撕胶布时要由外向内，顺着毛发生长方向，外层敷料用手揭去后，内层用无菌镊除去，顺着伤口的长轴方向。

（5）伤口清洁、消毒、处理后根据伤口的种类使用不同的换药方法。

（6）敷料覆盖伤口后再视情况进行包扎。

（三）家庭清洁

1. 家具清洁

家具上的灰尘，不要用鸡毛掸之类拂扫，因为飞扬的灰尘会重新落到家具上，应该用半干半湿的抹布抹去家具上的灰尘，这样才能抹干净。

对家具进行清洁保养时，一定要先确定所用的抹布是否干净。当清洁或拭去灰尘之后，一定要翻面或者换一块干净的抹布再使用。不要偷懒而一再重复使用已经弄脏的那一面，这样只会使污物反复在家具表面摩擦，反而会损坏家具的光亮表层。此外要选对护理剂。目前，有家具护理喷蜡和清洁保养剂两种家具保养品。前者主要针对各种木质、聚酯、油漆、防火胶板等材质的家具；后者适用于各种木制、玻璃、合成木或美耐板等材质的家具，特别适用混合材质的家具。因此，若能使用兼具清洁、护理效果的保养品，则能节省许多宝贵的时间。护理喷蜡和清洁保养剂使用前，最好先将其摇匀，然后直握喷雾罐，呈 45 度角，让罐内的液体成分能在不失压力的状态下被完全释放出来。之后对着干抹布在距离约 15 厘米的地方轻轻喷一下，如此再来擦拭家具，便能起到很好的清洁保养效果。此外，抹布使用完后，切记要洗净晾干。至于带有布料材质的家具，如布艺沙发、休闲靠

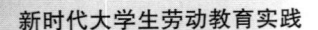

垫,则可以使用清洁地毯的清洁保养剂。使用时,先用吸尘器将灰尘吸除,再将地毯清洁剂少量喷在湿布上擦拭即可。

2. 家电保洁

(1) 电视保洁

液晶屏是液晶电视的核心部分,自然也是清洁的重点。使用柔软的布沾少许玻璃清洁剂轻轻地擦拭(擦拭时力度要轻,否则屏幕会因此而短路损坏),不要使用酒精一类的化学溶液,不要用硬质毛巾擦洗屏幕表面,以免将屏幕表面擦起毛而影响显示效果,也不能用粗糙的布或是纸类物品,因为这类物质易产生刮痕。当不开电视时,需关闭液晶显示屏(不要仅限于遥控器的关闭状态),以防止灰尘堆积。不要用指尖(经常对屏幕指指点点)或尖物在 LCD 屏幕上滑动,以免划伤表面。另保持使用环境的干燥,远离一些化学药品。

(2) 电冰箱保洁

电冰箱需安排单独电源线路和使用专用插座,不能与多个其他电器合用同一插座,否则会造成不良事故。正确安放电冰箱:不能距离火炉、暖气片等热源的地方较近,同时应避免阳光的直接照射,这样有利于散热;应摆放在不潮湿的地方;应摆放在通风良好地方;冰箱背部应离墙 10 厘米以上,顶部应有 30 厘米以上的高度空间,四周不应该放置过多的杂物;应摆放在地面平稳的地方,否则当压缩机启动时会产生振动并发出很大的噪声,长期如此会缩短电冰箱的使用寿命;上下不应该摆放重物或过多杂物,特别是不能摆放其他电器。

(3) 洗衣机保洁

一般新买的洗衣机在使用半年后,每隔三个月都应用洗衣机专用洗洁剂清洗一次。清洁洗衣机时,要先往一条干毛巾上倒上 200 毫升的米醋;然后把沾满米醋的毛巾放到洗衣机里;盖上洗衣机的盖子,按下电源键,调成甩干模式,再按下启动键。一会儿桶的内部会均匀沾上米醋,保留 1 个小时,这样可以软化污垢;倒半袋小苏打,往小苏打里倒入适量的清水,把小苏打溶解一下;洗衣机里加满水,把小苏打液倒进洗衣机里,泡 2 个小时;2 个小时以后,盖上洗衣机盖子漂洗两次。另外要注意,平时不用洗衣机的时候,最好经常打开洗衣机的盖子,让洗衣机内部保持干燥状态。洗完的衣服应要立刻拿出来晾晒,千万不要闷在里面。

(4) 空调保洁

空调使用有两忌:一是忌与其他电器共用插座,二是忌在运行中改变热泵型空调的运行状态。空调清洗时可用柔软的布蘸少量的中性洗涤剂擦拭空调器,清洗时水温应低于 40℃,以免引起外壳、面板收缩或变形;室内进风过滤网应每隔 20 天清洗一次,室外机组也应定期除尘。

(5) 饮水机清洗

清除饮水机机身里的水垢,可以先排尽余水,然后再打开冷热水开关放水,取下饮水机内接触矿泉水桶的部分,用酒精棉仔细擦洗饮水机内胆和盖子的内外侧,为下一步消毒做准备。按照去污泡腾片或消毒剂的说明书,兑好消毒水倒入饮水机,使消毒水充盈整个腔体流至10～15分钟,但更建议从进水口倒入少许白醋或鲜榨柠檬汁,再将里面加满水流至两小时,这样不用担心清洁剂残留对人体造成危害。

3. 居室日常清洁

(1) 清场

将影响清洁作业的家具、工具、材料、用品等集中分类放置到合适位置。垃圾清扫后转移到室外或倒进室内垃圾桶。

(2) 清洁墙面

掸去墙面浮尘。

(3) 清洁窗框

先湿抹,再铲除多余物,最后用干净清洁巾擦净。如果窗户玻璃较脏,则可以同时擦拭干净。

(4) 清洁窗户玻璃

清洁窗户玻璃一般使用擦窗器法、水刮法和搓纸法。

(5) 清洁窗槽和窗台

先用吸尘器吸出窗槽污垢;对于不易吸出的污物,用铲刀或平口工具配合润湿的清洁布尝试清理,尽量使用不好的清洁布或废布。窗槽清理完毕后,再将窗台收拾干净。

(6) 清洁纱窗

可先用水冲洗纱网,再擦净纱窗窗框,待晾干后安装。

(7) 清洁卧室、客厅、餐厅、书房、阳台

这类清洁作业,主要包括开关、插座、供暖设施、柜体、家具类表面。

(8) 清洁厨房

清洁厨房,依序为顶面、墙面、附属设施、橱柜内部、橱柜外部、台面、地面(如果厨房为清洁使用水源地,厨房地面可安排在后期进行)。

(9) 清洁卫生间

清洁卫生间,依序为顶面、附属设施、墙面、台面、洁具。

(10) 清洁踢脚线

踢脚线上沿先吸尘,然后擦干净。

(11) 清洁门体

清洁门体,依序是门头、门套、门框、门扇、门锁。

4. 室内空气净化

室内是人们生活工作的主要场所,如果室内空气质量长期差,不但影响人们的工作效率和生活质量,而且对健康和寿命有负面作用,因此越来越多的人喜欢使用空气净化器,但我们也可做一些力所能及的净化工作:

(1) 空气需要流动才能保持清新,平时室内有异味或是沉闷了,就要适当打开门窗

通风换气。如果窗户和门设在背风面,自然通风能力差,最好安装一个排气扇或是鼓风机。

(2) 适当开门窗能通风换气,但有时也会导致室内空气变差。室外有烟尘或是有异味,就要关闭门窗,防止污染室内空气。梅雨天时回潮厉害,也要关闭门窗,防止室外的潮湿空气流入室内,导致室内空气产生浓烈的霉味。

(3) 每天打开窗帘。因阳光中有紫外线,具有一定的杀菌能力,所以为了绿色环保杀菌,最好每天打开窗帘给室内晒一会太阳。

(4) 安装紫外灯。假如室内完全无法接受阳光照射,可以安装紫外灯,人员不在室内的时候,定期开灯杀菌,对室内空气净化也有好处。

(5) 放置水盆和加湿器来增加空气湿度。如果室内空气非常干燥,不但容易起尘,还可能导致室内静电累积和传导,对居住者和精密电子设备都有害。

(6) 放置生石灰或干燥剂。如果室内湿度过大,则易导致物品霉烂,还容易滋生细菌,所以,此时要降低室内空气湿度,可以在室内用敞口容器放置一些生石灰,或是放置一些其他无腐蚀性干燥剂(最好选择可以循环回收使用的干燥剂),它们的强吸水性可防止空气潮湿。

(7) 凡事从细节做起,在日常生活中养成良好习惯。大小便都要及时冲水,坐式马桶不用时要盖上盖子;卫生间和厨房有异味要开通风机,做饭炒菜要开抽油烟机;卫生间和厨房要定期清洁消毒杀菌,防止滋生细菌产生霉味;卫生间和厨房的门窗在卧室和厅堂一侧要尽量关闭,防止厨卫废气污染其他房间;厨卫的其他向阳门窗要尽量定期打开,晒一下太阳,自然杀菌。

(8) 偶尔可以使用空气清新剂来除味。长期来说,不建议使用空气清新剂,市场上不少空气清新剂都有一定的局限,长期使用可能有副作用。

(9) 室内要经常打扫卫生,进行除尘。如果没有吸尘器,就用除尘拖把。地面不要弄得太湿,不然容易滋生细菌。

(10) 防止室内污染。像汽油、柴油、油漆溶剂等挥发性物质,尽量不要在生活居室内存储,以防止挥发到空气里产生污染,也不安全。一旦这些物品产生了室内污染,特别是装修或重新装修,就一定要对居室进行足够时间的通风。

(11) 养殖绿色植物。可以在室内养滴水观音、吊兰、绿萝、海芋、橡皮树等吸附灰尘和有毒气体能力比较强的绿色植物。选取的植物要容易养活,这样不用费心。

## 三、日常家务劳动

(一) 家居维修

几乎每个人在日常生活中都会遇到水管漏水、墙地面破损以及开关插座失效等问题。这些家居中与居住使用密切相关的小问题,稍不注意就容易导致大难题。面对这些问题,很多人常常感到束手无策,叫人来修理,不仅要收费,而且不能及时解决问题;自己动手,看似挺简单的事情,做起来又很费劲。其实,大多数家居维修工作并不难解决,主要在于人们对其是否了解,是否有一个正确的维修方法。下面介绍几种常用工具能帮人们解决一部分家居维修工作。

1. 钻孔机

手摇曲柄钻和电钻是重要的家居维修工具,其中电钻分为有线和无线两种类型。无线电钻使用电池,并配有一个充电器,这种电钻现在非常受欢迎。可变速的电钻也是一种方便的工具,开始时可以采用较低的旋转速度,然后加速。还有各式各样的附件和配件可供选择,包括钢丝刷、涂料混合器,甚至是圆锯附件。

推钻和手摇曲柄钻是两种主要的手摇曲柄钻,推钻适用于钻导孔和固定铰链,在操作空间有限时,用手摇曲柄钻则比较适宜,因为它具有棘轮结构。

选择什么样的钻头取决于使用的钻孔机类型。可以根据表 6-1 选择正确的钻头。

表 6-1 钻孔机类型

| 钻 头 | 钻孔机类型 | 用 途 |
| --- | --- | --- |
| 麻花钻 | 手摇曲柄钻、电钻或钻床 | 在木材和金属中钻小直径孔 |
| 铲形钻头 | 电钻或钻床 | 在木材中钻最大 38 毫米的孔 |
| 螺旋钻头 | 手摇曲柄钻 | 在木材中钻最大 38 毫米的孔 |
| 变径钻头 | 手摇曲柄钻 | 在木材中钻最大 76 毫米的孔 |
| 飞刀 | 钻床 | 在木材中钻最大 152 毫米的孔;在其他材料中钻更小的孔 |
| 孔锯 | 电钻或钻床 | 在木材中钻最大 76 毫米的孔 |

2. 紧固件

紧固工具通常是家用维修工具箱中的首选工具。简单地说,它们就是帮助人们使用紧固件(如钉子、螺栓和黏合剂)的工具。紧固工具包括锤子、螺丝刀、钳子和夹子。

(二)家庭营养膳食原则

人体是由物质组成的,人体要维持生命并保持健康就必须恰当地不断补充消耗掉的营养物质且达到平衡。营养是生命的源泉,健康的根本。对于 6 岁以上的正常人群,我们可按照以下十条原则安排个人和家人的膳食。

1. 食物多样,粗细搭配

每种食物都有不同的营养素,只有最大限度地增加食物的种类,才能避免营养不良。专家建议每天每人应吃 50 种以上的食物,这其中包括主食、蔬菜、水果以及各种菜肴佐料。另外,不吃谷类主食就会出现营养不良,影响健康。

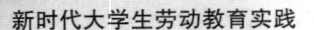

粗细搭配不单单是建议经常吃粗杂粮,而且涉及主食的加工方式。例如,稻米、小麦不可碾磨得太精,否则谷粒表层所含的B族维生素、矿物质等营养素和膳食纤维等将会大部分流失于糠麸之中。建议每天最好能吃50克以上的粗粮。

2. 多吃蔬果,不忘薯类

蔬菜水分含量丰富、能量低,富含植物化学物质,是给人体提供微量营养素、膳食纤维和天然抗氧化物的重要来源。成人每天应该摄入300～500克蔬菜,也就是说,每顿饭至少要有1～3份蔬菜,而蔬菜尽量选择深色的。

在保证水果无污染的情况下,尽可能将果皮与果肉一起吃掉。这样可以增加膳食纤维的摄入,有助于肠道健康。同时吃水果的时间应该选择在餐前或两次正餐之间的辅餐时间,如上午十点左右或下午三点左右。

除了蔬菜和水果,薯类食品由于膳食纤维含量高、脂肪低,也应该成为餐桌上的常客。比如红薯,一次可以食用一块,但注意避免油炸。

3. 每天要吃奶类、大豆

奶类营养成分齐全,组成比例适宜,容易消化吸收,除含丰富的优质蛋白质和维生素外,含钙量较高,且利用率也很高,是膳食钙质的极好来源。建议每人每天饮奶300克或相当量的奶制品。

大豆的营养构成相比其他杂豆有很大的区别。大豆的蛋白质含量可以达到50%,氨基酸的组成是比较平衡合理的。大豆含丰富的优质蛋白质、必需脂肪酸、B族维生素、维生素E和膳食纤维等营养素,且含有大豆低聚糖以及异黄酮、植物固醇等多种植物化学物质。建议每人每天摄入30～50克大豆或相当量的大豆制品。

4. 适量进食鱼、禽、蛋、瘦肉

鱼、禽、蛋、瘦肉等动物性食物是优质蛋白质、脂溶性维生素和矿物质的良好来源,如与谷类或豆类食物搭配食用,可以明显发挥蛋白质互补作用。建议每人每天吃一个鸡蛋,鱼肉或鸡肉50～100克,猪肉提倡吃瘦的。

5. 饮食清淡少油、盐

不合理的烹调油摄入量,以及高盐饮食会导致肥胖人群和高血压人群的增长。因此,做菜时尽量清淡。建议烹调油每人每天不超过30克,食盐不超过6克。按一家三口计算,每月家庭吃油不超过半桶(5升装),吃盐1袋(1斤装)。

6. 食不过量,天天运动

吃得过饱、缺乏运动是当前慢性病高发的主要危害因素,因此控制食量、增加运动必不可少。建议每顿吃七八分饱为宜,每天至少30分钟的有氧运动。驾车族尽量减少开车机会,能走路就不骑车,能骑车就不开车。

7. 三餐合理,零食适当

先按适合个人的健康体重计算出每天所需要的总热量,再按早、中、晚三餐各1/3的比例摄入热量。也可按早餐1/5、中餐2/5、晚餐2/5安排一日三餐的进食量。建议零食在两餐之间食用,要选择富有营养的食品,如牛奶、酸奶、水果、蛋糕、肉松、牛肉干和干果等。

8. 足量饮水,少喝饮料

在温和气候条件下进行轻体力活动的成年人,每日至少饮水 1 200 毫升(约 6 杯),在高温或强体力劳动条件下应适当增加饮水量。在水的选择上,建议首选白开水,少喝碳酸类饮料,因为它会给人体增加多余的热量,可选择一些果汁、奶制品,如酸奶。

9. 饮酒限量,忌空腹喝

成年男性一天饮酒不超过 25 克,相当于白酒 1 两、啤酒 250 毫升、葡萄酒 100 毫升;成年女性一天不超过 15 克。最好不要空腹喝酒,切忌一醉方休或借酒浇愁。

10. 新鲜卫生,少吃剩饭

食物选择首先要新鲜、卫生。有关调查显示,刚摘下来的蔬菜每过一天,营养素就会减半。所以在选购食物时,要选择外观好,没有泥污、杂质,没有变色、变味并符合卫生标准的食物。每次做饭菜,尽量按需做,避免吃剩菜剩饭,少吃熏制、腌制、酱制食品。

此外,家务劳动还包含做饭、炒菜等,这里不再过多介绍。

# 第七章 新时代大学生社会劳动实践

> **导入案例**
>
> 游洪建：一生磨一剑
>
> "华夏从来多匠人，情怀悠悠默无闻。"游洪建从一个对钳工一无所知的农村娃，通过自己的刻苦钻研和勤奋努力，逐渐成长为四川省五一劳动奖章者、全国技术能手、国务院政府特殊津贴获得者，2017年获第五届四川省道德模范——敬业奉献模范称号。日前，他被四川省总工会联合五部门授予"四川工匠"荣誉称号。
>
> 匠人为基，匠心为本
>
> 1991年，游洪建从农村进城顶替父亲，入职九洲集团。那年，他18岁，天气特别冷，听到父亲说让他顶班进厂做工人，以后免吃挖泥巴的饭，心里暖洋洋的。父亲为他换来铁饭碗，他知道，这就是父爱。
>
> 在他的想象中，工人是穿着白大褂在安静明亮的流水线上工作。但是，当他走进车间，除了打铁的机器就是打铁的人，机器轰隆隆响个不停。他心想：昨天才放下了锄头，今天就又拿起了榔头。咋是铁饭碗？
>
> 以前做农民接触的都是简单重复、没有技术含量的农活，进了工厂，连什么叫机床、什么叫模具都不晓得，又看不懂图纸，对计算公式更是一窍不通。在师傅的指导下，他从了解简单的零件结构到制作，从对着零件看图纸到读懂图纸所表达的技术要领，用他的话说："最擅长将抽象的东西变得清晰。"
>
> "这二十多年来，我一直坚信，工作不都是枯燥的，关键是该怎么对待它。"入职九洲25年来他阅读了上千册的专业技术书籍，执教五十多家院校相关专业，写下了8本专业技术书籍并出版了3本，其中《钳工工艺与技能》一书被列为国家职业教育"十二五"规划教材。为此，多家新闻媒体对其事迹进行了专题报道。
>
> 27年过去了，游洪建深深体会到了"不忘初心"四个字的含量，更加懂得父亲当年期望子承父业的那份"坚守"背后，不仅是军工国防事业的责任与使命，而且是"一生磨一剑"的工匠精神的体现。
>
> "差之毫厘，失之千里"
>
> 钳工，其实就是用手工来完成机器不能完成的工作，将一坨坨钢坯锉成一个个精

密的零件。"这是国防装备的一个精密构件,它要求达到的精度是千分之一毫米,是头发的70分之一,数控机床做到千分之三以后,最后的精度修正由我们钳工来完成。"游洪建在工作室里,准备锉削一件精密零件,他将精密零件固定在工作台,而加工前,测量表一直晃动。他全神贯注地加工,一点一点地锉削,完成后测量表竟然纹丝不动。

"灵心胜造物,妙手夺天工。"游洪建在第五届科博会上展示了自己的拿手绝活。在一个鼓胀的气球上面放一张白纸,他蒙上双眼,手持高速旋转的手电钻在白纸上钻孔,随着电钻的钻动声,白纸上出现了一个个小圆孔,而气球却完好无损。这是他每天练习手感的必备功课。

"勤学如春起之苗,不见其增,日有所长。"如今,游洪建的技艺更加超群,大家都称他为"游大师"。2006年,他成为全省钳工状元。用游洪建的话来形容就是:"手现在可以抬在某个位置,可以一个小时纹丝不动。"

### "技术创新讲究'筋络'"

游洪建工具钳工技能大师工作室的技术攻关来源于生产、服务于生产,实行"项目立项制"。项目立项、攻关、验收、应用。其中一个项目的小构件加工中,要求该构件达到一定的参数,质量极轻,韧度极强。

铝制的材料在热处理过程中,温度高了,难以提取合格构件;温度低了,就失去韧性。构件的材料在加工时具有流动性,根据"屈服点",就能把握构件形成参数的技巧。经过6个月将近三百多次的试验,终于达到精密的参数指数,使得铝制材料的构件既有极轻的质量,又有被冲击后完整恢复原形的韧性。正因为有无数个类似这个构件一样的攻关技术、精益求精的环节,该项目获得中共中央、国务院、中央军委颁发的某工程重大贡献奖。

用游洪建的话说:"技术创新和医生看病是一样的,讲究'筋络'。"

勤学是他善于学习,敏于思考。构件加工成功后,他还成功编撰出加工技巧的文件,描述常温和非常温加工的细节要素。

"既然当工人就要当好工人,要干活就要干好活。人家能干好的我也能干好,人家不能干好的我要想办法干好。"

参加工作27年来,游洪建由衷地慨叹,"一个合格的钳工,不是十年磨一剑,而是用自己的生命,一生磨一剑"。

资料来源:巩盼东.【中国梦·大国工匠篇】游洪建:一生磨一剑[EB/OL].央广网,https://baijiahao.baidu.com/s? id=1596185920840446085&wfr=spider&for=pc.

## 第一节　社会实践和社会调查

### 一、社会实践的概念、类型和意义

（一）社会实践的内涵

1. 社会实践的定义

社会实践是培养学生创新精神和实践能力、提升学生综合素质的良好载体，是实施素质教育的一种良好形式。哲学上的实践是指人类认识世界、利用世界、改造世界的各种活动的总和。当然重点是为求生存进而为求发展的改造世界的活动，其中尤以物质生产活动为最基本。社会实践是学生走向社会的一个很重要的锻炼环节，也是教育与实践相结合的具体体现。学生参加实践活动，是课堂教育的延续。社会实践是教育教学内容的重要组成部分，主要以学生个人主动参与及体验为主，是巩固所学知识、吸收新知识、发展智能的重要途径，它不受教学大纲的限制，学生可以在这个课堂里自由驰骋，发挥自己的才能。

2. 社会实践的特点

社会实践具有实践性、开放性、生成性和自主性等特点，为学生综合素质的提升，特别是创新精神和实践能力的培养，提供了广阔的空间。学校学习的最终目的是要学以致用，为以后的社会生活积累必要的知识储备。社会实践可以使学生对书本知识在实际生活中的应用有一个练习的机会，同时使学生对社会有一个初步的了解，在这种双向了解的过程中，学习社会知识，促进学生社会化，为所有人以后融入社会生活做一个铺垫和准备；在动手的过程中，体会课本知识，发展自己的动手能力；充分利用在校期间的以学习为主、学好和掌握科技知识的有利条件，在社会实践中磨炼自己，真正锻炼和提高自己的适应能力。

3. 社会实践的原则

大学生社会实践的总体要求是：全面贯彻党的教育方针，遵循大学生成长规律和教育规律，以了解社会、服务社会为主要内容，以形式多样的活动为载体，以稳定的实践基地为依托，以建立长效机制为保障，引导大学生走出校门、深入基层、深入群众、深入实际，开展教学实践、专业实习、军政训练、社会调查、生产劳动、志愿服务、公益活动、科技发明和勤工助学等，在实践中受教育、长才干、做贡献，树立正确的世界观、人生观和价值观，努力成长为中国特色社会主义事业的合格建设者和可靠接班人。大学生社会实践的工作原则主要有以下几点：

（1）坚持育人为本，牢固树立实践育人的思想，把提高大学生思想政治素质作为首要任务。

（2）坚持理论联系实际，提高社会实践的针对性、实效性、吸引力和感染力。

（3）坚持课内与课外相结合，集中与分散相结合，确保每一个大学生都能参加社会实践，确保思想政治教育贯穿于社会实践的全过程。

（4）坚持受教育、长才干、做贡献，保证大学生社会实践长期健康发展。

（5）坚持整合资源，调动校内外各方面的积极性，努力形成全社会支持大学生社会实践的良好局面。

4. 社会实践存在的问题

（1）社会实践的时间较短，内容缺乏创新。有调查显示，超过80%的学生在大学阶段每年会参加社会实践活动，其中54%的团队实践时间不到一周，30%的团队实践时间会持续两周到四周，只有16%的团队实践时间会持续超过一个月。

（2）学校和社会缺乏对社会实践的指导及保障机制。

（3）大学生对社会实践的认识不准确。学生中的很多人认为实践活动是旅游，是打寒暑假工，这些错误的认识使得他们在实践过程中得不到锻炼，达不到实践活动真正的育人效果。

（4）家长及社会支持度不高。

（二）社会实践的类型

1. 以校内服务为主的岗位实践

社会实践活动首先应该从与学生学习生活关系密切的校内生活开始。学校在具体的开发过程中，可以充分运用学生的能力，相信学生，放手让学生从事一些校内岗位相关工作，从而提高学生的能力。例如，让学生参与校园迎宾活动、校园卫生值日的检查、纪律的维护、家长会时的服务导引工作、大型活动时的秩序维护等；也可帮助老师做一些辅助的工作，如帮助图书馆进行图书的整理、登记工作，帮助实验老师进行实验仪器的整理，帮助微机老师进行电脑系统维护等；还可从事一些校园的公益劳动，如进行公益卫生打扫、到食堂帮厨。这些活动，既锻炼了学生的能力，也使学生对其生活的校园有一个了解，了解部分老师的工作，从而使他们珍惜这些活动和劳动成果，尊重老师的工作。

2. 以调查研究为主的社会实践

学生在老师的指引下，针对某一社会现象，进行资料查询、专家走访、实地考察，提出这一现象出现的缘由、现状、解决的办法等，进而形成自己的考察报告。从学生的选题、调查到形成报告的这一过程，都需要认真思索，不但要开动脑筋充分运用所学的知识，而且能充分锻炼学生的资料收集能力、分析问题能力、观察能力、人际交往能力、写作能力等。在这类实践中，需要教师对学生进行认真的指导，切实选择适合学生实际的、经过其努力便能解决而又存在一定难度的论题。例如，调查水污染、学生心理状况、课间教室关灯与资源节约等，都是他们可以参与的社会实践活动。

3. 以社区服务为主的社会实践

学生在教师指导下，走出教室，进入实际社会情境，直接参与和亲身经历各种社会生活活动，开展各种力所能及的社区服务性、公益性、体验性的学习与实践，以获取直接经

验，发展实践能力，增强学生的社会责任感。针对自己生活的社区，通过垃圾分类、清除非法广告、帮助孤残老人和儿童、慰问军属烈属等各种形式的活动，进一步了解社会，增强社会责任感。

4. 以公益宣传为主的社会活动

学生可利用节假日，走上街头，进行公益宣传，提高公众对某一社会现象的关注，增强公众的科学意识，建设环保节约型社会。如环保宣传、交通安全宣传、节约水资源的宣传、法律知识宣传、禁烟宣传等，这类宣传比较容易进行，只要结合某一节日（如世界水日）进行就可以，但要注意在宣传时不要只面向公众，还要与个人的生活实际相联系，这样在宣传的过程中就会提高学生个人的意识与水平。

5. 以参观为主的实践活动

在学校的组织下学生可以进行一些参观活动，这些参观可分为两类：一类是个人所在地的现代化企业，一类是本地的一些人文自然景观。通过参观现代企业，学生可感受现代企业文化和企业管理，体验现代高科技。通过参观本地的人文自然景观，如历史博物馆、科技馆、地质博物馆、一些遗址等，学生可了解本地的自然人文情况，增强其对区域性文化的了解。

（三）社会实践的意义

1. 提高个人能力

大学生社会实践是在校大学生利用课余时间，步入社会、接触社会，提高个人能力，触发创作灵感，完成课题研究，发挥个人聪明才智，以求对社会做出贡献的活动。学生们通过参与、动手、思考、解决问题等过程，将所学的书本知识内化为自己的能力，全面提升自身的思想素质、求真精神和务实的品质；同时培养了其积极向上、珍爱美好生活的优良心理品质。

2. 激发对社会问题的思考

社会实践活动，将有助于学生们接触群众、了解社会。他们在社会实践过程中，很自然地要走出校门、离开书本、走入社会，并通过融入社会、贴近自然、感触生活，增加对社会的认识与理解、体验与感悟，并能够在此基础上反思社会现象，发展批评思考能力，从而增强他们的社会责任意识。这是一个长期积累的过程。同时在参与实践活动的过程中，他们会对出现的一些问题进行思考，并站在自己的角度上探寻解决的办法，从而加深对社会的认识。

3. 促进个人成长

社会实践活动可以有效地锻炼学生的能力，提高学生的综合素质，增强学生的社会生活能力。在这一过程中，当然也会存在一些困难，如社会实践活动的时间安排问题、教师的跟进问题，甚至活动经费问题等。但在活动过程中，只要用心发掘资源，一定能够找到合适的方式与方法，也一定能够对学生们的成长起到积极的作用。

## 二、社会实践的实践过程

大学生社会实践活动从筹划、实施到完成是一个过程。对于同一活动,由于其方法、时机、对象、目标的不同,其效果是截然不同的。因此,在组织社会实践过程中,要想效果最佳,就必须重视过程优化。大学生社会实践活动过程一般包括调适、抉择、升华、策划四个环节。过程优化的重点就是上述四个环节的整体优化。

（一）调适

学生们应该对社会实践过程中碰到的各种难题,从心理上、思想上、能力上、知识上进行必要的准备。长期生活在"象牙塔"中的学生们,一旦步入社会,展现在面前的就会是一幅五彩缤纷的社会画面——赤、橙、黄、绿、青、蓝、紫,五光十色,令人目不暇接,若缺乏必要的思想准备,则必然导致青红不分、皂白不辨。

1. 社会实践前的知识调适

参加社会实践的过程,既是接触工农、了解社会、认识国情、提高觉悟的过程,也是运用知识、理论联系实际、服务社会的过程。因此,我们每个人合理的知识结构,直接影响社会实践活动的效果。所谓知识结构,是指一个人知识体系的构成状况与组合方式。就学生个体而言,无论在知识容量上,还是在知识构成上都是有限的,因此他们被要求按照社会实践的需要调节知识结构——从实际出发、从社会需要出发,坚持缺什么补什么的方针。

2. 社会实践前的能力调适

知识不等于能力。歌德曾尖锐地指出："单学知识的人仍然是蠢人。"[1]建立合理的能力结构,是提高实践有效性的关键之一。在社会实践活动中,最关键、最能起作用的能力是社会适应能力、实践动手能力、言语表达能力、组织管理能力和分析观察能力等。

3. 社会实践前的心理调适

一旦走向社会,许多难题就会摆在学生面前。一是生活,衣、食、住、行都要自理,这对自理能力较差的一些学生而言是一大难关。二是活动,在社会上开展的活动与学校不同,时间有限,加上人生地不熟,对此若没有必要的心理准备,过分地理想化,一旦碰到难题,就会无所适从、进退两难。

（二）抉择

抉择即选择,指从众多方案中挑选最佳方案的过程。在众多方案中如何选出最佳方案,直接影响着社会实践活动的实际效果。在选择活动目标时,应注意目标不宜太低,但也不宜太高。比如,工科专业的学生,如果想把攻克某个难关作为活动目标,那么其成功率肯定是不高的。社会实践活动的内容是丰富多彩的。要选好活动的内容,就必须选好活动的主题,在鲜明的主题下可以容纳丰富的活动内涵。主题提出后,必须具有可行性,

---

[1] ［俄］伊·伊·考夫曼.卡尔·马克思的政治经济学批判的观点[J].张静,译.现代哲学,2022(4):39-43.

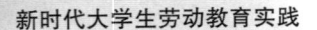

要让人看得见、摸得着,只有这样才能引起人们的心理共鸣。学生在校时间是有限的,在参加社会实践活动的时间安排上,应根据学习的松紧程度给予合理安排,大规模的、难度大的、任务重的活动,一般应安排在假期,并要坚持就近、方便的原则。

(三)升华

社会实践的根本宗旨在于人才和社会的双重效益。要使人才效益达到最佳,一个不可缺少的环节就是升华。所谓升华,就是要使我们的思想觉悟、知识能力等在社会实践中得到提高和精炼。升华过程可有三个阶段:净化、深化和升华。我们的思想应发生新飞跃,积极为成为新时代的建设者做好准备。

(四)策划

社会实践策划是社会实践中的一个重要环节,是对社会实践目标、内容和方法的统一。强化社会实践策划活动,可以将对社会实践活动的指导提前,帮助学生们更好地完成社会实践活动。社会实践活动,是培养大学生的重要方式,在我们成长为合格的社会主义接班人的过程中具有不可替代的作用。策划是理论知识与实践活动的结合点,在整个社会实践中起到承上启下的作用,是大学生形成理论联系实际观念的重要方法。

1. 社会实践策划对实现大学生全面发展具有重要作用

社会实践策划不同于实践活动计划。计划是为达成具体目标所制订的实施步骤与方法。而策划则是针对所要实现的目标,根据实际情况,确定实施的具体内容,包括目标、内容和方法,是目标与内容的统一、内容与方法的统一、理论知识与实践及实际情况的统一。在策划中,所注重的不仅包括步骤和方法,而且包括目标与内容本身。社会实践的内容能够帮助学生树立正确的人生观、世界观和价值观,能够帮助学生将理论知识运用到具体的实践中,在实践中运用理论知识分析问题、解决问题,并提高学生理论研究的热情和主动性。

2. 社会实践策划是社会实践活动的重要环节

策划是发起的重要内容、实施的主要依据和总结的衡量标准。策划内容包括确定社会实践的组织机构、内容、人员及其他相关因素等。在这个阶段,首先应根据社会实践的目标和具体要求,确定能够实现或反映目标和要求的社会实践内容,如把科技、文化、卫生"三下乡"社会实践活动的要求和实践活动主题具体到为农村、社区开展法律宣讲活动、社会调查活动等。

3. 策划有一定的规律可循

做好社会实践策划活动,应注意两个环节:(1)社会实践策划应当尽量做到全面,具有一定的现实意义;(2)社会实践策划还要具有一定的现实意义,即我们策划的社会实践活动要贴近生活、贴近群众,使其符合群众和社会的需求。我们不仅要在社会实践中学知识、长才干,而且要通过社会实践在农村、社区做出自己应有的贡献。社会实践策划要在现实中得以执行,还必须具有可行性。可行性是策划得以执行的基础,也是我们比较容易忽视的问题。

### 三、社会调查

（一）社会调查的概念和类型

社会调查是人们有目的、有意识地通过对社会现象的考察、了解、分析、研究，来了解社会真实情况，认识社会生活本质及其发展规律，探索改造、建设社会的道路或方法的一种自觉认识活动。社会调查是社会"调查"和"研究"的简称，它包含以下四层意思：（1）社会调查是一种自觉认识活动；（2）社会调查的对象是社会现象；（3）社会调查要使用一定的方法；（4）社会调查有一定的目的。

调查程序包括选题阶段、准备阶段（准备调查内容、调查工具、调查对象）、调查阶段（收集资料，实施调查）、分析阶段（包括审核、整理、统计、分析）和总结阶段（调查报告）。

（二）大学生应该掌握的调查方法

1. 选题

根据当前国家经济形势和相关的方针政策，以及自己的专业、兴趣和学识，并结合社会调查的要素特征，选定一个值得研究的问题，如小城镇建设、退耕还林，等等。选题时应当查阅必要的文献资料，咨询相关老师。

2. 计划

我们要紧扣选定的主题，参照相关资料，提出不同层次的问题，并确定系统的调查项目，比如，要研究小城镇建设的问题，就要提出其必要性和所需条件等问题，每个问题又包含了若干小问题。

3. 设计指标

指标就是用一定的数量和单位来描述调查对象，如某地区的人口和人均收入等。我们要用各种数量和质量指标从各方面完整地揭示调查对象的本质特征，保证其纵向和横向的可比性。

4. 拟定提纲

我们要用提纲的形式将以上准备确定下来，对所有提出的问题和项目加以精选，分轻重缓急，使系统完整。

5. 选择适当的调查方式和方法

常用的调查方式有普遍调查（对调查对象的每个部分毫无遗漏地逐个调查）、典型调查（选择一个或若干个具代表性的单位做全面、系统、周密的调查）、个案调查（对社会的某个人、某个人群或某个事件、某个单位所做的调查）。常用的调查方法有问卷法（合理设计问卷，采用开放式、封闭式或混合式问卷收集信息）、文献法（通过书面材料、统计数据等文献对研究对象进行间接调查）、访问法（通过交谈获得资料）、观察法（现场观察，凭借感觉的印象搜集数据资料）。

6. 培训与准备

请有关专家对参与调查的人员进行必要的培训，包括调查态度和调查技能的培训。

此外，还应该注意筹备必要的资金和物质条件，做好与被调查单位的接洽工作，并争取有关单位的支持，保证调查工作的顺利开展。

（三）社会调查的意义

社会调查有助于我们认识社会生活的真实情况和因果联系，揭示社会现象的本质及其规律，寻求新方法。研究问题、制定政策、推进工作，刻舟求剑不行，闭门造车不行，异想天开更不行，必须进行全面深入的调查研究。只有深入调查研究，才能真正做到一切从实际出发、理论联系实际、实事求是，保证我们在工作中尽可能防止和减少失误，即使发生了失误也能迅速得到纠正而又继续胜利前进。经常开展调查研究，有益于深刻了解群众的需求、愿望，激发创造精神，并丰富实践经验。

## 第二节　社区及农工商生产劳动

### 一、社区与社区服务

（一）社区的定义

社区是若干社会群体或社会组织聚集在某一个领域里所形成的一个生活上相互关联的大集体，是社会有机体最基本的内容，是宏观社会的缩影。社区是具有某种互动关系和共同文化维系力的，在一定领域内相互关联的人群形成的共同体及其活动区域。

社区的特点：有一定的地理区域；有一定数量的人口；居民之间有共同的意识和利益；有着较密切的社会交往。

（二）社区志愿者

社区志愿者是以社区为范围无偿主动承担社会责任的人。社区志愿者是指以社区为范围，在不为任何物质报酬的情况下，能够主动承担社会责任而不关心报酬，奉献个人时间及精神的人。

（三）社工精神

社工精神与人文精神、志愿精神既有联系又有区别。与人文精神相比，社工精神是一个小概念，人文精神是其上位概念；志愿精神与社工精神则是两个内涵不同的并列概念。社会工作是一门专业的助人学科，是一份高尚的事业。社工精神是社会工作实践的灵魂，是社会工作者的精神动力。作为一种专业价值观，它指一整套用以支撑社会工作者进行专业实践的哲学信念。社会工作价值观以人道主义为基础，充分体现了热爱人类、服务人类、促进公平、维护正义和改善人类与社会环境关系的理想追求，激励和指导着社会工作者的具体工作。社工精神具有重要意义，并主要表现在理论作用与实践作用上。在理论作用上，社工精神是构成专业社会工作的必要条件之一，是确定社会工作专业使命或目标的根据，同时是专业教育的核心内容。在实践作用上，社工精神是社会工作者的实践动力;通过社会工作专业伦理标准这种形式,社会工作价值观可以指导社会工作者的实践;社工精神是促进社会工作者个人成长的有效力量。社会工作价值观是维系社会期望和社会工作专业服务关系的关键。

## 二、社区劳动的技能与技巧

### (一)社区劳动范畴

这里的社区劳动是指主要以校园周边社区为中心开展志愿者服务工作,立足于本辖区群众开展活动,为广大群众的精神文明建设和生活劳动建设服务。

学生在社区可结合个人的专业主要开展以下服务项目:(1)为社区打扫部分街道卫生的志愿活动;(2)开展敬老助残志愿活动;(3)开展环保知识及健康知识的宣传和讲座;(4)开展爱心家教等有益社区儿童的志愿活动;(5)宣传青年志愿者精神及其他综合活动等。

### (二)绿色服务

当前社会最为关注的问题无疑是环境问题。随着社会的发展和人类的进步,在满足了经济需求后,人类开始寻找自身和周围环境的良性发展。因此开展环保活动刻不容缓。学生们可参加青年志愿者协会,在校团委的领导下,主要开展以下几个方面的社区环保劳动:(1)开展植树造林的志愿者活动;(2)开展垃圾分类的志愿者活动;(3)开展清理白色垃圾的志愿者活动;(4)开展动物保护的志愿者活动;(5)开展环保方面的宣传活动等。

### (三)健康服务

宣传健康知识,提高全民对健康的重视。一般由学校青年志愿者协会协助区政府及各机关部门开展各项活动,主要有以下几个方面:(1)参与献血、捐献骨髓等服务活动;(2)开展关于健康方面的公益演出;(3)编制健康知识小手册,并为社区群众发放。

### (四)文艺宣传

开展文艺活动,主要有节目主持、声乐、器乐、戏剧、相声、小品表演及本地的风土人情、风俗习惯、传统文化等的发扬与宣传。

### (五)赛会服务

负责为各种大赛活动服务,服务内容有以下几个方面:(1)外语翻译;(2)微机操作;(3)礼仪服务;(4)安全保卫;(5)体力服务。

### (六)公益服务

主要针对各类社会福利机构,如福利院、敬老院、慈善机构、红十字会、纪念馆、医院、图书馆、博物馆等,开展相应服务。

### (七)一对一服务

志愿者可在区内及市范围内结成一对一定点服务,以接力的形式将工作延续下去。可根据志愿者能力的特点,针对不同形式的需要,组织不同的小分队开展社区劳动。志愿

者的服务对象有孤寡老人、残疾人、生活困难的人、离退休人员、下岗员工、特困未成年人等。我们可以根据服务对象的不同制定不同的实施方案,并组成一批长期稳定的志愿者服务队来为他们提供帮助,如扶贫帮困、文化教育、法律援助、文体娱乐、生活家政、医疗卫生、环境保护等。

### 三、农业生产劳动

（一）农业文明与常见农作物

1. 农业文明

今天我们所享受的所有文明皆起源于农耕文明,稼穑是社会发展的根基和重要一环,更是人生不可或缺的一环,有稼穑经历和体验的人生更扎实,也更丰富。《尚书·无逸》说:"不知稼穑之艰难,乃逸乃谚。"意思是没有体验过"面朝黄土背朝天"的艰辛滋味,就会变得放纵、荒唐。这句3 000年前周公告诫子孙的至理名言,至今仍具有重要的现实意义。

现代农业文明带给当代人类的不仅是一种新能源,而且是继工业革命之后的又一次经济形态转型的新革命。中国农业文化来自中国传统农业,体现和贯彻中国传统的天时、地利、人和以及自然界各种物质与事物之间相生相克关系的阴阳五行思想,精耕细作,轮种套种,是它的典型工作生产模式。随着中国农业的发展,现代农业越来越需要有文化、懂技术、会经营,有较强市场意识、有较高生产技能、有一定管理能力的新型农民。

2. 认识常见农作物

我国农作物主要分为七大类:粮食作物、油料作物、蔬菜作物、果类、野生果类、饲料作物、药用作物。粮食作物:以小麦、水稻、玉米、大豆、薯类为主要作物。油料作物:油籽、蔓青、大芥、花生、胡麻、向日葵等。蔬菜作物:萝卜、白菜、芹菜、韭菜、胡萝卜、菜瓜、莲花菜、莴笋、辣椒、黄瓜、西红柿、香菜等。果类:梨、青梅、苹果、桃、杏、核桃、李子、樱桃、草莓、沙果、红枣等。野生果类:酸梨、野杏、毛桃、山枣、山樱桃、沙棘等。饲料作物:玉米、蚕豆、南瓜等。药用作物:人参、当归、金银花、薄荷等。

粮食作物既是人类主要的食物来源,也是牲畜的精饲料。经济作物一般指为工业,特别是为轻工业提供原料的作物,按其用途分为:纤维作物（棉花、麻类、蚕桑）、油料作物（花生、油菜、芝麻、大豆、向日葵、橄榄）、糖料作物（甜菜、甘蔗）、饮料作物（茶叶、咖啡、可可）、嗜好作物（烟叶）、药用作物（人参、灵芝）和热带作物（橡胶、椰子、油棕、剑麻）。

（二）种植技能、畜牧技能和采摘技能

1. 农作物种植技能

在种子没有问题的前提下,植物要想生根发芽就必须满足4个条件:温度、水分、空气和肥料。例如,大蒜发芽比较适宜的温度是20摄氏度左右,超过这个温度就会抑制大蒜发芽的速度。农作物在生长发育过程中,需要碳、氢、氧、钙、镁、硫、氮、磷、钾、硼、铝、锌、锰、铁、铜、氯等多种元素,其中碳、氢、氧可以从水和空气中取得,而其他大多数是从土壤中取得,当土壤不能满足时,必须通过施肥来解决。影响农作物生产的主要因素有:天气、土壤和人为措施。天气是影响农作物生产的一个因素,有的农作物需要长光照,有的农作物需要的积温少,有的农作物需要的积温多。水是农作物的生命,其需水量很大。土质的好坏直接影响产量,改良土壤以增加土壤的肥活度十分重要。合理施肥是提高农作物产量的一项重要措施,而不同的农作物所需的肥量是不同的。只有知道同一种农作物在各生育期中的需水量、施肥量,以及适应的气候,才能为农作物提供良好的生长条件。

农作物栽培步骤:精细整地,抢墒覆膜。土壤耕作是根据植物对土壤的要求和土壤特性,采用机械、非机械方法改善土壤耕层结构和理化性状,以达到提高肥力、消灭病虫杂草的目的而采取的一系列耕作措施,包括切茬、开沟、喷药、施肥、播种、覆土等多道工序。覆膜栽培关系到土壤的结构。施足底肥,谨防早衰。重施有机肥,增施磷、钾肥,适当施氮肥,以便增强树势,这是提高果实品质、促进着色的基础。改善光照,合理整形修剪,打开光路。出苗时,中耕除草并施人畜粪水。

2. 畜牧技能

畜牧业主要包括牛、马、驴、骡、骆驼、猪、羊、鸡、鸭、鹅、兔等家畜家禽饲养业和鹿、貂、水獭、麝等野生经济动物驯养业。畜牧业与种植业并列为农业生产的两大支柱。发展畜牧业必须根据各地的自然经济条件,因地制宜,发挥优势。畜牧业养殖技术,包括培育和繁殖,其中养殖技术包括生猪养殖技术、家畜养殖技术、水产动植物养殖技术、特种养殖技术几大类。

3. 采摘技能

农作物采摘应参照节气和植物生长规律,做到正确、合理、适时采摘。要掌握采摘时间,成熟度需合适,太嫩影响产量,太老影响质量。一般采摘适宜期为7～8分熟时。如蔬菜每天采摘时间以上午9:00前、下午6:00后为宜,这时蔬菜嫩脆,纤维少,品质优。采摘时,要用中指顶住花梗,然后用食指和拇指捏住,轻轻地掰下来,不要强拉硬扯,不要折断不要采半截,要有顺序地从上到下,从内到外依次采净粗细、长短、成熟度一致的,不能漏采和强采。另外,随着科技的发展,农业机器人也可以担当采摘重任,它以农产品为操作对象,兼有人类部分信息感知和四肢行动功能。

### 四、工业生产劳动

(一)金工实习

金工实习包括铸造、锻压、焊接、切削加工的基础知识和车工、铣工、刨工、磨工、钳工、数控加工、特种加工等内容。

职业学院机电工程专业通常开设金工实习课程,包含钳工实习、车工实习和铣工实

习。要求掌握铣床的基本结构和操作方法、工件安装的方法及要求、工件对刀的方法、铣削要素及切削用量的换算、铣削方式的区分,具有使用普通铣床按照图纸加工出中等复杂零件的技能,具备按图纸要求控制尺寸的能力。

  工人技能的增强是经济进步和经济福利增长的基本源泉。技能标准是按不同工种、不同等级制订的,包括"应知""应会"和"工作实例"三部分。我国的技术等级标准,按照工种的技术复杂程序分成不同的等级系列,其中,7~8级为高级工。例如,钳工,即切削加工、机械装配和修理作业中的手工作业,因常在钳工台上用虎钳夹持工件操作而得名。钳工作业主要包括錾削、锉削、锯切、划线、钻削、铰削、攻丝和套丝、刮削、研磨、矫正、弯曲和铆接等。钳工是机械制造中最古老的金属加工技术。在机械制造过程中钳工仍是广泛应用的基本技术,至今尚无适当的机械化设备可以全部代替。初级钳工职业要求详见表7-1。

表7-1 初级钳工职业要求

| 职业功能 | 工作内容 | 技 能 要 求 | 相 关 知 识 |
| --- | --- | --- | --- |
| 一、作业前准备 | (一)作业环境准备和安全检查 | 1. 能对作业环境进行选择和整理<br>2. 能对常用设备、工具进行安全检查<br>3. 能正确使用劳动保护用品 | 1. 钳工主要作业方法和对环境的要求<br>2. 钳工常用设备、工具的使用,维护方法和安全操作规程<br>3. 劳动保护用品的作用和使用规定 |
| | (二)技术准备(图样、工艺、标准) | 1. 能读懂钳工常见的零件图及简单工艺装配图<br>2. 能读懂简单工艺文件及相关技术标准 | 1. 常见零件及简单装配图的识读知识<br>2. 典型零件的计算知识<br>3. 简单零件加工工艺知识 |
| | (三)物质准备(设备、工具、量具) | 1. 能正确选用加工设备<br>2. 能正确选择,合理使用工具、夹具、量具 | 1. 钳工常用设备的使用、维护、保养知识<br>2. 钳工常用工具、夹具、量具的使用和保养知识 |
| 二、作业项目实施 | (一)零件的画线、加工、精整、测量 | 1. 能进行一般零件的平面画线及简单铸件的立体画线,并能合理借料<br>2. 能进行锯、錾、锉、钻、铰、攻螺纹、套螺纹、刮研、铆接、粘接及简单弯形和矫正<br>3. 能制作燕尾块、半燕尾块及多角样板等,并按图样进行检测及精整<br>4. 能正确使用和刃磨常用刀具 | 1. 一般零件的画线知识<br>2. 铸件画线及合理借料知识<br>3. 刮削及研磨知识<br>4. 铆接、粘接、弯形和矫正知识<br>5. 样板的制作知识<br>6. 刀具的刃磨及砂轮知识 |

续 表

| 职业功能 | 工作内容 | 技能要求 | 相关知识 |
|---|---|---|---|
| 二、作业项目实施 | （二）工艺装备的组装 | 能进行简单工具、量具、刀具、模具、夹具等工艺装备的组装、修整及调试 | 1. 机械装配基本知识<br>2. 简单工艺装备组装、修整、调试知识<br>3. 砂轮机、分度头等设备及工具的基本结构、工作原理和使用方法及维护知识<br>4. 起重设备的使用方法及其安全操作规程 |
| | （三）工艺装备的检查 | 能按图样、技术标准及工艺文件对所组装的工艺装备进行检查 | 量具的选用及测量方法 |
| 三、作业后验证 | 工艺装备的验证 | 能参加一般工艺装备的现场验证和鉴定 | 工艺装备验证和鉴定的步骤及要求 |

（二）电子装配

电子装配主要是电子产品部件的元件安装、焊接、拼装、包装。它要求有较强的空间感和计算能力，有准确的分析、推理、判断能力，并且手指、手臂要灵活。初级电子装配工的职业要求详见表7-2。

表7-2 初级电子装配工职业要求

| 职业功能 | 工作内容 | 技能要求 | 相关知识 |
|---|---|---|---|
| 一、装配前的准备 | （一）学习并理解图样及技术资料 | 1. 能看懂一般的零部件图和简单的电气原理图<br>2. 能看懂装配流程卡<br>3. 能识别电气原理图中常用元器件的名称、规格、型号、用途 | 1. 辨认所应用的零部件（元器件）的知识<br>2. 三视图知识 |
| | （二）选择和检查工具、设备及必备材料 | 1. 能分选出合格零件与不合格零件<br>2. 能判断常用元器件的质量<br>3. 能清点及正确摆放各种工具<br>4. 能按工艺要求准备并调整好工具和工艺装备 | 1. 岗位职责与作业规范<br>2. 常用工具的名称、规格、用途<br>3. 元器件的原理及应用知识<br>4. 工艺装备的类别、用途及维护知识<br>5. 万用表的使用要求 |
| 二、一般部件的装配 | （一）零部件的清理和预处理 | 1. 按工艺要求选择合理的清理、清洗零部件的方法<br>2. 能按要求完成对零部件的清理和清洗<br>3. 能按工艺要求对零部件进行预处理 | 1. 常用紧固件的种类、代号、规格<br>2. 常用黏合剂的名称、代号与性能<br>3. 焊剂、焊料及化工试剂的使用方法及防护知识 |

续　表

| 职业功能 | 工作内容 | 技　能　要　求 | 相　关　知　识 |
| --- | --- | --- | --- |
| 二、一般部件的装配 | （二）装配 | 1. 能核对装配位置是否正确<br>2. 能使用相应的工具、材料、辅料，通过焊接、螺纹连接、粘接、铆接、销连接等装配手段完成装配工作<br>3. 能用卡尺、万用表等计量器具进行检测 | 1. 计量器具的使用、维护与管理程序<br>2. 零部件识图知识 |

## 五、商业服务劳动

（一）商业文明

16~18世纪的中国商业革命是由国内大宗商品的远距离贸易和海外贸易扩张来推动的。国内大宗商品的远距离贸易，由具有地方特点的商帮进行，著名的商帮有徽商、晋商、粤商、闽商、江右商、洞庭商、京商等。千百年来，京商文化穿越了历史长河，汇聚了不同文化因子，是我国地域型商业文化的典型代表：前店搞经营，专管应酬，招揽顾客；后场搞生产，负责加工订货。"炮制虽繁必不敢省人工，品味虽贵必不敢减物力"[①]，这种商业文明彰显了精益求精和顾客至上的精神。

（二）服务业从业精神

服务业最重要的是"动脑、动手和用心"三方面的结合。动脑是理论与批判性思维的培养；动手是实操技能的训练；用心是对行业和做人的态度培养。同时，在服务领域保障艺术性和科学性的平衡。服务业的主要从业精神如下：

1. 换位思考

服务精神是指为某种事业、集体、他人工作的思想意识和心理状态。具有服务精神的人有帮助或服务客户的愿望，即专注于如何发现并满足客户的需求。换位思考应该落到实际行动，如追踪客户的需求、抱怨；让客户对最新项目进展有所了解；与顾客在彼此的期望方面保持沟通，监督客户满意度的执行；给客户提供有益信息，以及友善和开心的帮助；对更正客户服务问题采取谨慎负责的态度，及时解决问题等。

2. 服务意识

服务意识是指企业全体员工在与一切企业利益相关的人或单位的交往中，所体现的为其提供热情、周到、主动的服务的欲望和意识，即发自服务人员内心的自觉主动做好服务工作的一种观念和愿望。具有服务意识的人，能够把自己利益的实现建立在服务别人的基础之上，能够把利己和利他行为有机协调起来，常常表现出"以别人为中心"的倾向。

---

① 同仁堂创始之时流传下来的古训。

因为,只有首先以别人为中心去服务别人,才能体现出自己存在的价值,才能得到别人对自己服务的认可。

3. 顾客至上

服务行业的企业文化是以服务为导向、以顾客为中心的服务文化。服务业在人类现代文明和社会经济发展中的地位正日益显现,现代服务业是社会经济链条中的重要一环,上游可创造产品和效率,下游可创造市场和需求。进入21世纪,人类进入了知识经济时代,现代服务业集聚了一大批受过良好教育、拥有现代文化素养、受过专业训练的人力资源。服务和产品的营销原则基本相同,但也有一些差异。与实际产品相比,服务更难以通过客观指标来描述,因此消费者可能在服务选择和购买方面有更多的选择。此外,服务有效性更多地取决于服务员工的服务质量,而不仅仅是品牌保证。由于与人相关的诸多因素,服务业通常被认为是非标准产品。

(三)营销策划实习

营销,指企业发现或发掘消费者需求,让消费者了解该产品进而购买该产品的过程。市场营销是在创造、沟通、传播和交换产品中,为客户、合作伙伴以及整个社会带来经济价值的活动、过程和体系。它主要是指营销同时针对市场开展经营活动、销售行为的过程,即经营销售实现转化的过程。商业最看重的是营销,谋营销就是谋发展。以餐饮业为例,多家名店借助抖音等多媒体直播带货送福利的方式,促进客人到店消费或者预订外卖,实现了盈利。

1. 4P理论

4P理论概括了营销四要素:产品(Product)、价格(Price)、渠道(Place)、促销(Promotion)。4P理论是营销策略的基础。产品主要包括产品的实体、服务、品牌、包装,它是指企业提供给目标市场的货物、服务的集合,包括产品的效用、质量、外观、式样、品牌、包装和规格,还包括服务和保证等因素。价格主要包括基本价格、折扣价格、付款时间、借贷条件等,它是指企业出售产品所追求的经济回报。渠道主要包括分销渠道、储存设施、运输设施、存货控制,它代表企业为使其产品进入和达到目标市场所组织、实施的各种活动,包括途径、环节、场所、仓储和运输等。促销是指企业利用各种信息载体与目标市场进行沟通的传播活动,包括广告、人员推销、营业推广与公共关系等。产品、价格、渠道、促销,是市场营销过程中可以控制的因素,也是企业进行市场营销活动的主要手段,对它们的具体运用,形成了企业的市场营销战略。

2. 销售核心5要素

成功的销售人员,要掌握5个核心要素:产品知识、销售技巧、落实执行、做事态度和借助外力。销售核心5要素与4P理论相互支撑,旨在从人员层面夯实关键技能。营销需要我们准确把握客户的心理需求,在销售沟通中重视语言的引导,对销售漏斗层层铺垫。要根据客户分类,适度跟进,认真、勤奋是必备的态度。此外还需要和同事及上级处理好关系,这样团队才会提供销售上的帮助。

3. 精准营销

（1）精准的市场定位

市场营销中有一个著名的 80/20 法则，它充分说明了不同的客户会给企业带来不同的价值。因此，当我们准备将产品推向市场时，必须先找到准确的市场定位，然后集中公司的优势资源，这样才有可能获得市场战略和营销活动的成功。营销要在恰当的时间，用恰当的方式提供恰当的产品给恰当的顾客。"恰当"即为"精准"。

（2）巧妙的推广策略

精准营销借助数据库的筛选，寻找到目标客户，实施有效的推广策略，实现精准销售，从而大大降低营销费用的浪费。当前方兴未艾的新媒体营销就是基于大数据和互联网技术开展的精准推广。

（3）更高的客户体验

在以市场导向、消费者为中心的营销新时代，要想获得收益，就必须关注客户价值。只有价值的实现才可能为企业带来丰厚的利润和回报。当然，只有当客户的需求转化为公司价值时，我们才是真正满足了客户需求。由此可见，以消费为导向、关注消费个体体验就是精准营销中要实现更好的客户体验的真谛。

## 第三节　志愿者服务

### 一、农村特岗教师

不管一个人取得多么值得骄傲的成绩，都应该饮水思源，应当记住是自己的老师为他的成长播下最初的种子。

（一）特岗教师简介

"特岗计划"是中央实施的一项对西部地区农村义务教育的特殊政策，通过公开招聘高校毕业生到西部地区"两基"攻坚县县以下农村学校任教，引导和鼓励高校毕业生从事农村义务教育工作，创新农村学校教师的补充机制，逐步解决农村学校师资总量不足和结构不合理等问题，提高农村教师队伍的整体素质，促进城乡教育均衡发展。"特岗计划"的实施范围为集中连片特殊困难地区和中西部国家扶贫开发工作重点县、省级扶贫开发工作重点县、西部地区原"两基"攻坚县（含新疆生产建设兵团的部分团场）、纳入国家西部开发计划的部分中部省份的少数民族自治州以及西部地区一些有特殊困难的边境县、少数民族自治县和少数民族县。主要包括下列地方：河北、山西、内蒙古、吉林、黑龙江、安徽、江西、河南、湖北、湖南、广西、海南、重庆、四川、贵州、云南、陕西、甘肃、宁夏、青海、新疆。

（二）特设岗位教师的招聘对象和条件

1. 招聘对象

（1）全日制普通高等学校师范类专业应届本、专科毕业生。

（2）全日制普通高等学校具备教师资格条件的非师范类专业应届本科毕业生。

（3）取得教师资格，同时具有一定教育教学实践经验、年龄在30岁以下且与原就业单位解除了劳动（聘用）合同或未就业的全日制普通高等学校往届本科毕业生。

2. 招聘对象具备的基本条件

（1）政治素质好，热爱祖国，拥护党的各项方针、政策，热爱教育事业，有强烈的事业心和责任感，品行端正，遵纪守法，在校或工作（待业）期间表现良好，未受过任何纪律处分，为人师表，志愿服务农村基层教育。

（2）符合教师资格条件要求和服务岗位要求（应聘初中教师的学历原则上要求为本科及以上，所学专业与申请服务的岗位学科一致或相近）。

（3）身体条件符合当地要求，并能适应设岗地区工作、生活环境条件。

（三）"特岗计划"的相关保障政策

（1）为吸引更多优秀高校毕业生到农村学校任教，按照"自愿报名、择优选拔"的原则，对具备以下条件的报名者在面试成绩中给予适当加分：

① 少数民族学生加2分。

② 省级优秀毕业生、省级及以上"三好学生"加4分，校级"三好学生"加2分；同时具备以上几个加分条件的学生，可以累计加分，最高加分不得超过6分。

③ 参加"大学生志愿服务西部计划""三支一扶"计划支教服务且服务期满的志愿者和参加过半年以上实习支教的师范院校毕业生以及生源地考生在同等条件下优先招聘。

（2）特设岗位教师在聘期内，由县级有关部门对其进行跟踪评估。对成绩突出、表现优秀的，给予表彰；对工作不扎实、不按合同要求履行义务的，要及时进行批评教育，督促改正；对不履行合同要求的义务，经教育仍无转变，不适合在教师岗位继续工作的，应解除协议。

（3）各设岗县（市）和学校，要为特设岗位教师提供必要的周转房，方便教师的工作和生活。

（4）"特岗计划"的实施可与"农村学校教育硕士师资培养计划"相结合。符合相应条件要求的特设岗位教师，可按规定推荐免试攻读教育硕士。特设岗位教师3年聘期视同"农村学校教育硕士师资培养计划"要求的3年基层教学实践。

（5）特设岗位教师3年聘期结束后，对考核合格、自愿留在本地学校的，经县级政府教育行政部门审核，县级政府人事行政部门批准，由县级教育行政部门办理事业单位人员聘用手续，按照有关规定办理上编制、核定工资基金等手续，并分别报省、市（州）人事、教育行政部门备案，同时将其工资发放纳入当地财政负担范围，保证其享受当地教师同等待遇。

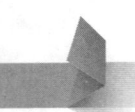

各市、县(市、区)、乡镇学校教师岗位空缺需补充人员时,要优先聘用聘期已满、考核合格的特设岗位教师。

各地区在实施"特岗计划"的同时,要研究制订具体可行的办法,加大创新农村教师补充机制的工作力度,并大力推进城镇教师支援农村教育工作,积极稳妥地处理好代课人员问题。

(四)特设岗位教师的户口和档案管理

特设岗位教师聘用期间,其户口根据本人自愿,可留在原籍,也可迁至工作学校所在地或工作学校所在地的县城;党(团)组织关系转至工作单位,并应积极主动参加工作单位的党(团)组织活动;特设岗位教师人事档案原则上由服务县政府人事行政部门人才服务机构免费管理。服务期满后,被国家机关、企事业单位正式录(聘)用的,在服务期间建立的工作档案和党团关系按规定转到具有人事管理权限的相关单位管理或由政府人事行政部门人才服务机构代理。

(五)特设岗位教师的聘后管理

特设岗位教师聘用后的日常管理与考核主要由设岗学校和设岗县教育行政部门负责。每年度结束,各设岗学校要对本校特设岗位教师的政治思想表现和工作情况进行综合考核,评定考核等次,并报县教育行政部门审核后存入其工作档案。

## 二、大学生村干部

(一)大学生村干部在农村经济改革中的作用

1. 大学生村干部是农村社会治理的协调者

在农村经济改革中,大学生村干部把农村社会治理有效地融入国家治理中。农村具有鲜明的历史性与不可替代性,从农村经济改革以来村民自治一直都是农村社会治理的主要方式。村民自治的基本内涵就是在村民自治过程中,农民享有表达自身利益的话语权,有权利参与到农村集体事务决策中。但是在此过程中,农民社会群体分化极大会导致农村利益不充分。因此,国家实行大学生村干部计划,让大学生村干部参与村民自治,使得越来越多农民受到大学生村干部公民意识的激励和主动参与行为的鼓舞,能够通过村民自治制度来表达自己的利益诉求,让他们不仅能关心个人的选举权,而且能关注村务公开、代表选举等政治权利,积极参与集体事务决策。由此可见,大学生村干部能够把农村治理有效地融入国家治理范畴中,有效地解决农村社会治理的矛盾,从而推动农村社会经济发展。

2. 大学生村干部是农村社会变型的改革者

在农村经济改革中,大学生村干部能促使基于血缘关系的传统农村社会改造成基于法律关系契约性的现代社会。在农村经济改革中,最重要的问题就是农民问题。传统的农村社会是基于血缘关系之上,以姓氏等形成一个家族制的集体,这就使农村社会管理体制上存在着分散性。而大学生村干部的作用就是要建设一个具有法律关系的现代农村社会。在农村社会变型改革中,法律性社会是否能有效地建造得益于农民的话语权能否得到充分保障,这时大学生村干部在公民教育这一块就起到了关键作用。只有充分尊重和保护公民的话语权和受教育权,才能在实行科学民主决策的过程中真正地了解农民的需要,更好地发挥农民在农村经济社会变革中的主体作用。

在社会主义新农村建设中,不仅要使大学生村干部的话语权得到充分的保障,而且要鼓励大学生积极参加农村基层自治组织领导职务的选举,同时要尊重农民集体话语权,处理并确保满足他们的合法愿望。大学生村干部是公民教育的设计者,他们作为一群接受过民主训练和公民文化熏陶的社会主体,既有维护自身话语权的能力,又能有效地维护村民话语权。在村民自治制度的发展、演变、完善过程中,大学生村干部通过设计与话语权等相关的合理治理或民主政治生活,让村民积极参与集体事务,逐渐改变其情感、态度、气质、性格、行为习惯,让其真正成为具有真正公民意识和公民观念的新型农民,进而培育出适合农村的真正的公民文化。

3. 大学生村干部是农村经济发展的领头羊

大学生村干部是农村经济的领头羊。作为新一代青年,大学生村干部有着许多优质的特质。例如,思想观念较新,年龄、教育背景、政治面貌、知识结构、专业技能等比传统村干部更具备优势;同时,高校村干部工作不仅是党和国家培养可靠人才的战略工程,而且是青年学生实现人生理想的一项充满希望的工程。它为农村经济发展注入了新鲜的源泉,起到了造血功能。

首先,大学生村干部可以通过宣传科学新观念来驱赶农民潜意识中的小农意识,以市场经济为导向转变农民的生产观念以改变农民生产方式,培育新型职业农民,激发农民生产的主动性,促进农民收入的增加。其次,扶贫先扶智。城乡之间的教育发展有着很大的差距。大学生村干部要推进农村基础教育,要提高农民的文化素质和职业技能从而为社会主义新农村建设提供人才支持,进而提高农村劳动力的就业竞争力。更重要的是,通过实践来引导农民培养协商合作的意识,使他们从小农的意识中脱离出来,积极参与市场竞争,在积极向上的观念指导下实现科学繁荣的目标。最后,大学生村干部应该发挥自身优势和特征,充分挖掘本村的区位优势,并充当农业科技教育的联络员、组织员、宣讲员和信息员,要依托本村的产业发展对农民开展农业实用技术培训和职业技能培训,使他们掌握能切实提高农民生产技术水平的农业新品种、新技术,丰富有关农民环保和食品安全意识的农业环境保护、无公害农产品、食品安全、标准化生产等知识,提升农民经营管理水平和适应市场经济能力的经营、管理和市场经济技能;丰富农民转岗就业能力所需知识。

(二)农村经济改革下大学生村干部建设过程中的政策效应

1. 进一步完善大学生村干部发展长效机制

大学生村干部长效发展机制的健全主要体现在其流动机制的建立健全上。因此,要建立健全大学生村干部"流得动"机制。一是要完善大学生村干部的留村任职工作。主要是采取党员推荐或者群众推荐等方式,鼓励一些表现优秀、被党员和群众认可的村干部参

加选举，担任村"两委"负责人。经考核合格，提出续聘申请的，经乡党委初步审查，县级组织和人力资源社会保障部门审查批准后就可以签订续聘合同。二是可以推行考录公务员加分政策。即保障大学生村干部参加面向社会统一组织的公务员招考时能够享受加分等相关的优惠政策。三是鼓励自主创业。指导大学生村干部参加农业产业龙头企业、农业示范园区、专业合作社、专业协会的实践活动，帮助他们学习创业知识，积累实践创业经验。为了建立和加强农村干部的创业精神和商业孵化基地，应该把精力放到那些有创业意愿、创业能力、创业优势的大学生村干部身上。四是鼓励成功创业的大学生村干部成为企业管理者、项目负责人和新社会组织的领导者，逐步实现自主发展。

2. 在实践中不断提升大学生村干部的理论能力

实践是检验真理的唯一标准，大学生村干部应在实践中不断地检验农村经济社会改革相关理论，并做好一系列的知识储备工作。一是规范高校职业指导方面的课程。通过规范高校关于大学生村干部的职业培训课程，对有兴趣成为大学生村干部的学生进行有效的"三农"知识的传递，并在学生的日常生活基础之上进行准确的指导和专业的培训，使得高校的资源得到充分利用。二是加强大学生入职前的职业培训。地方政府应对新聘大学生村干部进行一系列严格的入职培训，帮助大学村干部在农村服务工作中更好地定位，培养大学生村干部的奉献精神。三是要完善大学生村干部的后续教育机制。主要是通过一些"互联网+"的形式，通过线上与线下的培训课程和交流来对大学生村干部进行乡村振兴、农业供给侧改革、新农村建设、农村社会管理创新、基层工作发展、法律法规等形式的专业培训，继续完善农村社会保障体系。此外，大学生村干部还应加强自身建设，与时俱进，加强与返乡青年的互动和联系，加强群体间的联系。只有加强群体互动，才能发挥大学生村干部最大的作用；要增强对村民的责任感，保护生态环境，在农村经济改革中更好地发挥自身的优势。

3. 营造有助于大学生村干部成长发展的良好环境

一是加大对大学生村干部的扶持力度。可以通过宣传大学生村干部的先进典型，不断增强他们的自我获得感和社会认同感。同时，给予相关的公平公正的政策支持，如一些必要的政策倾斜和创业激励措施等，解决大学生村干部地位尴尬的局面，使其成为企业家，并依照法律法规致力于改革。二是搭建学习平台。将终身学习与大学生村干部个人发展相结合，在大学生村干部的创业、专业技能、信息交换平台建设方面给予培训和指导，并通过线上线下资源的整合，为大学生村干部整体发展营造良好的氛围。这些措施将有利于大学生村干部计划的稳定发展，发挥国家的公益责任作用。

# 第八章　新时代大学生劳动教育的多样性实践

## 导入案例

### 校园垃圾清洁的寒假实践

2023年1月13日上午,河南工业大学新闻与传播学院蒲公英社会实践团队开始了为期一周的校园清洁捡拾垃圾的寒假实践活动。该活动在河南工业大学莲花街校区范围内举行,主要内容是团队成员一起打扫校园区域,清除校园垃圾。

校园对于学生来说是第二个家,美丽洁净的校园环境不仅令人心旷神怡,而且能为学习氛围增色。可是,路面的小纸片、树林的小纸团这些细小的垃圾时常被人忽略,因此实践团队决定组织一次清扫校园垃圾的活动,既维护校园环境的整洁,也用行动告诉学生从自身做起保持校园卫生,决不让"癫狂空袋随风舞,轻薄纸屑逐人飞"的乱象上演。

蒲公英社会实践团队的成员齐聚于河南工业大学莲花街校区的A01学生公寓楼前。团队成员们拿着扫帚、簸箕有序列队,随着带队队长的一声"出发",实践活动正式开始。

实践团队首先从学生公寓区的主干道开始清扫,沿路清扫到钟楼广场,在钟楼广场附近的餐厅匆匆吃完早饭后,又从广场南侧开始,沿莲湖桥北的主干路继续清扫。这些道路陆续清扫完毕后,团队并没有停歇。接下来的一项,是打扫活动的重头戏——操场板块。团队事先将整个莲花街校区分成了六大板块,每天打扫和维护一个板块。团队成员到达操场后,立即投入清洁工作中……

经过一天的操场打扫,实践团队发现,操场上的遗留垃圾主要有两种,一种是塑胶跑道上的卫生纸纸团,另一种是跑道旁边、健身仪器附近的烟头。鉴于此,团队成员提醒大家,天气严寒,但用来擤完鼻涕的纸团要丢进垃圾桶;而对于非在校学生的附近社会人员,在健身后,一定要将烟头捻灭后丢入垃圾桶,杜绝安全隐患。

资料来源:侯伟峰.河南工业大学蒲公英实践小队开展美化校园环境活动[EB/OL].搜狐网,https://www.sohu.com/a/291451313_100054819.

# 第一节　大学生探索性劳动教育实践

## 一、大学生探索性劳动概述

（一）大学生探索性劳动的内涵

根据劳动的目标,劳动可以分为探索性劳动、艺术性劳动、生产性劳动等。所谓探索性劳动,是指为了追求科学真理而从事的创造性劳动。创造性(创新性)是探索性劳动的首要特征,也是劳动的最高要求;追求真理是探索性劳动的目标和动机。探索性劳动既包括脑力劳动的成分,又包含体力劳动的成分,这种劳动是认识"真"的劳动,其中包含了"美"。在现代人工智能条件下,探索性劳动中的可重复性体力劳动成分正在越来越多地被人工智能所代替。探索性劳动是生产劳动的一种形式,是一种脑力劳动,也是一种创造性劳动。

在自然科学中,探索性劳动主要表现为创造性的科学研究活动,如真实的物理实验、化学实验、天文观测、科学探险;在社会科学中,除了社会科学研究、社会实验外,探索性劳动还表现在社会调查、刑事侦破、管理创新等活动中。例如,毛泽东当年为了探索中国革命的真理,曾经花了大量时间深入农村考察,最终写出了《湖南农民运动考察报告》这一著名的社会调查报告,对当时的农村革命运动规律进行了总结,这一过程就是社会科学领域中典型的探索性劳动。

探索性劳动与生产性劳动不同的是,探索性劳动以追求真理为主要目标,以创造性活动为过程,以产出新知识和新发现为结果;而生产性劳动以追求经济价值或经济回报为主要目标,以产出物品、劳务为结果,通常包括工业生产劳动、农业生产劳动和服务业生产劳动。探索性劳动的最终成果——知识和信息,是与生产劳动密切相关的,它们作为科学技术的一部分,可以转化为生产力。从这个意义来看,探索性劳动在现代生产体系中毫无疑问也具有生产性的一面,探索性劳动与生产性劳动之间的关系建立在知识、信息等劳动产出之上,二者具有相关性,却并不能完全等同。这是因为：首先,探索性劳动的对象是人类认识的未知世界,生产性劳动的对象是人类认识已经可达的已知世界。其次,探索性劳动的主要任务是产出新知识和新发现,生产性劳动的主要任务则是运用知识创造社会经济价值和其他价值。再次,探索性劳动属于创造性劳动,具有劳动产出不确定,甚至失败的风险,而生产性劳动大多属于按照一定工作程序开展的常规活动,劳动产出在既定的生产流程下是确定的。最后,探索性劳动通常需要劳动者经过专业的训练或具备特定的素养才能进行,劳动准入的门槛相对比较高;生产性劳动根据不同劳动的性质和需要对劳动者的素养要求是有差别的,简单的生产性劳动不需要劳动者经过训练即可进行,如工业生产中流水作业线上的简单重复劳动,复杂的生产性劳动则需要劳动者经过专门的生产训练并掌握一定的劳动技能。

大学生探索性劳动教育就是以培养大学生的探索性劳动素养为目标，促进大学生全面发展的教育。大学生探索性劳动教育是劳动教育的核心内容之一，也是新时代提升大学生劳动素养的主要手段。

（二）大学生探索性劳动的主要类别

大学生的主要任务是完成大学学业，大学生参与劳动的主要目的在于提高自己的劳动素养，实现自身的全面发展。根据大学生参与探索性劳动内容的不同，大学生探索性劳动可以分为科技创新、研究性学习、社会调查、科学考察、电子竞技、创新驱动式创业等类别。

1. 科技创新

科技创新是原创性科学研究和技术创新的总称，是指创造和应用新知识、新技术和新工艺，采用新的生产方式和经营管理模式，开发新产品，提高产品质量，提供新服务的过程。科技创新可以分成三种类型：知识创新、技术创新和现代科技引领的管理创新。

知识创新的核心工作是原创性科学研究。原创性科学研究或原创性知识创新是提出新观点（包括新概念、新思想、新理论、新方法、新发现和新假设）的科学研究活动，并涵盖开辟新的研究领域、以新的视角来重新认识已知事物等，其直接结果是新的概念范畴和理论学说的产生，为人类认识世界和改造世界提供新的世界观和方法论。技术创新的核心内容是科学技术的发明和创造的价值实现，其直接结果是推动科学技术进步与应用创新的良性互动，提高社会生产力的发展水平，进而促进社会经济的增长。管理创新既包括宏观管理层面上的创新——社会政治、经济、管理等方面的制度创新，又包括微观管理层面上的创新，其核心内容是科技引领的管理变革，其直接结果是激发人们的创造性和积极性，促使所有社会资源合理配置，最终推动社会进步。

知识创新、技术创新与管理创新是相辅相成的。知识创新是技术创新和管理创新的文化基础，没有新的理论学说和公理体系，就不可能有技术创新和管理创新；技术创新反过来又为知识创新和管理创新奠定了必要的物质基础；管理创新则为知识创新和技术创新提供必要的微观与宏观环境。技术创新是社会发展的"硬件"，而知识创新和管理创新则是社会进步的"软件"，它们对国家的发展和社会的进步起着关键性的作用，是社会进步的动力源。

原创性知识创新与技术创新结合在一起，使人类知识系统不断丰富和完善，认识能力不断提高，产品不断更新。信息通信技术发展引领的管理创新作为信息时代和知识社会科技创新的主题，是当今时代科技创新的重要组成部分，也是新知识、新艺术的一部分，并且是电子信息或新概念、新思想、新理论、新方法、新发现和新假设的集成。

作为一种探索性劳动方式，不同的大学生主体参与科技创新的领域和深度有很大的区别。从参与探索性劳动的主体层次来看，研究生（硕士生、博士生）是高校科技创新活动的生力军，他们中的绝大多数或多或少直接参与了导师科研团队所从事的各种各类科技

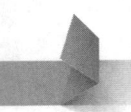

创新活动,因此,参与科技创新是研究生学业生活的重要组成部分。这种科技创新活动一方面承载着培养研究生探索性劳动素养的功能,另一方面使参与科技创新的科研团队成员为完成导师的科研任务贡献自己的劳动力。因此,在我国当前的高校科研团队管理制度中,高校强调导师有义务向参与科研创新劳动的硕士研究生和博士研究生支付相应的助研报酬,这实际上等于承认并确保了在校硕士研究生和博士研究生在从事探索性劳动中的合法劳动权益。

在"科研育人"理念的影响下,国内外不少大学已经开始创造条件引导更多的大学生在教师指导下参与科技创新竞赛活动或科研活动。这种活动旨在培养大学生的探索性劳动意识和创造性劳动技能,并通过创新竞赛平台来激发大学生参与科技创新活动的热情。在我国,此类科研竞赛活动最有代表性的就是"大学生挑战杯"科研竞赛活动了。

再从大学生参与科技创新的类别来看,自然科学类的各级各类大学生更多参与的是与知识创新和技术创新相关联的探索性劳动,以获得新知识、新发现和新发明为主要目标;人文社会科学领域的各级各类大学生更多参与的是与管理创新相关联的探索性劳动,以提出新的社会或组织管理方法、手段为目标,如以项目形式为完成关爱孤寡老人、关爱留守儿童、违法犯罪管理任务和社会治理目标而探寻解决上述问题的实践经验等,就是最常见的管理创新劳动。在大学生参与上述各类探索性劳动的过程中,最常见的活动方式就是科学实验、科学观测、科学考察等。

2. 研究性学习

研究性学习又称探究式学习、专题研习或疑难为本学习,是一种以学生为主的学习模式。研究性学习是在教师的辅助下,由学生策划、执行及自我评估的学习方法。其以培养学生具有永不满足、追求卓越的态度,培养学生发现问题、提出问题,从而解决问题的能力为基本目标;以学生从学习生活和社会生活中获得的各种课题或项目设计、作品的设计与制作等为基本的学习载体;以在提出问题和解决问题的全过程中学习到的科学研究方法、获得的丰富且多方面的体验和获得的科学文化知识为基本内容;以在教师指导下,学生自主开展研究为基本的教学形式。

研究性学习本质上是一种学习方式,它是在教师指导下按照原创性科学研究的程序和范式由学生自主提出问题、分析问题,最后自主解决问题。研究性学习的目标在于理解和掌握知识,此过程耗费了学习者的脑力和体力,这种劳动的过程与探索性的科技创新活动所不同的是:研究性学习的"发现"和"发明"不属于原创性知识和技术,而是再现原创性科学研究发现和发明的过程,以此来更深刻地体验科研过程和理解知识本身;研究性学习有教师的指导和参与,是与教学密切相连的一种活动;研究性学习不追求劳动报酬;研究性学习过程中的"知识创新、技术创新"对大学生个人而言仅仅是新知识和新发现,但对全人类而言不属于真正意义上的创新。

研究性学习是大学生在大学期间自主学习的主要方式之一。在研究过程中,大学生需要进行整体的研究设计,按照研究程序从事科学实验活动,分析问题,最后解决问题。

整个过程既是学习,又是在从事"类似科研活动"的探究性劳动。研究性学习可以视为探究性科研活动过程的模拟,对提高大学生的探究性劳动素养具有重要的积极作用。

3. 社会调查

社会调查是人文社会科学认识社会现象、揭示社会发展规律的常用研究方法。社会调查常包括问卷调查、访谈调查、现场考察等形式。根据社会调查的载体和方式不同,社会调查又可以分为电话调查、网络调查、邮件调查等方式。

社会调查本质上属于科技创新活动的一种,从工作流程来看,包括调查工具(调查问卷、访谈提纲)的设计、调查对象的选取、调查实施、调查资料和数据的整理与分析、调查报告的撰写等过程。社会调查既有脑力劳动的参与,又有调研、访谈、记录、数据资料收集与整理等体力劳动的参与,劳动对象是未知的社会现象和社会问题,旨在消除公众对社会信息的不确定性,具有贡献新知和真知的探索性劳动属性,是人文社会科学进行科技创新的主要方法之一。

对大学生而言,社会调查作为一种探索性劳动方式主要承载如下几种功能:

首先,社会调查是大学生认识和了解真实社会的必要途径。通过社会调查,大学生可以了解更多、更全面、更准确的有关社会问题的信息,有利于加深其对真实社会现象和社会问题的认识,为进一步的社会管理创新奠定知识和信息基础。

其次,社会调查是沟通大学生专业理论知识与实践的桥梁。通过社会调查,大学生能将自己的理论认识与实践自觉结合起来,形成真正的劳动技能。对学习人文社会科学的大学生而言,社会调查的意义不亚于理工科大学生的实习、实训。

最后,社会调查是实现大学生社会认同,塑造人生观、世界观和价值观的基础。大学生的人生观、世界观和价值观正处于塑造和成型的过程中,只有通过社会调查,大学生才能对社会生活有真实的体验,才会形成真实的社会情感,才能知道社会民众的真实诉求,才会形成建设和改造社会的强大动力。许多在校大学生是在参加了学校组织的社会调查实践活动之后才对自己的职业和社会有了新的认识,才坚定了从事一定职业方向的劳动信念和理想。

根据大学生进行社会调查目标的不同,社会调查又可以分为科学研究型社会调查、体验型社会调查和一般性的社会考察。社会调查的目标不同,其探索性劳动的特征也会有强弱不同的变化。

科学研究型社会调查带有明确的社会探索目标和有待解决的社会科学问题,社会调查的整个过程要遵循严格的科研程序,服从和服务于对某一社会现象和社会问题的解决需要,是典型的探索性劳动过程。

体验型社会调查往往没有明确的社会研究问题,是大学生为验证或了解某一特定社会的生活方式、风土人情、文化和人际关系,采用田野观察、深度访谈、体验等形式而进行的一种社会调查。体验型社会调查的主要任务是发现社会差异,获得不同的社会认识,形成社会情感。体验型社会调查本身是探索性的,在此过程中所获取的对人与自然、人与社

会、人与人之间关系的认识和情感上的理解,将对社会管理创新提出新思路、新方法和新观点有促进作用。体验型社会调查有利于促进大学生对自我和社会的认识进入新的层次和境界,是在社会领域和精神领域"求真""归真"的重要方式,是通过劳动实践获得理论升华的具体过程。这种本真是认识社会的前提和基础,也是实事求是的依据,因此,许多社会活动家、作家、演员和艺术家经常通过体验型社会调查获取真实的人生感悟,在此基础上提炼出振聋发聩的人生哲理和社会道理,从而引起社会的认同和共鸣。体验型社会调查与科学研究型社会调查的最大区别在于,体验型社会调查没有预设的明确的探索未知领域的目标。

一般性的社会考察,既没有科学研究型社会调查的严谨,又没有体验型社会调查对生活深刻理解的诉求,是介于二者之间的一种探索性活动。大学生暑期"三下乡"活动和社会实践活动大多属于这一种,既没有明确的科研任务,又没有明确的生活体验目标,类似于一种随性的观察和体验活动。当然,这种社会考察不同于旅游的自我消遣,它不仅需要付出一定的体力劳动和脑力劳动,而且指向了特定的社会领域和社会现象,并带着一定的疑问自主地去获取答案。因此,一般性的社会考察对探索性劳动的要求相对较低。

4. 科学考察

随着国内全面旅游热的兴起,越来越多的大学生喜欢利用节假日结伴出行,纵情于山水之间,游乐于旅途之中。其中,有一部分大学生已经不满足于按照风景名胜的旅游路线循规蹈矩地去欣赏风景和陶冶情操,而更倾向于通过野外考察去认识新天地,掌握新知识。因此,科学考察成为大学生以追求新发现为目标的探索性劳动方式之一。

科学考察是地理、地质、海洋、生物等学科进行科学发现的重要方式,是人类认识未知世界的必要手段。科学考察不仅需要专业的科学考察知识和野外生存技能,而且需要专业的探险器具和装备。科学考察可能需要跋山涉水、穿林钻洞,也可能需要徒步穿越、驾车飞奔,是一项有目的地探求未知世界真相的脑力劳动、体力劳动。科学考察是为了解决一定的科学问题或为创造新知提供必要的条件,因而带有明确的探险目的和任务。在科学考察中,科学考察者需要根据自己所观察到的新现象、发现的新物种和采集到的新数据为科学研究服务,如南极科学考察、海洋生物多样性考察、矿山勘探考察等。

在大学生的日常劳动实践中,野外科学考察有时是由学校老师组织的专门的实习活动,有时是大学生自发组织的活动。无论何种组织方式,为解决科学问题和完成科学研究任务而进行的野外考察都具有创造性,都是以追求新知识和新发现为目标,因此属于探索性劳动的范畴。

5. 电子竞技

随着互联网的普及,网络游戏已经成为当代大学生休闲娱乐不可或缺的部分,以网络为基础的电玩、电子游戏、电子竞技等娱乐形成了一个巨大的虚拟经济产业。电子游戏对一部分玩家而言可能仅仅是娱乐和消遣,但是对另一部分参与其中的人而言则可能是获利的手段。

为了吸引更多的玩家参与网络游戏,网络游戏设计者往往通过设计奖励和反馈机制来吸引玩家,从而使电子游戏具有使人痴迷、上瘾等特点。为了在虚拟世界获得更多的精神满足和更高的地位,网络游戏中的高级别玩家往往会通过消费性支出购买装备和在线时间来维持自己在电子竞技世界中的"江湖地位",由此就产生了以赚取报酬为目的的电子竞技代练、陪练、"挖矿"等专兼职劳动者。受雇的代练、陪练的确是在虚拟世界中玩游戏,但是他们在私下里却受雇于一定的玩家或网络游戏公司,在玩家没有时间或由于其他原因无法连续在线玩游戏的时候,受雇的代练会代替他们进行电子竞技活动;当多人在线游戏的玩家相对较少或一定级别的玩家不足时,为了满足网络游戏的刺激性和其他需要,受雇的陪练就会带薪上岗。还有一批职业电子竞技玩家受雇于不同的网络游戏公司,他们从事网络游戏的目的主要是提高电子竞技的刺激性和改善用户体验,探索电子竞技的升级技能、规律、客户体验等,比较和寻找电子竞技平台的规律、漏洞,为网络游戏世界的完善和服务提供信息技术支持和客户体验反馈,通过电子竞技表演的娱乐性吸引更多青少年加入网络游戏队伍,促进网络游戏产业的持续发展。

在校大学生,特别是对计算机和网络游戏有一定研究或有一定经验的大学生成为电子竞技世界中代练、陪练等岗位的"新宠",他们不仅可以通过打游戏来满足自我娱乐和消遣的需求,而且能通过电子竞技平台兼职赚钱,所以这种以赚取经济报酬为目的的电子竞技活动就是真实的劳动,并且有明确的雇佣关系。电子游戏设计虽然是虚拟的场景,但是如升级、打怪都必须付出一定的脑力、体力劳动,而且每一次升级过程,都是电子竞技参与者动用自己的脑力和体力不断试错后才成功的过程,这个试错过程与科学实验过程极为相似,因此具有探索性劳动的创造性特点,正是因为二者具有共同性,且虚拟世界的探索具有低成本、可重复、场景可控等优点,当前的许多科学实验也有向虚拟仿真化方向发展的趋势,只不过在虚拟的科学实验场景中,求真是唯一的劳动目的,而电子竞技则可能兼有其他目的。大学生参与的电子竞技活动本身具有探索性和创造性特征,但它是否属于劳动,要看其是否以获取经济报酬为目标,如果获取了经济报酬,那就既具备了生产劳动的特征,又具备了探索性劳动的特征,否则就只能算是自我娱乐和消遣。

当然,国内有学者持不同看法,他们从哲学角度出发,认为劳动必须具备真实世界和真实对象的特征,大学生打游戏面对的是虚幻世界,所以只能叫作游戏活动,不能称为劳动。显然这种看法对大学生参与电子竞技(打游戏)没有认真考察,把打游戏一概而论为消遣休闲活动是错误的。因为,在真实的网络游戏世界里,一般的玩家直接面对的是虚幻的世界,而受雇于玩家的代练和陪练则是借助虚幻世界(电子竞技平台)这个劳动工具在为雇佣者或网络游戏公司提供劳务,此时的受雇者和雇佣者基于电子竞技形成了人与人之间真实的雇佣型劳动关系。因此,大学生参与电子竞技活动要根据角色区别对待,纯粹的玩乐是休闲娱乐,代练、陪练和职业玩家等的工作则属于探索性劳动。

6. 创新驱动式创业

就劳动形式而言,创业属于自我雇佣型的特殊就业形式,是一种对创业者综合要求较

高的复杂劳动形式。创业有一般创业和创新驱动式创业两种基本形式。一般创业就是复制既有的商业经营模式追求经济价值的过程。创新驱动式创业，就是将新发明、新创造作为创业的基础，在此过程中将市场经济规律和科技创新规律有机结合，以创新开拓市场、以市场促进创新的创业形式。创新驱动式创业是高科技知识分子创业的基本形式之一。

　　大学生创业是一种有风险的综合实践活动。创业本身不是直接产出新知识和新发现，而是运用已有知识和技能，利用经济规律追求增值的活动。在创业过程中，大学生需要对未知的创业风险进行管控和应对，并找到解决问题的办法，所以创业过程中包含着创新和创造的因素。创业团队面对的中心问题是创业组织的生存和发展问题，创业组织的生存和发展都依赖于特定的组织内、外部环境，每个创业团队面临的创业风险和现实问题因此形色各异，解决创业所面临的问题就像一道道看似熟悉实则不同的科学问题，需要创业团队根据不同的约束条件逐个解决，每个问题的解决都需要付出特定的脑力劳动和体力劳动。这些问题最终得以解决未必都是解决了原创性的科学问题，却有创造性的管理、决策和技术智慧参与，从这个意义上讲，大学生创业过程中的管理和运营工作都带有创造性劳动的成分。

　　在创业过程中，不是所有劳动都属于探索性劳动，常规的重复性的劳动属于一般的生产劳动，但是创业过程中独创的商业解决方案、管理模式和商品开发、产品发明创造和技术创新则属于科技创新的范畴，理应属于探索性劳动。例如，马云为了解决创业中的支付信用问题，创造性地提出了"支付宝"这一解决方案；我国的大疆无人机早期创业团队就是在校大学生利用自己的技术发明创业，在创业过程中不断革新自己的产品技术，把技术创新与创业有机结合起来，最终成为高校大学生高科技团队创新创业性劳动实践的成功典范。

　　由此可见，大学生创业并不都属于探索性劳动，以科技创新驱动的大学生创业活动和创业中的科技创新活动才是典型的探索性劳动，而以资本运营和简单商业模式复制驱动的大学生创业活动一般不属于探索性劳动范畴，如开淘宝店、加盟店、摆摊等创业方式，是一般商业管理模式的复制，没有产品创新、技术创新、管理创新的成分，只能视为常规创业劳动。鉴于大学生创新创业性劳动的重要性，后文还将会有专门论述，此处不再赘述。

　　（三）大学生探索性劳动的特征

　　大学生探索性劳动以参加创造性的科学研究活动为主，但并不限于单纯的科学研究活动，一切以求真、寻真为目标的创造性劳动形式都属于探索性劳动的范畴。具体而言，大学生探索性劳动具有以下特征：创新性（创造性）、综合性、教育性、公益性、基础性。

　　1. 创新性

　　"创新"一词源自美籍奥地利经济学家熊彼特。熊彼特认为创新可以分为五个方面：(1) 生产一种新的产品，也就是消费者还不熟悉的产品或某种产品的一种新的品质；(2) 采用一种新的生产方法，也就是有关的制造部门在实践中尚未知悉的生产方法，这种新的生产方法不需要建立在科学上新的发现的基础之上，并且，它也可以存在于对一种商品进行新的处理；(3) 开辟一个新的销售市场，也就是相关地区的相关制造部门以前不曾进入的市场,这个市场以前可能存在也可能不存在;(4)获得原材料或半制成品的一种新的供应来源,同样不论这种供应来源是否业已存在,还是需要创造出来;(5)实现一种新的组织,比如造成一种垄断地位(例如通过"托拉斯化"),或打破一种垄断地位。后来人们将熊彼特的创新理论归纳为五个创新,依次对应为产品创新、工艺(方法)创新、市场创新、资源配置创新、组织创新,而这里的"组织创新"也可以看成部分制度创新,当然仅仅是初期的狭义的制度创新。[①]

创新性,是大学生探索性劳动的首要特征。从探索性劳动本身的内涵来看,探索本身就意味着劳动的目标是产出新知识、新发明、新发现。随着科学研究领域的交叉和渗透,科学研究工作目前几乎涵盖了所有的人类学科领域,不同学科都有特定的创新和创造性工作需要完成,创新既成为学科发展的需要,又成为人才培养的要求。探索性劳动的创新性使其与高校人才培养的目标天然地结合在一起,更有利于其在实践中推行。

2. 综合性

大学生探索性劳动是一种实践活动,本身具有综合性。

首先,大学生探索性劳动是体力和脑力劳动的综合。探索性劳动的核心是创新和创造,创新和创造更多地与创新思维相联系。有人由此就认为,探索性劳动以脑力劳动为主。事实上,现代科研活动和其他具有创新性质的活动除了脑力劳动之外,还包含着大量的体力劳动。例如,科学研究中的科学实验需要利用科研仪器和设备进行一定时间的数据验证、实物制作、信息处理等;科学考察中需要到野外勘探、测量、采集样本和数据,进行分析处理等;社会调查需要进行访谈、田野观察、采集文本资料、记录、分析和整理数据资料等。这些都是科学研究活动中必要的体力劳动。事实上,这些体力劳动和脑力劳动的区别也仅仅是工作分工意义上的差别,实际上科研活动中每一个环节、每一种行为的体力劳动和脑力劳动都是很难准确而清晰地分开的。

其次,大学生探索性劳动是真、善、美的综合。探索性劳动以求真为主要目标,但并不排斥对善和美的追求。例如,我国已故著名社会学家费孝通先生在进行乡村田野调查时,整体上是在进行探求社会发展规律的求真活动,但是费老思考的却是当时中国农民的社会治理问题,其中饱含着对中国农民的关心、热爱,体现的是一个知识分子的社会责任感和"三农"情怀;费老在从事田野调查时,发现我国西南地区风光秀丽,景色宜人,他把大自然的美作为该地区开发的资源优势去思考他们如何脱贫致富,实际上,费老已经把求真、求善和求美都结合在自己的探索性劳动中了。

最后,大学生探索性劳动是劳动和学业的综合。大学生参与的探索性劳动从人类生产活动的角度而言是劳动,从教育角度来看依然是学业中的劳动实践部分。大学生参与的探索性劳动不同于职业科学家从事的科研活动,是从做中学、在学中做、教学做合一的人才培养活动。因此,大学生探索性劳动不能脱离学业而独立存在。

---

① 陈正其.熊彼特创新思想的当代价值[J].经济论坛,2023(2):38-45.

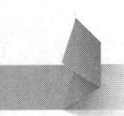

3. 教育性

大学生探索性劳动的主要目的不是从事职业化的生产活动,而是进行探索性劳动技能的规训和提升劳动素养。从这个意义上讲,探索性劳动属于劳动教育的范畴,是用劳动教育形式对大学生实施全面发展教育的方式和手段。因此,大学生探索性劳动具有促进学生全面发展的作用,即教育性。

4. 公益性

大学生参与的探索性劳动除了电子竞技、创新驱动式创业等劳动形式之外,大多数不以获取经济报酬为目的,而是以提升个人的劳动素养和促进自身的全面发展为主要目标。大学生在参与探索性劳动的过程中,如果取得了新发明、新发现等创新性或创造性成果,成果在知识产权归属上大多归学校或研究团队集体所有,很难直接获取知识产权收益。在参与科研活动的过程中,导师分发给研究生或本科生科研团队成员的部分助研酬金也都是象征性的,并不是研究生或本科生参与探索性劳动应得的全部经济报酬。

因此,大学生在校期间参与的大多数探索性劳动并没有要求取得与其劳动成果的社会价值相匹配的经济报酬,而是在向学校和社会无私贡献自己的脑力劳动和体力劳动,从而带有一定的公益性特征。

5. 基础性

创新是一个民族进步的灵魂,是一个国家兴旺发达的不竭动力,也是中华民族最深沉的民族禀赋。在大众创业、万众创新的新时代,创新将成为个人一生的使命。大学生探索性劳动旨在培养大学生的创新技能和创新素养,以便为在未来从事创新性劳动奠定基础。因此,大学生探索性劳动具有基础性,是走出校门之后从事创新性劳动的劳动观念塑造、知识积累和经验积累的基础。

## 二、大学生探索性劳动教育实践

大学生探索性劳动教育旨在全面提高大学生的创造性劳动素养,为大学生将来从事创造性劳动奠定基础。大学生探索性劳动教育以创新、设计和体验式参与为主要内容。

(一)大学生探索性劳动教育实践的原则

大学生探索性劳动不属于职业化的劳动形式,不以获取物质财富为主要目标,在进行劳动教育时,需要遵从以下几个原则:

1. 理论与实践相结合原则

高校在大学生探索性劳动教育中,既要全面提高大学生的知识水平和思维能力,又要重视劳动实践,把二者有机结合起来,全面提高大学生的探索性劳动综合素养。在理论上要重视大学生通识知识、专业基础知识和探索性劳动方法论等理论素养的提升,在实践中要重视大学生探索性劳动中操作性技能和创新能力的培养。

在大学生探索性劳动教育实践中贯彻理论与实践相结合的原则,要防止两种极端:一是过分重视探索性劳动的理论知识学习,认为理论知识学习和思维训练更为重要,坐而论道,不重视实践;二是过于强调实践,让大学生淹没于繁重的探索性劳动实践中,要么不重视理论素养和专业基础知识水平的全面提升,要么让他们忙于实践而没有过多的时间和精力来思考和学习,从而沦落为创新团队的廉价劳动力。

2. 通识教育与专业教育相结合原则

劳动教育是大学生在校教育的一部分而非全部,大学生的时间和精力主要花费在自己的专业学习上,在有限的大学学习时间内,培养大学生的探索性劳动素养,只有把通识教育与专业教育紧密结合起来,才能在实践中达到预期的效果。

不同专业、不同类别的大学生在校期间能够参与的探索性劳动训练的机会也是有差别的。为了使在校大学生都有能力去参与探索性劳动,高校首先要对他们进行探索性劳动思维、探索性劳动知识、探索性劳动方法、探索性劳动技能等相关内容的通识教育,然后结合大学生各自的专业有意识地引导他们参与专业领域内的科研创新和其他适合大学生本身的探索性劳动。例如,理工科的本科生可以把自己的毕业设计与探索性劳动实践结合起来,在自己能力可及范围内进行探索性的创新工作;人文社会科学类的本科生可以结合自己的专业问题进行社会调查研究。

3. 必修课程与选修课程相结合原则

探索性劳动的主要特征就是创新和求真。创新意味着标新立异,不墨守成规,创新源自兴趣和好奇心。这就要求各类高校为在校大学生在必修课程之外提供能够满足其兴趣和爱好的选修课程。这样才能使大学生为从事探索性劳动积累必要的知识和技能。

4. 显性课程与隐性课程相结合原则

创新行为一方面需要必要的知识和技能,另一方面需要特定的创新环境和创新氛围的激发。学校为大学生提供的各种显性课程有利于大学生全员参与劳动教育,但大学生能否持续地参与探索性劳动,有赖于大学生的兴趣和创新氛围的激发。因此,探索性劳动教育不能只注重显性课程的建设,而忽略以校园劳动文化为核心的隐性课程的建设。

5. 课内与课外相结合原则

探索性劳动的创新性质意味着它更多地需要走出课堂,走向实践。因此,大学生探索性劳动教育要高度重视课外活动和创新实践活动在培养大学生探索性劳动素养中的作用,要把课堂知识的学习与活动锻炼有机结合起来。

6. 家校社影响一致原则

所谓家校社影响一致原则,就是大学生在家庭中所接受的日常生活劳动教育、在学校中所接受的探索性劳动教育和在社会中所接受的生产劳动教育的基本精神要协调一致,不能"一人一把号,各吹各的调"。在过去的劳动教育实践中,部分学生在学校积极参与各种劳动,争当劳动积极分子,但是走出校园,回到家里,就又做回了"公主""少爷",连基本的日常生活劳动都不愿意参加,更遑论探索性劳动。

7. 科教融合原则

所谓科教融合,就是把科研活动与大学生探索性劳动教育有机结合起来,根据科学研

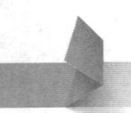

究的需要开展探索性活动,在求真探索的过程中培养大学生的创新精神、创造能力等探索性劳动素养。科教融合要求教师主动把科研需求、科研知识技能、科研成果和科研精神渗透到劳动教育的课程内容、教学过程和实践过程中,以科研实践活动促进大学生探索性劳动素养的提升,以劳动教育提高大学生参与探索性劳动的主动性和产出质量。

（二）大学生探索性劳动教育实践的方法

探索性劳动教育是作为劳动教育不可分割的一部分去具体实施的,只是在对劳动素养的培养上有所侧重。在实践中,大学生的探索性劳动教育可以采用以下方法进行：

1. 课程教学

教学是教育活动的核心。利用系统的课程体系培养大学生的劳动素养是探索性劳动教育的最基本方法。

高校在进行探索性劳动课程体系的设置时,要注意处理好理论课程与实践课程、选修课程与必修课程、显性课程与隐性课程、通识课程与专业课程教育的关系。要把专门的劳动课程教学与全方位的劳动教育有机结合起来,不能把劳动教育仅仅局限于劳动课程的修习和劳动课程学分的获得,要在所有的课程教学环节渗透劳动教育的要求和目标。把劳动教育与德育、智育、体育、美育并列置放到大学生人才培养的课程教学体系中去,体现劳动教育的全方位性和全渗透性。

2. 科研实践

探索性劳动素养的培养注重在实践中锻炼,直接参与探索性劳动无疑是最为有效的培养方式。高校在实践中可以采用的方式具体包括鼓励和吸纳大学生参与教师已有的科研创新团队；设置自由探索科研项目,鼓励大学生自行组队进行直接的探索性劳动。

科研实践对提升大学生的探索性劳动素养,特别是创新技能是非常重要的。但是限于条件,并非所有的大学生都有充足的机会和便利的条件去直接参与科研创新实践。

对于在校的硕士研究生和博士研究生而言,科研创新是他们学习的一部分,他们中的绝大多数已经自觉地把个人的学习过程与探索性劳动融为一体,在实践中学习,在劳动过程中提升自我的探索性劳动素养。

对于本科生和专科生而言,学校要鼓励有能力、有兴趣的本科生和专科生积极参与高校教师科研团队的科技创新工作,尽可能向他们开放实验室,招募本科生参与科研工作,设置助研岗位,吸引本科生进入科研团队见习、研习、助研等。我国目前已经有不少高校在这方面做出了有益的探索。例如,浙江大学、复旦大学和清华大学都采取了相应措施创造条件鼓励本科生直接参与科技创新活动,或参与科研项目,或独立主持一定的科研课题,这样既在科研育人上积累了大量经验,又为本科生参与探索性劳动提供了借鉴。

3. 科技创新竞赛活动

为了激励更多的大学生参与大学生探索性劳动,高校举办各种各样的科技创新竞赛活动,鼓励大学生根据自己的兴趣和爱好自觉从事探索性创新劳动。科技创新竞赛作为一种鼓励创新的平台,关键是要能够吸纳更多的学生实质性参与,以赛促创,以创兴赛,而不是将比赛作为学生获得荣誉的平台。这就要求比赛主办者设置合理的参赛规则,扩大参赛的范围,并且为参赛者创造必要的创新条件。

4. 创新角色模拟训练

为了解决大学生缺少科研条件而无法直接参与探索性劳动的难题,大学生在创新劳动教育实践中,可以采用创新角色模拟的方式来进行。模拟分为实体模拟和虚拟现实模拟。实体模拟是把参与探索性劳动的创新团队成员分成两组,一组负责设计自己的创新方案,并提出可操作化的程序;另一组负责对创新方案不断提出有建设性的建议,促进设计组重新调整方案,直到批判组满意为止。在此基础上,更换批判组角色,反复多次,直到结果满意为止。虚拟现实模拟可以根据实际科研活动的需要开发必要的软件,利用虚拟现实技术使真实的科研创新活动可视化和可操作化,让大学生在虚拟环境中进行探索性劳动的模拟,待科研创新条件具备时,就可以尽快进入真实的环境中工作。因此,创新角色模拟是培养大学生探索性劳动素养的重要方法。

5. 社会调查

社会调查是培养大学生认识和改造社会能力的重要方法。它是人文社会科学类大学生参与探索性劳动的主要方式之一,也是培养所有大学生探索性劳动素养的通用方法之一。社会调查可以带着明确的调查目的进行专业的科研调查,也可以没有明确的目标,以探索、体验为主进行观察、访问和访谈。在我国高校教育实践中,可以采用暑期"三下乡"活动、寒假走访活动等方式引导大学生主动去了解社会、关心社会,积极为更好地改造我们的社会献计献策,做出探索性的努力。

6. 探究性学习

探究性学习是培养大学生探索性劳动素养,特别是科研意识的重要方式。在大学的日常学习中,教师通过这种特殊的教学方式引导大学生按照科研创新的方式和程序自主探求特定科学问题的结果。借助探究性学习,大学生可以尽快培养自己的批判性思维意识,激发探索性劳动的兴趣,同时会加深对相关知识的理解。

探究性学习适合不同学科、不同专业和不同层次的大学生,不仅对提升大学生的探索性劳动素养有积极的帮助,而且对提升大学生的综合素养有积极的作用。例如,在历史学科的学生学习秦统一六国的知识时,首先可以设置一个探索性问题:如果你是秦王嬴政,你将怎么统一六国?然后教师可以引导学生查看必要的学习资料,最后尝试着去解决这一问题。

## 第二节 大学生艺术性劳动教育实践

### 一、大学生艺术性劳动概述

艺术是人类生产实践活动的升华,来源于社会生产实践,高于社会生产实践。马克思

主义艺术生产理论揭示了艺术生产活动的深刻内涵,对我国文化建设事业具有重要的指导意义,是开展艺术性劳动的理论基石和保障。

(一)艺术的起源

艺术的起源与人们对自然和生活的敬畏和热爱息息相关。艺术的起源一直被学术界称为"斯芬克斯之谜",从亚里士多德的模仿说,到其他学者的游戏说、表现说、劳动说和多元决定论等,这些学说都认为艺术基于人们对某种存在的愉悦、向往、敬畏以及由此派生而来的模仿、再造、想象、拓展,是一种十分崇高的、充满敬意的情感和行动。

1. 模仿说

艺术起源于模仿是关于艺术起源问题的最古老的理论,始于古希腊哲学家。他们认为,模仿是人类固有的天性和本能,艺术起源于人类对自然的模仿。亚里士多德认为,艺术模仿的对象是实实在在的现实世界,艺术不仅反映事物的外观形态,而且反映事物的内在规律和本质,艺术创作靠模仿能力,而模仿能力是人从孩提时就有的天性和本能。继古希腊哲学家之后,文艺复兴时期的达·芬奇、法国启蒙思想家狄德罗、俄国作家车尔尼雪夫斯基等都不同程度地继承和发展了这一学说。[1]

2. 游戏说

艺术起源于游戏是艺术起源理论中较有影响的一种理论,代表人物是德国著名美学家席勒和英国学者斯宾塞。席勒认为艺术是一种以创造形式外观为目的的审美自由的游戏。"自由"是艺术活动的精髓,它不受任何功利目的的限制。斯宾塞和席勒一样,也认为游戏是一种过剩精力的使用。他们认为游戏虽然没有直接的实用价值,但有助于游戏者的器官练习,因而具有生物学意义,有益于个体和整个民族的生存。游戏说有助于我们理解艺术产生的生物学和心理学条件及其本质。

3. 表现说

英国诗人雪莱、俄国文学家列夫·托尔斯泰等认为艺术起源于人类表现和交流情感的需要。托尔斯泰认为:艺术起源于一个人为了要把自己体验过的感情传达给别人,于是在自己心里重新唤起这种感情,并用某种外在的标志表达出来。[2] 这些外在标志就是用动作、线条、色彩、声音以及言辞所表达的艺术形象,通过这些艺术形象的传达,别人也能体验到同样的感情。这样,作者所体验到的感情就能感染观众或听众,这就是艺术活动。表现说在现代社会的艺术鉴赏中被经常使用。

4. 劳动说

19世纪末,劳动说在欧洲大陆许多民族学家与艺术史家中广为流传。其代表人物有毕歇尔、希尔恩、普列汉诺夫、马克斯·德索。希尔恩在《艺术的起源》中曾专门论述艺术与劳动的关系;俄国的普列汉诺夫在《没有地址的信》中,通过对原始音乐、歌舞、绘画的分析,系统地论述了艺术的起源及发展,得出了艺术发生于劳动的观点。他们认为劳动是原

---

[1] 刘军.现代艺术与当代艺术的精神维系——以自由为中心[J].美术观察,2015(4):4.
[2] 李丽婴.从万物的群体呐喊到自我寻觅[J].艺术当代,2019(5).

始艺术最主要的表现对象。原始人将劳动动作衍化为舞蹈,劳动时的号子与呼喊发展为诗歌,而劳动时发出的各种声音和体现的节奏,则为原始人提供了音乐的灵感。史前艺术在内容与形式方面都留下了大量的劳动生产活动的印记。如中国早期的"乐",也是诗、歌、舞的结合体,与劳动过程直接相关。艺术起源于劳动,成为艺术起源的最根本学说。

5. 多元决定论

法国结构主义学者阿尔都塞认为,社会发展不是一元决定的,而是多元决定的,艺术是一种综合性现象。[①]

(二)马克思主义艺术生产理论的内涵

艺术生产理论是马克思对艺术生产活动规律的深刻阐释,主要有三个重要的基本内涵:艺术生产与物质生产发展的不平衡、艺术生产与艺术消费的辩证关系、全面地生产。

1. 艺术生产与物质生产发展的不平衡

艺术发展的一般规律:受经济基础的制约,并随着经济基础的变化而变化。但在《政治经济学批判·导言》中,马克思指出,艺术的一定的繁盛时期绝不是同社会的一般发展成比例的,也绝不是同物质基础的一般发展成比例的。这种不平衡体现在两个方面:

(1)艺术生产领域内部不同艺术种类的不平衡。物质生产力总是朝着不断进步、先进的方向发展。但是,整个艺术生产当中的某些种类的生产,并不是与物质生产的发展同步发展的。随着历史的推进,某些艺术门类反而退出历史舞台。如古希腊的艺术高峰——神话和史诗,马克思评价它们是"一种规范和高不可及的范本",至今仍能给我们带来深刻的艺术享受。随着历史的发展、物质生产的进步,某些艺术种类反而逐渐消亡、衰落。

(2)整个艺术领域的繁荣与社会一般发展关系的不平衡。在同一历史时期内不同的国家,整个艺术领域的发展也同它的物质生产力水平的高低一样存在不平衡性。19世纪的俄国仍旧处于农奴制的统治之下,生产力低下,国家实力较弱,无法与英国、法国等资本主义国家相提并论,然而,在文学艺术等方面的发展却达到前所未有的高峰——列夫·托尔斯泰的《复活》、普希金的诗歌、柴可夫斯基的交响乐《第一钢琴协奏曲》《睡美人》等,皆是后世广为流传的伟大作品。在我国时局动荡、经济凋敝的五四运动时期,涌现出郭沫若、郁达夫、茅盾、老舍、巴金等一系列文学巨匠,出现了文学创作的高峰。这些例证都说明,物质生产的发展与艺术生产的发展并不总是对应平行的,它们之间存在着不平衡。艺术生产的不平衡理论对于当代的艺术生产具有重要的启示意义。

2. 艺术生产与艺术消费的辩证关系

艺术生产作为社会生产的一种形式,同样遵循一般社会生产的普遍规律和机制。因此,生产与消费的关系也是艺术生产理论的基本内涵。

---

① 曾攀.主持人语·何为桂派批评[J].贺州学院学报 2019,35(1):3.

(1) 生产与消费具有同一性

首先,生产为消费提供创造材料和对象,也创造了消费的方式。消费是生产活动过程中内在的、必不可少的要素。"生产为消费提供外在的对象",而"消费为生产提供想象的对象"。消费的完成,才使得整个生产得以成立。一个艺术生产的完成就是以艺术作品被大众消费、欣赏而结束的,而正是作品被阅读、欣赏才使得生产具有了意义,否则生产就没有了目的。消费的完成意味着一个生产过程的终结,这个终结同时刺激了新一轮的生产,消费得越多则刺激生产的可能性越大,因此,消费也为生产提供了动力。

(2) "生产-消费"是一个动态、多变的过程

艺术品的消费同一般产品的消费不同,它可以在更长的时间范围内展开,被多次地完成和实现,被不同时代的具有不同审美能力的消费大众鉴赏。譬如,凡·高的画作在他生前并未得到大众的欣赏和认可,在他去世后,他的作品在拍卖市场上却被拍卖出惊人的价格。大众在时代的发展中逐渐接受了凡·高独特的艺术技巧,感叹他惊人的审美创造力。艺术从生产到被消费,不是一次性的,而更多是多次地被欣赏,从没有"知音"到"众人皆知",伟大作品的艺术魅力和价值得以横亘在历史进程中,跨越时间而成为无限地保持着的存在。

以生产与消费的辩证关系去认识艺术生产,启发我们认识到艺术生产是一个过程,生产是为了被消费,消费又促进了新一轮的再生产,在这个过程中,艺术不断地被感知、欣赏,艺术的形式、中介都发生了改变,大众在消费的过程中也不断地被生产的艺术塑造着审美能力、拓宽审美认知。

3. 全面地生产

全面地生产是艺术生产思想重要的理论基石,也是艺术生产的最终目标。

(1) 艺术是人的本质力量的展现

个人的艺术作品不仅可以满足个人的审美需要,而且能满足他人的审美需要。个人不仅可以在自身的艺术作品中再现自己感受到的美,而且可以通过欣赏他人的艺术作品反观自身,获得审美享受。

(2) 艺术按照美的规律来创造

全面地生产意味着人的本质力量的展现,也包含着按照合目的性、合规律性来生产。人不仅仅为了满足物质需要而生产,更为了满足审美等精神需要而进行生产,艺术生产作为满足人的精神需要的生产活动,是人全面地生产的重要表现,充分体现了人在艺术生产活动中的主体作用。

马克思艺术生产理论的重要价值之一在于揭示了艺术活动的巨大意义,艺术活动是人自觉地生产的集中体现,是实现人自由全面解放的重要途径。艺术生产在尊重市场规律的同时也要尊重艺术自身的特殊规律,做到兼顾艺术性与商品性、精神价值与经济价值相统一。

人类的劳动实践活动是一种社会生产活动,生产活动离不开劳动实践。所以,劳动是

生产的基础,生产是劳动的目的。在社会主义初级阶段,马克思主义艺术生产理论为现阶段的艺术性劳动提供了基础方针和理论指导。现阶段的艺术性劳动是在马克思主义艺术生产理论指导下开展的实践,艺术性劳动是马克思主义艺术生产理论应用于实践的具体形式。

(三)大学生艺术性劳动分类

艺术是人类感性思维的高峰。大学生经常参与的艺术性劳动有琴棋书画、吹拉弹唱的会演、表演、竞赛、演讲、公益讲座等。艺术性劳动按性质及作品特征的不同,可分为四大类:表演类艺术性劳动、造型类艺术性劳动、综合类艺术性劳动和语言类艺术性劳动。

1. 表演类艺术性劳动

常见的表演类艺术性劳动有音乐、舞蹈表演。

音乐表演是一种具有创造性的艺术性劳动。音乐表演最为显著的特征就是表演形式多种多样、表演内容丰富多彩,能够有效缓解现代城市居民的生活和工作压力,培养大众良好的音乐文化素养。记谱法不可能将音乐的各种复杂要素都毫无遗漏地全部记录下来,使得乐曲的每次演奏都会带来某种变异,因此,表演艺术家对乐曲的解释就成为关键的一环。演奏家的这种带有主观能动性的解释,就是一种再创造活动,表演者需掌握一定的演奏技巧、熟悉乐曲旋律、现场把控能力强,与现场观众形成情感上的共鸣。

舞蹈是通过身体来完成各种优雅或者高难度的动作,用规范化、有组织、有节奏的人体动作来表达情感。舞蹈可以模仿动物、植物,具有多元的社会意义及作用,包括运动、社交、求偶、祭祀、礼仪等。舞蹈动作具有一定的技艺性,舞蹈演员要具备跳跃、旋转、翻腾、柔软、控制等高难度的技巧能力,从而表现人物思想感情、塑造人物性格和精神面貌。舞蹈表演的特征体现为人体动作艺术的直观性、运动中连续的造型性、动作技巧的表现性及诗情画意音乐感的综合统一性。好的舞蹈呈现,需要舞蹈表演人员长期学习,做到真正的"手、眼、身、步"等多方面的综合。一个好的舞蹈演员不仅要有扎实的基本功,而且要有对艺术独特的见解能力,在舞台上表演舞蹈的时候,带动观众的情绪,产生共鸣。

音乐、舞蹈表演类艺术性劳动需要创作者具备良好的专业素养、丰富的想象力,善于把握观众心理,深入观察、体验、分析、研究生活,不断提升自身的文化修养、增强作品的表现力。

2. 造型类艺术性劳动

造型类艺术性劳动是创作者运用一定物质材料和手段创造空间形象,包括绘画、雕塑、摄影、书法、园林工艺等。绘画在造型艺术中处于基础地位,它通过动人的造型再现现实,表达画家的审美感情和审美理想。根据使用材料的不同,绘画艺术可分为中国画、油画、版画、水彩画、水粉画等;根据表现对象的不同,绘画艺术可分为肖像画、风俗画、风景画、静物画、历史画等;根据作品形式的不同,绘画艺术可分为壁画、年画、连环画、宣传画、漫画等。

绘画艺术追求视觉形式，以求造型与写意的完美，还具有瞬间延展性。绘画艺术的语言是线条、色彩和形体块面，由它们构成的艺术形象是静态的，但绘画艺术常常以这种瞬间的、凝固的形象来表现丰富的内涵，表达思想感情。绘画是一种观察、理解、表达的综合行为，创作者需要细致地观察生活，对生活素材进行深度加工和理解，并用适宜的技术手法进行呈现和表达。通常，创作者也需要具备良好的文学、书法等其他艺术功底。

雕塑艺术是一门直接利用物质材料，运用雕刻或塑造的方法，在三维空间中创造出实体形象的艺术。雕塑追求事物瞬间形象的凝固，给人以深刻、恒久的印象。我国的三星堆、兵马俑及智利的复活节岛石像等，都是古人的智慧创造，承载着古人对于过去、未来、宇宙的思考。汉唐釉彩陶俑、敦煌莫高窟唐塑、晋祠中的宋塑侍女、平遥双林寺的明塑等，体现着我国既塑又彩的艺术形式。当代景德镇陶瓷则融绘画、书法、陶瓷于一体，泥水相和，手捏火烧，创作者以情感塑其形，作品不再是单纯的实用物品，更是一种艺术的享受。器以载道，雕塑讲求天人合一，反映人与社会的关系，将材料与技术、思想与审美、外形与精神、实用与艺术相统一，具有极强的综合性、表现力和时代特征，对创作者的热心、耐心程度要求极高。

摄影艺术是指采用摄影手段塑造可视画面、反映现实生活、表现主体审美情感的艺术。摄影分为纪实摄影和艺术摄影两种。纪实摄影包括新闻报道摄影、社会纪实摄影以及大自然摄影，摄影师通过摄影对现实社会进行展现、披露或者批判，讲求时效性和实用性；艺术摄影则更多呈现出一种现代性和追求自由的理念，体现摄影师的主观性解读，带有一定的抽象性、理想性和创造性。无论是纪实摄影还是艺术摄影，都具有直观纪实性、现场性、瞬间性、艺术性的特征。摄影师需要具备发现美的眼睛，在每一幅摄影作品中，找到美的存在，挖掘美的本质，获得美的价值，并通过一定的途径来传播美，达到净化心灵、舒展灵魂、升华情感的目的。从这个角度来说，摄影是发现美、创造美、传达美的创作过程。摄影师通过发现生活中的美，借由摄影手段，表达心中所思、所感、所想，传达自身情感和思绪，以引起观众的共鸣。

书法艺术是中华民族的一种传统艺术形式，是中国古代"四艺"（琴、棋、书、画）中的一种。书法是中国文化的瑰丽果实，在中国文化的深厚土壤中生成和发展，具有与中国文化同样的精神旨趣和意境构造。在数千年中国文化的涵养和滋育之下，书法艺术形成了"刚柔相济"的表现风格，达到了"气韵生动"的艺术境界，凝练了"和谐统一"的内在精神，对中国文化和民族精神产生了重要影响。书法创作是书法家运用特定的表现形式，将自己的思想情感、精神气质外化到作品中的实践过程。书法是风雅、斯文、高洁、郑重的艺术，不同于一般的写字，它对书写工具（软性毛笔）的驾驭、造型元素（汉字的字形与结构）的巧妙组合有较高要求。书法家应对技法勤学苦练、朝夕揣摩，具有欣赏能力及敏锐的判断优劣的眼力。书法家通过阅读、临摹古人的字帖、书法作品，领悟和体会不同历史时期字体、字形的差异，在此基础上追根溯源，了解字体演化的轨迹和规律，加深对汉字造字法和用字法的理解，熟悉传统文化中思想体系的建构和形成。书法家应有纯真的人格美，以优秀作品引导人向善求美。

### 3. 综合类艺术性劳动

综合类艺术由文学、音乐、舞蹈、美术、工艺等多种艺术成分综合而成,如戏曲。中国戏曲讲究唱、念、做、打,富于舞蹈性,凝聚着中华民族几千年的文化精髓。唱,指唱腔技法,讲求"字正腔圆",主要用来塑造鲜明的人物形象和性格特点以及对故事情节推波助澜;念,即念白,是朗诵技法,要求严格,所谓"千斤话白四两唱";做,指做功,是身段和表情技法;打,指表演中的武打动作,是在中国传统武术基础上形成的舞蹈化武术技巧组合。四种表演技法相互衔接、相互交叉,构成统一、和谐的整体。由于地方的差异,各个剧种有不同的艺术风格。其最大的特征是综合性,如典雅如幽兰的昆曲,被誉为"南国红豆"的粤剧,以及田园牧歌式的花鼓戏,高亢激越的梆子,低回委婉的越剧,在风格上各不相同,绰约多姿,均含有文学、音乐、表演、美术等各种成分,这种海纳百川的综合性表现手段体现了中国万物"和谐"的美学思想。

电影和戏曲一样,是动态的再现艺术。电影把绘画与戏剧、音乐与雕塑、建筑与舞蹈、风景与人物、视觉形象与语言艺术联结成统一体,是典型的综合类艺术。电影可反映生活,不受舞台的限制和时间、空间的约束。影视作品部分取材于现实生活和文学作品,经过导演、演员及其他剧组成员的艺术呈现,具有教育、宣传、引导等功能,对社会的价值倾向起到关键的渲染、引领作用。综合类艺术性劳动对创作者的要求全面而多样化,文学、音乐、表演、美术素养都需要均衡。

### 4. 语言类艺术性劳动

语言类艺术性劳动主要是指文学创作。文学创作以文字语言(词语)为媒介,需要通过主体想象去感受、体验并构造审美意象。语言类艺术性劳动的特性如下:

(1) 形象感知的间接性

形象感知的间接性,是指作为语言的艺术,文学作品中的形象不具有直接的现实性,艺术形象只能通过接受者的想象和联想才有可能间接地被感知。换言之,读者只有了解了某种语言文字的意义,在自己生活经验的基础上,通过艺术的想象和思索,才能再现作品中的艺术形象,理解形象蕴含的思想。这样,文学作品才能完成从文学语言、读者想象到文学形象塑造的过程。因此,创作者在对语言的拿捏和处理上必须足够细腻和生动,同时留有一定的让读者间接感知形象的空间。

(2) 反映生活的广阔性和动态性

语言具有表现的灵活性的特点,它对社会和人生的反映很少受时空的限制,因此文学作品具有反映生活的广阔性和动态性的特点。广阔性是从空间角度讲的,动态性是从时间角度讲的。例如,随着王维的《终南山》一诗中视点的变化——远眺、近察、正视、回望、仰视、俯瞰,诗中的空间也在不断变化——山上、山下、山中、山外。语言受空间限制较小。创作者需要对文字熟稔于心,信手拈来,驾轻就熟,才能让欣赏者充分发挥想象力,使文学获得更加广阔的表现天地。

### （3）情感性和思想性

任何文学作品都包含着作家的主观情感。文学作品的情感性越浓烈，越能感染读者，就越富有艺术魅力。文学作品中的情感性和思想性相互渗透、相互融会。语言是思想的直接表现，与人的思维活动有着极为密切的关系；语言艺术能够深刻、细腻地表现人物的情感世界和心理活动，表现作家的情感评价和人生思考，从而达到超越其他艺术的心灵深度和哲理深度。

语言能生动、明确地表现思想，它可以深入人物的内心世界，揭示心理活动的微妙变化。语言能全方位、多角度地描述物质世界和人的精神世界，直接展现人的内在思想、情感、情绪和愿望，表现丰富的人生，具有强大的艺术表现力。创作者对语言的拿捏、揣摩是文学创作中的重要过程，所谓"两句三年得，一吟双泪流"，贾岛曾在"僧敲月下门"和"僧推月下门"一个动词的差异上纠结了两年之久，可见文学创作的艰辛。

语言类艺术性劳动的三个特性要求文学创作者具有扎实的文学功底、文学修养和表达技巧。但老舍先生曾经说，绘画也好，写作也好，首先要看有无对事物的热爱。有此热爱，就能逐渐找到技巧。这也说明执着的热爱是从事文学创作的基础。

## 二、大学生艺术性劳动教育实践

### （一）大学生艺术性劳动教育实践的价值

艺术生产是人类实践活动的最高维度和境界，是人能动地、自由地发挥本质力量的高级实践。无论是劳动创造，还是艺术创造，基本原则都只有一个：自然的人化或人的本质力量的对象化。基本的感受也只有一种：认识到对象是自己的"作品"，体现了人作为社会人的本质，体现了人的"本质力量"，因而感到喜悦和宽慰。艺术性劳动教育的价值可以概括为以下四个方面：

一是艺术性劳动教育有利于培养德智体美劳全面发展的社会主义接班人。艺术性劳动教育引导大学生充分认识劳动的价值，深刻理解劳动创造人、劳动创造世界、劳动创造美，培养大学生热爱劳动、尊重劳动的情感态度。艺术性劳动长期投入及创造性强的特征有助于塑造大学生诚实劳动、创造性劳动的优良品德。艺术性劳动教育是培养劳动意识、塑造劳动品格、培育创造性劳动能力的重要途径。开展艺术性劳动教育，有利于培养德智体美劳全面发展的新时代人才，加快推进教育现代化，建设教育强国。

二是艺术性劳动教育有利于培养大学生成为热爱艺术劳动，懂得欣赏艺术劳动成果的新时代人才。艺术性劳动是人的本质能力的一种有意义的表现，劳动者可以独特而又深刻地认知人、社会、自然、历史等，创作过程具有创造、沉浸之美；接受者通过艺术作品的欣赏，领略其中展示的真善美，从而潜移默化地接近、认同，甚至欣赏这种真善美所汇成的价值与力量，进而得到人生观、世界观和价值观的提升和跃迁，产生佩服、感叹之情，这些都是艺术性劳动散发的美。提高对劳动的审美力，是新时代大学生劳动教育的重要人文内涵。

三是艺术性劳动教育有利于培养大学生认识艺术创作过程的艰辛和漫长,从而树立尊重劳动者、热爱劳动成果的意识,摒弃"一夜成名""一夜暴富"的思想,树立脚踏实地的艺术性劳动观念。被后世广为流传的艺术作品,其创作过程大多充满艰辛。如画家冷军的人物画,一幅画要画上数月,甚至一年之久,逼真而又非真,画中人物的每一根发丝、毛衣上毛线的每一个交叉都得到精心的刻画,体现了画家独特的艺术功底和孜孜不倦的艺术追求。

四是艺术性劳动教育有利于提升大学生艺术性劳动素养和能力。鉴赏"采菊东篱下,悠然见南山"的自然之美,"谁知盘中餐,粒粒皆辛苦"的感恩之美需要扎实的语言功底;在众多乐器声响交汇中体会创作者的喜乐哀愁,需要倾听者敏感的音乐细胞和全身心的倾听;体会画家、书法家笔下传达的意境,则需要一定的美学功底、书法基础……大学生接受艺术性劳动教育是通过日积月累的观察、训练,提升自身的艺术素养和能力。

(二)大学生艺术性劳动教育的实践途径

1. 高校艺术性劳动教育实践途径

(1)将艺术性劳动教育全面纳入育人体系

高校应全面贯彻落实"全员育人、全程育人、全方位育人"的教育方针,通过艺术性劳动素养培育与日常实践结合、专业学习与社会实践结合、自主创作与有效评价结合等机制引导青年大学生树立正确的劳动价值观,培育劳动情感,提升专业技能,涵养劳动品德。

(2)开设艺术性劳动教育类课程

高校应高度重视艺术性劳动教育的引领作用和育人价值,积极开设艺术性劳动教育类课程。坚持通识类课程和专业艺术性教育课程相结合的原则,为大学生创设更多了解艺术性劳动的机会;采取必修课和选修课相结合的形式,在更广层面上保障学生了解艺术性劳动、接触艺术性劳动的权益。高校通过开展大学生艺术性劳动教育工作,将大学生培养成具备良好劳动精神和品质的人,让大学生了解艺术性劳动、热爱艺术性劳动。

(3)开发校内外艺术性劳动实践场所资源,创新培养模式

艺术性劳动教育应坚持理论与实践相结合的原则,积极开发校内外实践场所资源,合理利用网络技术和高新技术,经常化、制度化、经济化地为学生开展艺术性劳动创设条件。创设艺术进课堂与大学生走向艺术实践基地双结合的培养模式,让学生在实践中加深对理论的理解,用理论知识指导实践;建设大学生艺术素养提升基地,加大"高雅艺术进校园"活动的力度,为培养大学生艺术性劳动精神提供契机。

校园艺术文化社团是大学生艺术性劳动实践的主要阵地和场所,高校应当大力支持和鼓励大学生艺术文化社团的组建和发展,为大学生艺术文化社团建设助力,如聘请专业艺术人员开展讲座、巡演、公演、答疑等活动,促进社团文化活动的开展,提升社团的活力和凝聚力。为大学生艺术性劳动提供稳定的人力、物力支持,是保障大学生艺术性劳动健康、有序、稳定、持续发展的基础保障措施。这些举措将会吸引更多的大学生参与艺术文化社团,让更多的大学生了解艺术性劳动、热爱艺术性劳动,促进大学生整体艺术性劳动

素养的提升。

#### 2. 大学生艺术性劳动教育的其他实践途径

就大学生家庭而言,应主动创设沉静、高雅的艺术氛围,为大学生提供艺术浸染和熏陶的机会,在大学生面前主动回避庸俗化、娱乐化的消费行为。关心大学生的兴趣爱好,尽早为大学生提供艺术启蒙和发展条件,有条件的家庭可持续栽培大学生的艺术兴趣,让大学生成长为爱艺术、懂艺术,业余生活充实、丰富,创作意识强烈,审美情趣高雅的人。

就社区管理人员而言,可以为大学生艺术性劳动创设环境和条件,如提供街头艺人展示区域、邀请大学生艺术文化社团参与社区艺术会演,既能为大学生提供艺术作品展示的舞台,又能提升社区居民的艺术素养,促进社区和谐发展。

大学生应经常有意识地提升自我艺术修养,让自己多曝光于艺术场所和领域,如博物馆、美术馆,积极参加感兴趣的艺术文化社团,创设置身于艺术环境的氛围。大学生应深刻认识到艺术创作的艰辛,多读书,多实践,多接触各种艺术形式,提高艺术鉴赏能力,锻炼对生活的感受力,培养丰富的想象力,提升艺术表现技巧,提高艺术修养。

### (三) 大学生艺术性劳动教育实践的基本原则

#### 1. 以人民为中心的艺术创作导向

马克思历史唯物主义理论告诉我们,艺术生产是一种实践,人民群众应当处于中心地位,历史上一切革命的进步的艺术都源于人民,艺术生产应当为了人民。社会主义的艺术,从本质上说,就是人民的艺术。因此要积极为人民创造更多具有艺术价值的艺术文化精品,提升艺术作品的水平,满足人民群众的精神文化需求。艺术的生产是一个动态的过程,人民的艺术欣赏也会对艺术的生产产生重要的作用,还要以为人民服务为艺术评价的重要标准,积极听取人民群众的批评、意见。

在一定意义上,优秀的艺术作品都能够反映所处历史阶段的社会现实。每个时代最有代表性的、进步的思想感情,都是与广大人民群众的切身利益息息相关的,尤其在民族解放斗争的历史关键时刻,音乐艺术首先吹响了战斗的号角,发出英勇进军的最强音。如《义勇军进行曲》《马赛曲》《国际歌》等,都是鼓舞人民胜利的有力武器。

艺术生产理论的本质即追求人性的全面而自由的发展。为广大人民服务,满足广大人民群众的精神审美需求是社会主义艺术生产的独有特色。社会主义艺术文化事业的建设离不开广大人民群众的社会实践,它来源于人民的实践,根本目的是满足广大群众的审美精神需要,为实现人的自由而全面的发展的伟大目标而不懈奋斗。

#### 2. 艺术自律的原则

新媒体的快速发展给艺术性劳动带来了新的机遇和挑战。在今天,艺术活动变成了这样一种活动:艺术家与他的观众分享最普通的日常经验。其实不仅仅是艺术家,在这个媒体时代,尽管不是人人都能创造艺术品,但是人人都能成为一件艺术品,同时人人都可以对自己进行创作。这种创作,被格洛伊斯称为"自我设计"。艺术正蔓延到日常生活的每个角落。

艺术开始借助计算机网络被大众个性化。大众借助博客和聚集性专题网站等随心所欲地创作着艺术、享用着艺术,也在随时抛撒着艺术,表现个人情调式的艺术随处可见。泛娱乐化的倾向使艺术与人的本能(而非精神)欲望紧紧联结在一起,只需能博得一乐,而不需引发思考。

艺术文化属于精神文化,是人类文化的有机组成部分。人们对艺术作品的追求更多的是作品本身所体现的自律性原则的魅力。艺术的积极作用在于让人认识社会与历史,同时增强对自然的认识。艺术更为根本的目的是使外在、他律的社会规范更加自然地内化为个人内心的自律的诉求,从而社会与个人之间的联系就有了最为根本的契合。

3. 艺术规律和市场规律协调发展的原则

艺术作品具有生产与消费相统一的属性。当今,艺术品成为可供人们选择和购买的消费品,艺术活动越来越成为一种社会生产。在市场经济条件下,艺术生产通过市场这一流通中介,满足大众的文化消费需求,自然就必须受到商品规律的制约。它不再仅仅是纯粹的精神行为,而是一种价值交换行为,是作家艺术家、读者观众、发行者紧密结合以及共同创造作品的价值、形成文化市场的过程。这使得当代的艺术文化生产发生了前所未有的改变。粉丝的狂欢、经济的泡沫化增长、娱乐圈欣欣向荣等文化理性缺失的时代闹剧时有上演。这样不仅会让人们忽视消费时代文化艺术的审美品格,使人们陷入娱乐消费后的精神空虚,而且会逐渐丧失艺术判断力与艺术市场标准,从而消解艺术的自律性与独创性。

建设社会主义艺术文化事业,离不开市场经济的繁荣发展。艺术必须借助市场之力,来实现艺术和市场的协调发展。在复杂的艺术生产活动中,需要平衡好市场与艺术生产的关系,发挥市场积极的竞争作用,尽量避免市场的盲目性、滞后性以及功利性倾向,重视艺术活动对人的精神、情感的积极促进作用,发挥艺术活动的社会效益。

(四)大学生艺术性劳动实践能力培养

1. 深入观察、体验生活,培养对艺术的感受能力

构成艺术作品的一切因素,如题材、人物、情节等,以及整个艺术形象,都基于实际生活,主题思想也是如此。最喜欢画雾的作家莫奈和他父亲在海边度过了青少年时代,对大海有自己独特的理解和感受。在莫奈之前,人们认为伦敦的雾是灰色的。但莫奈有一双了不起的眼睛,敏锐的观察力使他能察觉到在不同的时间和环境中,雾的色调是各具特色的。看了莫奈的画后,有人感慨道原来伦敦的雾竟有如此丰富、美丽和近乎奇幻的色彩。在他的画作中,阳光、水、雾、自然都得到了"重生"。这些都源于莫奈对生活的深入观察和体验。

在艺术创作过程中,艺术家不是被动地生活着,而是必须主动地介入生活,充分发挥其主体性,在观察、体验生活时力求获得独特的艺术感受和发现,从而创作出优秀的作品。没有生活材料,就没法进行创作。鲁迅在谈创作经验时曾说:"当时《阿Q正传》写到阿Q被捉时,做不下去了,曾想装作酒醉去打巡警,得一点牢监里的经验。"[①]可见,观察、发现

---

① 韩江华. 鲁迅作品在泰国:传播与影响[J]. 鲁迅研究月刊,2020(7):7.

生活,感受、体验生活,积累丰富的创作素材,是艺术创作的基础,是艺术创作必经的第一个步骤。

不同的生活经历也会给艺术家的艺术创作带来积累和沉淀。元代画家吴镇与明代画家戴进都曾画过《渔父图》,并都受到宋代画风的影响,但他俩不同的生活经历(吴镇是真正的隐士,而戴进曾有宫廷生活经历)导致他俩的画风也明显不同。吴镇用笔放逸、自信,在形式上也多确定;而戴进充分传承了宋代画法中的写实性,用尖细的笔触表达了画院的传统风格。这反映了艺术家生活的经历及其艺术观念的形成对其艺术风格所产生的影响。

达·芬奇有两幅具有代表性的圣母画,即《圣母子与圣安妮、施洗者圣约翰》与《圣母子与圣安妮》。人们认为达·芬奇对圣母和圣安妮的刻画,与他的两个母亲对他的爱抚以及他对母亲的爱戴有关。因为达·芬奇在成长过程中有两位母亲,她们对他无微不至的爱深深印在他的脑海里,在创作圣母图像时这种感情也反映在他的画中。

2. 广泛涉猎各种艺术作品,集思广益,提升艺术修养

培养艺术修养是一个人拥有良好品格、气质、修养、风度的重要途径。艺术修养能满足和提高人的审美需要,提高人的精神品质,使个体获得感性和理性的平衡协调发展,使人的生活更美。广泛涉猎各种艺术作品,集思广益,是提升艺术修养的途径之一。

大学生可自由支配的时间相对较多,可充分利用大学空余时间参观博物馆、美术馆、科技馆等场所,创设接近艺术作品的机会,沉淀心灵,提升自身艺术修养。一个艺术家坐在桌前构思窗外的景色时,他边想边凝视窗外,外边的世界作用于他的视听,从而使他的大脑里构建出一个外部的表象,再通过他的心灵创造出一个心中的艺术作品。我们每一个人都从过去经验中的价值与意义里吸收某种东西,这些经验都会为提升我们的艺术修养助力。

3. 注重艺术知识、技巧的学习和训练,奠定艺术创作的基础

艺术家并非天生的,即使具有艺术的天赋,如果不经过艺术的学习、熏陶、训练和培育的过程,也很难成长为一名出色的艺术家。对于艺术家来说,他们更强调创作的手工艺传统、漫长精细的劳作。

每一项艺术的掌握,如舞蹈、美术、书法、戏剧、诗歌、地区传统文化(如饮食、刺绣、传统技艺)都需要时间的积累和沉淀。艺术创作是艺术家凭借艺术技巧将头脑中构思成熟的意象外化成艺术形象的过程。如果缺乏艺术技巧,即使艺术积累再丰厚,艺术构思再奇妙,艺术创作也没法进行。就艺术创造而言,一个艺术家水准的高低,除了思想水平、思维能力、艺术积累等因素外,还在相当程度上取决于艺术技巧的高低。只有掌握了娴熟的艺术技巧,才能把艺术构思成功地物化成艺术形象,这是顺利开展艺术性劳动的基础,是培养以上艺术性劳动能力的前提。大家耳熟能详的钢琴家郎朗,正因为小时候在父亲的严格监督下进行了大量的刻苦训练,才拥有如今高超的表演技巧和水平。

4. 勤于积累、捕捉灵感,抓住艺术创作的关键时机

艺术创作仅有知识和技巧还不行,还需要灵感。灵感是人们创造性活动中的一种复杂的精神现象。灵感有三个特征:一是突发性,即灵感是突然爆发的,事先难以预料也难

以控制,是"恍惚而来,不思而至"和"来不可遏,去不可止"的。二是亢奋性。灵感来临时,艺术家的精神高度兴奋,呈现出不由自主、忘怀一切、神情专注、如痴如醉的"迷狂"状态,情绪特别高昂,思维特别敏捷,创意特别丰富,各种创作细胞被空前激活,完全沉浸在亢奋的创作状态中。三是创造性。灵感往往是对常规思维的突破,具有超常独特的创造功效。灵感到来时,艺术家感到"思风发于胸臆,言泉流于唇齿……文徽徽以溢目,音泠泠而盈耳"(魏晋·陆机《文赋》),许多奇妙之思、神来之笔、关键之处和点睛之句不期而至,有如"神助",让艺术家得到意想不到的收获,创作出不同凡响的作品。要想得到好的艺术创作灵感,就需要创作主体具有丰富的生活经验、广博的知识架构和扎实的专业知识与技能。

灵感能激发创作冲动。当艺术家有创作积累,但无创作冲动的时候,灵感的产生往往能够起到激发创作冲动的作用。例如司汤达的《红与黑》的创作,其最初的冲动来自在《司法公报》上看到的一则新闻。当时,司汤达正着手写一部题为"于连"的小说,看到这则新闻后,他顿时产生了灵感,决定抛弃原定的写法,以《司法公报》刊登的铁匠儿子斐尔特的爱情悲剧写一部新小说。

灵感能够帮助艺术家突破创作难关。当艺术家开始艺术创作之后,可能会因原来的构思不够成熟,创作不得已而中断。这对艺术家来讲是很苦恼的事。而此时,偶然的一句话、一件事,突然激发了灵感,艺术家顿悟,创作的难关就突破了,仿佛"山重水复疑无路",进入"柳暗花明又一村"的境界。郭沫若在谈《屈原》的创作时说,写到中途,情节发展不下去了,这时,偶然从屈原的《天问》中看到了"薄暮雷电"四个字,顿时获得了灵感,这四个字在他头脑里化出了"电闪雷鸣"的一幕,他立即联想到应该写成一幕戏,让屈原面对天空的电闪雷鸣,宣泄愤怒。这是全戏最动人心魄的一幕,也是屈原形象最动人的一笔。

艺术灵感表现为意象的组合与衔接。创作构思很复杂,画家、诗人瞥见一处优美的景致,就有可能在感知的同时,完成一幅画或一首诗的构思;而作家、剧作家在提笔写作时,新的情节、人物仍会汩汩而来,即构思依然在进行;而艺术家们有意识地打腹稿、冥思苦想,这更是构思。艺术家创作动机的产生,往往起始于某一个视觉形象、一段经历、一次遭遇、一则消息、一个故事、一个人物、一个细节等。画家列宾在涅瓦河畔路遇一群衣衫褴褛的纤夫而产生了创作《伏尔加河上的纤夫》的灵感。由此,我们可以清楚地看出灵感产生的三个条件:坚实的知识基础,科学、认真的思考以及外界信息的触发。灵感是艺术家厚积薄发的创作体验,只有在长期艺术实践中艰辛地积累,才能有喷薄而出的思想源泉。

综上,灵感是以生活、感情、思想、艺术的长期积累为前提的。只有积累了大量的素材,获取了丰富的信息,才有可能因某种刺激而把储存在大脑中的记忆沟通起来。只有在勤奋的创作中,灵感才可能不期而至。

（五）大学生艺术性劳动教育评价指标体系

大学生艺术性劳动教育的目标在于培养大学生的劳动素养,劳动素养的水平是衡量大学生艺术性劳动教育结果的依据。根据艺术性劳动素养的构成,我们认为大学生艺术性劳动教育评价指标体系可以由表 8-1 所示的几个方面构成。

表 8-1  大学生艺术性劳动教育评价指标体系

| 一级指标 | 二级指标 | 评价标准 | 评价等级 | 评价权重 |
| --- | --- | --- | --- | --- |
| 艺术性劳动态度 | 1. 艺术性劳动意识<br>2. 对待艺术性劳动的态度 | 1. 尊重、热爱艺术性劳动<br>2. 欣赏艺术性劳动成果 | 优<br>良<br>合格 | 20% |
| 艺术性劳动能力 | 1. 艺术设计能力<br>2. 艺术实现技能<br>3. 艺术表达能力 | 1. 技能的专业程度<br>2. 技能的熟练程度<br>3. 艺术作品的表现力 | 优<br>良<br>合格 | 30% |
| 艺术性劳动习惯 | 1. 参与意识<br>2. 参与过程<br>3. 参与结果 | 1. 主动劳动<br>2. 坚韧不拔<br>3. 追求卓越 | 优<br>良<br>合格 | 30% |
| 艺术性劳动精神 | 1. 创新意识<br>2. 人文精神 | 1. 求真<br>2. 创美 | 优<br>良<br>合格 | 20% |

（六）大学生艺术性劳动教育的评价方法

在劳动活动中,受社会主体——人、社会环境等各种因素的影响,教育对象根据自身的真情实感,以社会共同的取舍为标准,不断地修正自身的行为,建构自己的价值体系,从而使自己的人格塑造与社会规范的要求渐趋一致。在这个意义上,劳动教育对教育对象起着潜移默化的教育作用。对于艺术性劳动而言,这个特征尤为突出。大学生艺术性劳动教育目的的达成,可以从意识和实践两个方面进行评价和考核。

在意识层面,主要考查艺术性劳动教育是否对大学生对待艺术性劳动的认识、观念和态度起到引导作用。艺术性劳动作为劳动教育的途径之一,应该能引导大学生充分认识劳动的价值,深刻理解劳动教育的内涵,培养热爱劳动、尊重劳动者、珍惜劳动成果的情感态度,塑造诚实劳动的优良品德,懂得劳动最光荣、劳动最崇高、劳动最伟大、劳动最美丽的道理,能够辛勤劳动、诚实劳动、创造性劳动;从根本上消除崇尚"一夜成名""一夜暴富"的思想,理解艺术性劳动劳心又劳力的特征;正确运用马克思主义艺术生产理论,克服物质条件的不足,创作反映时代生活特征和诉求的艺术作品;意识到艺术性生产具有生产与消费辩证统一的关系,但不"唯"市场,不盲从,不迎合,以理性的思考和艺术表现创作符合社会本质需求的作品。

在实践层面,主要考查大学生艺术性劳动能力的提升和劳动习惯的养成。造型类艺术性劳动、表演类艺术性劳动、综合类艺术性劳动和语言类艺术性劳动所需的劳动能力不同,可以参考相关门类课程的考核标准进行考核。在劳动精神和劳动习惯方面,艺术性劳动所推崇的匠人精神、艺术自律、坚守漫长艰辛的艺术创作过程、不断挑战和超越自我的意识等都是完成艺术创作必不可少的部分。

# 参考文献

[1] 郭海龙. 研究生劳动价值观教育研究[M]. 成都：西南交通大学出版社，2018.

[2] 何卫华，林峰. 大学生劳动教育理论与实践教程[M]. 厦门：厦门大学出版社，2019.

[3] 曾天山，顾建军. 劳动教育论[M]. 北京：教育科学出版社，2020.

[4] 沈冠娟，程合坤，王彩云. 新时代劳动教育与实践[M]. 成都：电子科学技术大学出版社，2020.

[5] 刘辉，刘全明. 职业院校劳动教育与实践[M]. 湘潭：湘潭大学出版社，2020.

[6] 许媚. 新时代劳动教育读本[M]. 成都：电子科技大学出版社，2020.

[7] 彭全，何志昌. 大学生劳动教育理论与实践[M]. 成都：电子科学技术大学出版社，2020.

[8] 赵鹏，陈实现，李华文. 劳动教育实践教程[M]. 北京：新华出版社，2021.

[9] 潘维琴，王忠诚. 劳动教育与实践[M]. 北京：机械工业出版社，2021.

[10] 王卫旗，王秋宏，刘建华. 大学生劳动教育教程[M]. 北京：北京理工大学出版社，2021.

[11] 王一涛，杨海华. 大学生劳动教育与实践[M]. 苏州：苏州大学出版社，2021.

[12] 姜正国. 劳动教育与工匠精神教程[M]. 北京：北京理工大学出版社，2021.

[13] 龚立新. 新时代大学劳动教育[M]. 北京：中国言实出版社，2021.

[14] 朱华炳，李小蕴. 劳动教育·项目设计与拓展[M]. 合肥：合肥工业大学出版社，2021.

[15] 李志峰. 大学生劳动教育概论[M]. 武汉：武汉大学出版社，2021.

[16] 梁露，张自遵，王继梅. 高职生劳动教育教程[M]. 北京：中国民主法制出版社，2021.

[17] 韩春卉，侯银海，曹飞颖. 职校生劳动教育教程[M]. 北京：中国民主法制出版社，2021.

[18] 方小铁. 大学生劳动教育[M]. 北京：北京理工大学出版社，2022.